工程建设行业的
企业文化管理实践

杨再德◎编著

西南财经大学出版社

四川·成都

图书在版编目(CIP)数据

工程建设行业的企业文化管理实践/杨再德编著. —成都:西南财经大学
出版社,2021. 3
ISBN 978-7-5504-4809-4

Ⅰ.①工… Ⅱ.①杨… Ⅲ.①建筑企业—企业文化—研究—中国
Ⅳ.①F426. 9

中国版本图书馆 CIP 数据核字(2021)第 040460 号

工程建设行业的企业文化管理实践

GONGCHENG JIANSHE HANGYE DE QIYE WENHUA GUANLI SHIJIAN

杨再德　编著

策划编辑:李思嘉
责任编辑:王青杰
封面设计:墨创文化
责任印制:朱曼丽

出版发行	西南财经大学出版社(四川省成都市光华村街 55 号)
网　　址	http://www. bookcj. com
电子邮件	bookcj@ swufe. edu. cn
邮政编码	610074
电　　话	028-87353785
照　　排	四川胜翔数码印务设计有限公司
印　　刷	郫县犀浦印刷厂
成品尺寸	170mm×240mm
印　　张	20
字　　数	297 千字
版　　次	2021 年 3 月第 1 版
印　　次	2021 年 3 月第 1 次印刷
印　　数	1— 3000 册
书　　号	ISBN 978-7-5504-4809-4
定　　价	68. 00 元

序

　　文化是社会精神活动及其产物，它渗透到人类群体整个的生活方式和生活过程。文化的内涵与外延非常宽泛，包含了人们的衣、食、住、行、往来沟通、言语交流、风俗习惯等方方面面。文化是一个民族的精神和灵魂，是社会发展的恒久动力，更是人类长盛不衰的不竭源泉。

　　企业文化亦然，它是企业生存和发展的内在推动力，深刻地影响着企业经营、管理和人际关系等所有层面。企业文化是以企业成员共有的价值观为核心而形成的一种群体意识和群体行为规范，以及与之相适应的制度和物化的精神环境、文化氛围。企业文化的实质，是以人为中心，以文化引导为手段，以激发员工的自觉行为为目的的一种企业经营管理思想。

　　企业文化在一定程度上潜移默化地影响着企业员工的思维方式和行为模式，引导和牵引着企业员工保持健康的心态，追求精神的富足，树正气，反腐倡廉，洁身自爱，做堂堂正正的人。企业文化可以增强企业的凝聚力、向心力，激励员工开拓创新、建功立业。优秀的企业文化为员工提供了健康向上、陶冶情操、愉悦身心的精神食粮，能营造出和谐的人际关系与高尚的人文环境。企业文化一旦形成，不仅可以指导员工的各项行为和思想，而且会通过各种媒介对社会产生巨大的影响。企业文化将会对公司的声誉产生重大影响，科学合理地运用企业文化，可以有效地树立企业的品牌形象。

什么才是企业的核心竞争力？在不同的时期人们对此有不同的认识。科学技术是第一生产力，"先进科技""员工素质""人才""技术力量"越来越被企业重视与认可。但是，仅有这些硬实力是不够的，还需要一种软实力，那就是企业文化。优秀的企业文化使企业自身具备的优势更好地发挥作用。现代企业的竞争已经不再仅仅是资金、技术、人才的竞争，更是企业文化的竞争。在企业面临新的形势、新的任务、新的机遇、新的挑战之时，要想在激烈的市场竞争中取胜，就必须在加强"硬件"建设的基础上，大力加强企业的"软件"——企业文化的建设，改变旧观念、旧模式、旧方法，引导员工将个人的得失与企业发展联系在一起，形成上下同心、齐心协力的局面，才能全面提升企业核心竞争力。

正因为如此，越来越多的企业把企业文化建设作为企业发展战略的重要内容，企业文化的建设和发展如火如荼，方兴未艾。

但是，相对于企业的生产和经营，企业文化显得较为抽象。它更多地表现在企业的精神层面，表现为企业的使命、愿景、精神、宗旨、价值观和经营理念等形而上的形式。要想将这些形而上的理念转化为形而下的具体内容，并推广、落实、渗透到企业的各个方面，深植于员工的内心并化作员工的日常行为模式并不容易。

40多年来，中国建设工程行业无论是在规模上还是在管理和技术上都上了一个大台阶，可以与世界先进水平相提并论。但是，要实现高质量发展、可持续发展，工程建设行业需要走好内生式发展之路，走好国际化发展之路，走好创新型发展之路，走好数字化转型发展之路。面对装配式建筑、绿色发展、智能建筑向智慧建筑发展、区块链技术的应用等新的发展趋势，人们的行为方式、价值观念也在受到挑战，企业文化建设变得比以往任何时候都更加重要。没有先进的企业文化，企业就失去了灵魂，就缺乏先进的理念，就没有旺盛的生产力。

本书的作者杨再德先生，在工程建设行业从事管理工作40年，现任四川省建设工程质量安全与监理协会常务副会长，曾担任四川华西集团党委常委、董事、工会主席，分管集团企业文化工作且长期致力于管理学和企业文化的研究和实践，有多篇管理和企业文化建设方面的论文在省内外核心期刊上发表。其企业文化专著《华西集团"善建"文化战略研究》由中国商务出版社出版，获得四川省第十六届哲学社会科学三等奖。本书作者不仅熟悉工程建设行业，而且对企业文化建设也有深厚的理论沉淀、独到见解与丰富的实践经验。难能可贵的是，作者将自己企业文化建设的理论与实践融入工程建设行业之中，填补了工程建设行业的单位如何系统建设企业文化的空白。可以预见，本书的面世，将对工程建设行业的企业文化建设产生积极的影响。

本书适用于工程建设行业的企业中高层管理者，有助于他们了解企业文化管理的整体框架，从而领导企业文化管理的各项工作；也适用于工程建设行业中从事具体企业文化管理工作的人员，他们可将其作为工具书，在需要时查阅；也可以作为培训或咨询的教材。同时，还可以作为相关高校的教学辅助用书。

邝广平

2020 年 12 月 2 日

前言

工程建设行业的企业与其他生产经营性企业相比，有其自身的突出特点：一是流动性强，二是具有分散性，三是大都为高空野外、危险作业，四是施工和生活条件比较艰苦。因此，塑造优秀的企业文化，培养高尚的企业精神，是企业形成合力去迎接挑战、战胜危险和困难的重要保障。

目前，很多企业已经认识到企业文化的重要性，并着手推进企业文化建设。但是，仍有部分企业面临理念共识难，文化建设缺乏系统性，文化与制度、行为"几张皮"，文化对企业管理的提升不能发挥应有的作用等问题。基于此，笔者总结了近20年来对企业文化建设的理论研究与实践经验，结合分管四川华西集团企业文化建设和四川省建设工程质量安全与监理协会组织文化建设中的诸多思考，旨在从方法着手，面向工程建设行业，系统性地梳理了企业文化管理的相关理论与方法，并提供了大量案例供参考。本书分为理念篇、建设篇、落地篇及应用篇四个部分。理念篇主要立足时代发展的特点、企业文化的原理及工程建设行业的特点，分析了工程建设行业的企业文化管理的基本特征；建设篇主要分析了企业文化建设从规划设计到形象建设各个阶段的具体流程与方法；落地篇主要针对已经建立的企业文化如何在企业落地和持续有效地运行并与企业的各项管理工作融合的方法；应用篇中提供了企业文化建设两个主要文本的内容供读者参考。本书具有以下几个方面的特点：

（1）时代性。本书从"互联网+"时代建立共生效应、解决混合所有制企业管理冲突、远程办公场景下强化员工自我激励、达成新生代员工心理契约、企业战略转型、企业变革等方面分别分析了新时期企业文化管理的作用。

（2）针对性。本书主要针对建设行业的企业文化建设进行分析。一是分析了建设行业发展面临的新的调整，如企业资质管理改革持续推进、PPP进入高质量发展新阶段、企业经营负担进一步减轻、全过程工程咨询服务发展进入加速期等；二是分析了建设行业发展面临的新趋势，如信息化发展、装配式建筑、绿色发展、智能建筑向智慧建筑发展、区块链技术的应用等；三是分析了工程建设行业企业文化的基本特征，如质量文化、安全文化、诚信文化、社会责任文化等；四是对四川省工程建设行业的企业文化建设情况开展了抽样调查，分析了四川省工程建设行业企业文化建设的现状。

（3）方法论。方法是人们成功完成任务或管理者实现管理目的不可缺少的中介要素；方法是技术，更体现了一种理念。本书以方法为核心，既系统梳理了企业文化从现状诊断、规划到精神文化、制度文化、行为文化以及物质文化全过程的企业文化建设方法，又全面总结了企业文化落地中的角色、企业文化审计管理等方法。

（4）实战性。本书在系统的方法描述的基础上，提供了相应的工具及范例，向读者呈现了全套的企业文化手册与员工手册的内容。同时，收集了四川华西集团、中国五冶、四川省建设工程质量安全与监理协会、成都兴城集团等单位的企业文化建设案例，具有很强的实用价值。

本书在编写过程中收录了四川省建设工程质量安全与监理协会、四川华西集团、中国五冶和成都兴城集团等单位大量的企业文化管理实践案例，在此，对上述单位在本书编写过程中给予的大力支持表示衷心的感谢！同时，本书收录了成都博加思文化传播有限公司的咨询成果——四川省建设工程质量安全与监理协会《文化手册》和《员工手册》作为应用范例，借此机会，对成都博加思文化传播有限公司及文革博士和张权林博士表示衷心的感谢！在编写过程中，笔者还参阅了大量有关书籍和论文，对其作者在此一并表示衷心的感谢！

笔者还要真诚地感谢四川省原副省长、四川企业文化建设的先驱邹广严先生。邹老在1988年就有企业文化专著问世并指导企业开展企业文化建设工作。同时，他率先大力提倡和践行企业文化，使四川的企业文化建设在全国领先，由此催生了一批优秀企业。邹老在担任四川省企业联合会会长期间，继续推广和践行企业文化，极大地推动和提升了四川企业文化建设水平。邹老还倾注心血为本书作序，这种孜孜不倦的治学精神，使笔者肃然起敬！

杨再德

2020 年 12 月 8 日

目录

理念篇

建设篇

落地篇

应用篇

理念篇

1　新时代对企业文化管理的理解

思维导图

1.1　"互联网+"时代建立共生效应的需要

在互联网时代，经济全球化、多元化交织融合，中国正面临一场由社会变革、经济转型引发的管理创新变革。以"互联网+"、智能制造等为代表的一种新业态，促进了云计算、物联网、大数据等新一代信息技术与传统制造、服务业之间的融合。移动互联网的出现改变了人们的行为方式、文化价值观念。互联网渗透到社会经济的各个方面，彻底颠覆了整个社会的生产方式和经济形态，甚至改变了作为社会亚文化、意识形态的企业文化管理思维。

互联网激发了共生效应，使得人们在日常的工作与学习中，更容易受到群体成员的智慧、能力及以往经验的影响，在思维上获得启发，能力水平得到有效提高。这种影响是群体成员之间相互的、潜移默化的，是发展与发挥个人潜能的社会激发因素之一。互联网使"好"的与"坏"的都更容易被分享与传播。在共生时代，一方面，任何企业的成功都要依托科技的支持和其他企业的辅助；另一方面，现代企业的专业分工更加细化，要求企业有发展共同体的意识。即使对全产业链发展的企业而言，其发展也离不开相关产业链条的支持。面对共生时代的环境变化，企业避免不了对人性化的考量问题。人是共生环境中最主动的因素，企业对人性化的关注有益于共生环境的改善，也会促进自身管理的全面提升。

因此，在"互联网+"时代，企业文化建设并不因大数据的无所不在而可有可无，相反比以往任何时候都更加重要。没有先进的企业文化，企业就失去了灵魂，就缺乏先进的理念，就没有旺盛的生产力。

随着新技术、新业态的发展，参与企业文化创造与传播的主体，文化的载体及文化的生成、积累、传播方式等都已发生根本性变化。互联网思维是指充分利用互联网精神、价值、技术、方法、规则、机会，指导、处理、创新生活和工作的一种思维方式。在该模式下，企业文化出现了一些新特征：以人为本，尊重员工，以客户为中心，注重企业创新与培育新经济、转换新动能与大环境相适应，形成自己的特色等。

"互联网+"时代的企业文化管理，一是要具有花匠精神，努力把"互联网+"时代超前、进步、积极、影响企业营销思维和定位的互联网经营理念植入企业管理之中，促使企业从理念更新起步，逐步走向和谐发展、跨越发展的康庄大道。二是要深入挖掘，适时宣传、总结推广和及时褒奖"互联网+"时代企业营销和管理过程中的先进典型和先进经验，最大限度地激励企业员工爱岗敬业、尽职尽责、奉献企业的责任感和使命感。三是要积极营造员工"触网"和采集分析大数据的文化氛围。可通过互联网营销讲座、计算机应用技能比赛和"创意、创议、创益"等活动，不断创新企业文化活动载体，以活动促管理，以竞技带提升，进而营造员工积极参与企业建设的有力氛围。

1.2 解决混合所有制企业管理冲突的需要

民营经济参与国有资产重组的政策障碍基本消除，跨地区的联合重组高潮迭起，民营企业、合资企业（包括外资企业）和混合所有制企业正在构成中国微观经济领域的"三驾马车"。混合所有制企业不再是单一国有经济的利益载体，而是各种不同经济利益的代表，不同经济利益主体之间相互制衡，在企业的发展问题上相互协商。混合所有制改革从浅层次上看，是实现资本、人才与产业等领域的广泛合作，但从深层次上看，是不同企业文化的碰撞、交流与合作，最终形成适合混合所有制企业发展需要的新型企业文化。

目前，混合有所制改革中存在以下一些问题：

一是只重视硬资源的整合。一些混合所有制企业侧重于硬资源整合，对文化软资源整合的重视度相对不足，尤其是在混合所有制企业成立初期，将硬资源整合摆在企业优先发展的地位。虽然在混合所有制改革过程中，生产、销售、市场开发、资本等硬资源融合非常重要，但如果仅仅开展硬资源整合，混合所有制改革就会缺乏深度，最终将影响改革的整体效果。

二是价值观与文化冲突明显。不同所有制的企业生存环境的差异性，带来企业文化发展之间的差异性也是一种常见现象。民营企业的文化建设一般由它的企业家群体来主导；而国有企业的企业文化建设则由行业主管机构加上企业家群体来主导。国有企业对经营者的选拔大多采用行政任命形式，这在某种程度上影响了企业家的成长和发展，导致大多数国有企业经营者过分重视主管部门的意图和导向，而未必关注企业自身的成长和发展，更不能为国有企业的长远发展形成深厚、稳定的积淀和积累，从而造成国有企业的文化不能延续和稳定。民营企业在我国经历了复杂的发展历程，在特定的经济发展环境中，民营企业家白手起家、艰苦创业，为民营企业的快速发展注入了文化基因，深深烙上了创始者的印迹。当混合所有制企业产生，问题就会表现出来：一个是双方的思维定式不同；另一个是在队伍中把两股人往一块合会产生很大的阻力。

三是缺乏文化整合推进机制。很多混合所有制企业在开展文化整合中存在急于求成、缺乏系统且完善的整合方案的问题。理念上不重视，行动上缺乏时效性，方法上缺乏技术性，导致混合所有制企业文化整合工作推进效率相对较低。

可见，多元资本构成的混合所有制企业中，企业文化建设并不仅仅是几种所有制形式所体现的文化特征的归纳和拼接，还必须是一种具有战略性思考、前瞻性认识的共性文化。混合所有制改革开展得越彻底，推进的速度越快，不同文化之间的碰撞也将会越激烈。不能因为冲突而故步自封，也不能因为冲突而极端冒进。混合所有制下的企业文化建设是一个系统工程，也是一个长期的过程，需要解决好传承与发展之间的矛盾、普适文化与特殊文化之间的矛盾及文化的体系化建设问题，有计划、分步骤地稳步推进，将企业文化切实作为推进企业战略发展的要素考虑。在混合所有制改革的初期就要建立文化整合推进方案，在企业发展过程中对文化整合战略进行不断调整与完善。尤其是在一些专项企业文化整合改革中，混合所有制企业应当充分看到不同国家、不同区域、不同行业等文化的差异性，制订更加灵活的文化整合推进方案与实施计划。混合所有制企业还应当认识到文化整合工作不是短期行为，而是一种伴随企业不断成长发展的长期性工作，应采取有效措施往深里做，往实里做，往细里做。

1.3　远程办公场景下强化员工自我激励的需要

远程办公起源于 20 世纪 70 年代，它通过非智能终端使用电话线作为网络桥梁来连接位于卫星办公室和商业区的主机。随着个人电脑的成本降低、性能提高、易用性增强，它从办公室走向了家庭。20 世纪 80 年代，分支办公室和家庭工作者就能够通过个人电脑或虚拟终端连接到他们公司的主机。随着局域网络促进资源共享和客户端电脑功能的增强，远程工作者得以在家中或其他任何地方进行工作。远程工作者通过使用组件、虚拟个人网络和类似的技术来解决他们在家中办公和团队成员的协作和配合问题。

随着互联网的全民普及和信息通信的便捷化，远程办公将逐渐成为工作模式的新常态，被更多企业组织和个人接受。远程办公带来的好处不言而喻：从运营成本来看，远程办公大大节约了办公场地的费用，并且由于员工会省下一大笔在大城市的居住成本，这意味着公司可以以较低的薪资水平请到更优秀的人才；从员工角度来看，远程办公省去了通勤，释放出更多的时间，让生活与工作可以得到更好的平衡；从整个社会角度看，远程办公更加便捷且环保，将很大程度上减少私家车、公交、地铁、电动车的使用频率，降低能源消耗，对保护环境具有积极作用。

目前全世界已有24%的公司尤其是科技公司采用远程办公方式。在硅谷，远程办公早已成为程序员的常态。在Google、Facebook、Oracle等公司里，员工想要在家办公只需进行简单的申请操作，甚至有公司实现了零办公场地。微软是较早实行远程办公的企业之一，作为跨国公司，微软的员工不仅上下班不打卡，而且还需要与全球各地的同事进行协同，远程办公促进了办公灵活度。

在远程办公中，由于距离的限制，过程控制变得很难，员工的自我管理变得更为重要。从管理哲学上来讲，这是倾向于传统的监管思维向倾向于让员工自我驱动的管理思维的转变。线下的办公场所除了是一个让人们聚集在一起工作的场所之外，也同时承担了很多附加的功能，便于管理就是其中之一。管理者会本能地认为员工会偷懒，线下办公的作用就在于管理者可以实时监督员工的行为。而远程办公时，管理者们会因为不能时时看到自己员工而感到焦虑。

同时，远程办公因员工远离工作场所，员工脱离所属单位的直接管理和控制，单位无法判断其是否处于"被支配状态"，因此使工作时间的认定陷入困境。同时，对于介于工作时间与休息时间"灰色地带"的待命时间，又该如何管理？

在远程办公场景下，老板和员工之间，不再是传统的雇佣关系，而是"合作关系"。不同于线下办公，员工在公司工作多长时间，老板就给多少工资，这种情况下，员工"浑水摸鱼"在所难免；而在远程办公场景下，员工能为公司创造多少价值，老板就给你多少回报，它以信任为前提，只对交付与效果负责，而非最大化占有压榨员工时间。上班的时间段不再是

"假装很忙"可以搞定老板了，而是要"忙出结果"。

可见，远程办公场景下，不能再沿用传统的管理模式，企业需要在工作流程、工时计算、工资支付等方面做出改变。员工需要由被动工作变为主动工作，从被计划到自计划。远程办公需要员工有很强的自主性和自觉性，员工须进一步加强自我激励，自我管理。在远程办公场景下，硬性的管理控制所能起到的作用已经微乎其微，企业文化管理变得比以往任何时候都重要。

1.4　达成新生代员工心理契约的需要

新生代是指 20 世纪 80 年代以后出生的人群。随着时代的发展，新生代员工已经逐渐发展成为公司的主要力量。新生代员工中大多数是独生子女，也是高校扩招、市场经济、东西方文化的大冲突下共同熏陶的"复合体"。他们享受到了物质文明的成果，互联网的快速普及使其接触了大量来自不同社会的文化和知识。在这种复杂背景下成长起来的员工，他们在性格特征、价值观、人生观方面与老一辈员工存在较大差异。新生代员工具有如下特点：

一是喜欢挑战，不愿妥协。他们愿意承担富有挑战性、具有创新性、拥有自主性，能够体现价值、发挥才能、激发潜力的工作。如果长期循规蹈矩地做着重复性较强的工作，他们会产生厌倦感。他们喜欢独当一面、愿意承担责任、敢于直面困难，但是情绪控制能力不足，不善于妥协忍让，团队合作能力也较弱。

二是"E"化沟通方式，忽视人际关系。他们具有丰富的科技文化知识和较高的技术应用水平，对于新技术、新工具、新思路、新做法比较敏感、掌握较快，但对于需要反复操作和长期积累才能形成的技能掌握起来较为困难。他们与人相处较为直接，容易忽视人际关系的处理，不借助工具（电脑、手机）与人面对面地倾听和交流的能力不足，与现实社会中不同人群打交道的能力较弱。

三是以自我为中心，具有较强的自我意识。新生代员工的自我意识比较强，这种自我意识主要是在家庭和社会大环境下形成的。他们作为独生子女，是一个家庭关注的焦点，同时受网络信息环境和西方观念的影响，他们习惯了从自我角度进行思考，占有意识比较强。

四是新生代员工对工作的期望值较高，跳槽率较高。超过 90%的新生代员工重视企业是否能够为自己提供职业发展的机会，他们期望得到更好的发展、更高的待遇以及持续学习的机会，看重企业是否能够培养其具备"可转移"的竞争力。智联招聘网的一份调查显示，工作不满一年就跳槽的员工高达总人数的 56%，一到两年更换工作的也占总人数的 25%。这主要因为新生代员工敢于公开表明自己的利益，不愿意拘泥于企业的缓慢发展，不满意的时候就离职跳槽。

新生代员工的这些特点，使得常规的制度约束容易"失灵"，需要通过企业文化管理与他们建立心理契约。

心理契约是由美国著名管理心理学家施恩教授提出的。他认为，心理契约是"个人将有所奉献与组织欲望有所获取之间，以及组织将针对个人期望收获而有所提供的一种配合"。也就是说，企业能清楚每个员工自身发展的要求，并为满足他们这种要求积极创造条件；每一位员工为了企业的发展也会全心工作，因为他们相信在企业发展的同时也能实现自己的期望。

心理契约的优势在于虽然它不是一种有形的契约，但它确实又发挥着一种有形契约的影响，有时甚至比有形契约的约束力更有效。现在很多企业与员工签订的劳动合同就是一种有形契约，可是员工跳槽现象仍普遍存在，积极建立心理契约也许是一种更为有效的方法。心理契约就像是一张无形的"合约"，使员工把自己视为人力资源开发的主体，将个体的发展充分融合到企业的发展之中，创造出永远充满活力的企业。共建心理契约的意义在于它能实现人力资源的自主能动开发，避免企业对员工思想、工作动态的了解失真，并由此误导企业的管理决策。

1.5　为企业战略转型提供动力

随着科技的进步与发展，先进技术被不断应用于企业的生产与管理中，使企业的产品或服务升级与更新，进一步提高了企业发展水平，互联网技术就是当今时代先进科学技术的代表之一。随着互联网时代的到来，企业想要在激烈的市场竞争环境下获得一席发展之地，就一定要对自身的发展战略进行适当调整，企业战略转型是企业可持续发展的驱动力。企业战略转型是企业通过经营模式和商业模式的变更，让企业符合现代产业发展趋势和现代公司治理制度要求的一种变革措施。企业战略转型是充满风险与挑战的决策，会让企业承受来自各方的压力，使企业面临一系列风险，如政策法律、经济环境、转型定位、意识形态、人员变革等风险。企业文化管理能为企业的战略转型提供不竭的动力。

1.5.1　企业文化为企业战略转型提供指引

企业战略关乎企业的方针、大局，任何企业在制定企业战略时必须依靠企业文化的指引。同样，任何企业在进行战略转型时不能逾越企业文化。一个企业的文化属性就是该企业的属性，一个企业的文化基因决定了该企业的基因，更决定了企业管理者和企业员工的意识形态和行为模式及处事风格。企业战略转型必须依靠企业文化的指引，充分利用企业文化的力量和文化的推动作用，从企业文化中寻找有利的变革因素，整合有利的变革成分，让企业文化来引领企业的转型，让企业文化为企业转型提供战略指引、方向指引。企业文化并不会具体明确地告诉企业管理者企业的战略目标，但企业文化会让企业管理者洞悉企业的势能，把控企业的定位，让企业管理者制定的企业战略不会出现战略偏差。在很大程度上，有什么样的企业文化就会有什么样的企业战略，脱离企业文化进行企业战略转型，注定是盲目的、失败的。

1.5.2 企业文化为企业战略转型提供精神源泉

企业文化提升了企业内部的凝聚力，在企业内部达成高度的共识，产生整体协同效应。企业文化对员工行为的影响比企业的规章制度更强，更加具有约束力，优秀的企业文化可以让企业管理者和企业员工之间产生高度的默契感和协同感，在企业内部产生和谐一致的工作状态，消除企业内部之间的冲突。企业文化更易在企业内部产生巨大的向心力和吸引力，这种向心力和吸引力也在反向推动企业员工对于企业文化、对企业目标使命的认可。企业在战略转型过程中会面临一系列的困难、难关、危险、障碍，如何突破，如何解决，这事关企业转型的成败。良好的企业文化可以让企业上下万众一心、众志成城，推动企业渡过困难期和黑暗期。企业文化就是企业的精神源泉，是企业的凝聚剂，没有企业文化的企业注定是分散的、疲乏的、无力的，企业要充分利用企业文化激发企业的潜能，为企业战略转型提供强大的推动力。

1.5.3 企业文化使企业继续维持核心竞争力

企业文化是企业百年基业的根基与磐石，其核心价值本身就是优势和竞争力。企业文化在企业内部发挥巨大的凝聚、激励、引领作用，让企业的大船在惊涛骇浪的市场竞争环境中维持动力、破浪前行。企业是一艘船，企业文化就是舵手。企业战略转型后势必会面临一系列复杂的考验，如技术、人力、品牌、市场等，企业能突破重围，依靠的不是别的，正是企业文化。与此同时，企业战略转型后，企业的核心技术、核心资源、市场份额都处于起步萌芽状态，此时，正是通过企业文化的整合与激发，让企业战略转型后充分释放企业生产力，让企业再次焕发新的生机，获得高速发展的有利时机。优秀的企业文化更是开放透明的企业文化，充分让企业在社会的舞台上广泛吸纳人才、充分吸收借鉴行业的发展经验，扩充企业自身的势能，让企业的发展独辟蹊径，突破重围。企业文化在企业战略转型及成长过程中发挥着引擎作用。追根溯源，企业文化就是企业的核心竞争力。

➤ **案例：华西集团企业文化与企业发展战略联动**

2009年，华西集团制定了"3166"发展战略。其中，"3"是指华西集团工作中心的"三大任务"；"1"是指在推进发展中构筑与延伸一条建筑产业价值链的经营发展模式；第一个"6"是指致力于打造的"六大板块"；第二个"6"是指在建设西部建筑龙头企业、打造中国一流建设集成商过程中必须采取的六大举措，即必须推进改革、必须调整结构、必须加强管理、必须扩大规模、必须创新工作、必须共享成果，是发展任务、发展措施、发展途径、发展目的的总体概括。根据品牌定位，结合"3166"发展战略，华西集团制订了品牌建设规划方案，明确了品牌建设的各项任务。

（1）确定目标

用"善建"文化为华西品牌铸魂，不断推动品牌创新，使华西品牌成为国内一流品牌和在国际上具有一定知名度的国际品牌，努力打造中国一流建设集成商，为海内外广大业主和用户提供建筑精品和优质服务。

（2）分期实施

华西品牌建设划分为近期、中期和远期三个阶段（见图1-1）。

图1-1　华西品牌建设的三个阶段

近期阶段（2009—2014年）：主要任务是加快结构调整，转变发展方式，强化基础管理，推进股改上市，升级完备资质，提升技术装备，加快人力资源建设，规范整体形象，全面提升华西集团综合竞争实力。初步形成六大品牌，特别是在工程建筑品牌上形成一批高、大、难、新、特、尖品牌工程、标志性精品工程和获奖名牌工程，把华西集团打造成为西部建筑龙头企业。

中期阶段（2015—2019年）：主要任务是继续强化自身能力建设，深度整合资源，推动人才高地建设，科研技术创新驱动作用明显，形成发展优势，使华西集团的综合竞争实力再上一个新台阶，在品牌、精品、名牌上有新的显著业绩，达到"西部领先、行业一流"的水平。

远期阶段（2020—2030年）：主要任务是自身能力建设系统模式形成，经营模式更加灵活，施工生产标准化体系全面成熟并得到大量使用，人力资源充分满足企业发展需要，科研技术水平、企业综合竞争实力达到国内一流水平，成为名副其实的国内一流建设集成商，并在国际上具有较高的知名度。

（3）加强领导

一是落实领导责任。品牌建设在华西集团党政领导下进行，由集团品牌建设领导小组工作组负责组织实施。各级党政主要负责人是品牌建设的第一责任人，分管领导是主要责任人，班子成员在分管范围内承担领导责任，各级品牌建设领导小组及工作组成员是直接责任人，全体华西人是品牌建设的参与者、实践者和推动者。

二是落实工作任务。坚持上下联动、全员行动，以责任明确、各司其职、各负其责、全员参与、共同推进的工作机制，保证品牌建设顺利推进。明确集团党工部负责品牌学习教育和宣传推广，生技部负责项目品牌实践，人力资源部负责职工品牌形象，总经办负责办公系统品牌展示，经营工作中的品牌形象由市场经营部负责，其他职能部门根据自身工作职责负责品牌建设的相应内容。

三是确立工作原则。根据企业品牌建设的自身特性和规律，确立了五个工作原则，即准确定位、全员参与、系统思考、轻重缓急抓关键、源于现实高于现实。

四是规定"善建"文化地位。明确始终以"善建"文化为灵魂和支撑，打造充分体现华西集团"秉德从道 善建天下"的企业精神，全面展示"善建者·华西"的优秀企业品牌。

（4）保障措施

在思想上，加强宣传教育引导，引导干部职工学习现代企业知识，了解国内和国际施工企业发展的形势，深刻认识实施品牌战略的重大意义，树立品牌建设的强烈意识。在组织上，从一开始就确立"领导抓、抓领导"的品牌建设思路，及时组建品牌建设组织机构，明晰工作职责，落实工作任务，要求各级党政主要负责人亲自参与，各级领导干部按照职责分工主动参与，全体职工积极参与，有效保证品牌建设的领导力量和工作力量。在制度上，建立品牌建设领导小组、工作组工作制度及定期例会制度和日常管理制度，实施科学的检查方案，进行定期检查和不定期抽查，明确奖惩措施等，为品牌建设提供制度保障。在物资上，设立专项资金，实行专款专用，强化硬件建设，提供良好的工作环境、办公用具和交通工具，为品牌建设提供强大的物资保障。在激励上，明确把品牌建设纳入考核指标体系，直接与班子年度考核、职工个人绩效考核和部门责任兑现等挂钩。明确对在"善建"品牌建设和推广运用上做出突出贡献的职工，在多方面予以重点倾斜。对品牌建设成绩显著的单位和个人进行表彰奖励，对做出重大突出贡献者授予荣誉称号。

1.6　为企业变革保驾护航

21 世纪以来，世界正处于大发展、大变革、大调整中，科技进步与网络经济进一步飞速发展，经济全球化和全球经济一体化迅猛加速，世界政治经济文化交融发展，使得人们的物质文化水平大幅提升。文化交流更多，文化传播更快，文化融合更广泛成为时代特征。在这种背景下，社会经济发展呈现如下发展趋势：社会管理以人为本化、经济发展虚拟全球化、政治环境开放民主化、知识文化趋于经济化、市场需求多样个性化、科技发展集成创新化、信息传输网络智能化。瞬息万变的国际社会发展趋势，使得企业的生存环境异常复杂，表现在企业的生存空间异常扩大、生存压力异常剧增、竞争环境异常激烈，企业的存在、生存与发展状态存在无限可能。

在此情形下，企业必须变革才具备"应万变"的适应能力，才能适应客户需求的变化，应对快速变化的市场，从而持续发展。如果一个企业不能实事求是、尊重规律、深刻认识和主动把握这一趋势，将外部环境变化需求内化为企业管理价值观体系，实现价值理念变革，并通过制度设置，将其转化为文化的生命力、凝聚力和影响力，内聚力量，外树形象，终将难以适应瞬息万变的环境需要而被社会和市场淘汰。

然而，企业变革必然涉及内部制度改革以及人员的变化，需要对其经营理念、生产模式乃至企业文化等进行"洗牌"。这种剧烈的变迁，给企业的员工带来很强的不适感，这种不确定性因素更会增强员工的迷茫感和焦虑感，在这个时期，企业比较迷茫，对企业的未来而言，有一种不可预见性的因素存在。大多数人是不喜欢这种不确定感的，导致企业的变革得不到员工的支持。同时，一个企业在成长过程之中无时无刻不伴随着这些风险以及问题，企业的变革是一个很艰难的过程。持续时间长，伴随着一定的连续性、周期性，而且企业也不是只进行一次从上而下的变革就可以一劳永逸、高枕无忧，企业的变革是一个长期的艰难过程，是企业不断优化自身，革除身上的弊病，为自身的宏观战略以及可持续发展实施决策的过程。

企业文化对企业的变革有着非常重要的意义，优秀的企业文化管理能为员工营造一种积极的工作氛围、共享的价值观念和管理机制，能引导员工树立与组织一致的目标，并在个人奋斗过程中与企业目标保持步调一致，从而产生强大的内驱力。优秀的企业文化可以在企业变革的不同阶段起到润滑剂的作用，引领企业员工用正确的思维模式去思考问题，朝着正确的方向发展，这其中当然也包括组织和个人分别所承担的责任和义务，能够促进企业变革的顺利进行，使得变革更为彻底和深刻。

2 企业文化的基本原理

思维导图

2.1 企业具有生命属性

2.1.1 企业是一个生命体

传统经济学一直把企业定义为"盈利性经济组织",认为企业只是一个向社会提供有效产品与服务,以收抵支,取得利润的经济体。或者说企业就是一个赚钱的机器。因此,衡量一个企业办得好与坏,往往只以盈利多少为唯一标准。

实践证明,只把企业视为经济组织的观点是狭隘的。无论是从仿生学角度还是从文化学角度来看,企业除了具有追求利润的物质属性外,还有精神与文化属性,具有生命体的基本体征。人是有需要、有思想、有感情、有理想、有追求的。企业作为人的集合,是一个生命复合体,也是有需要、有思想、有感情、有理想、有追求的。企业生存的目的不仅是生产产品与赚钱,企业存在的真正目的是生产快乐、创造幸福。

Adizes 在 20 世纪 80 年代提出,企业的发展要经历八个阶段,即孕育期、婴儿期、学步期、青春期、盛年期、稳定期、贵族期、官僚期,如图 2-1 所示。生动地概括了企业生命不同阶段的特征,揭示了企业生命周期的基本规律。

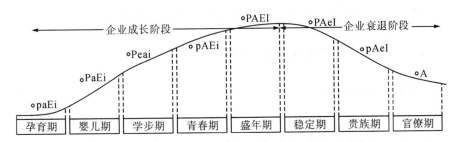

图 2-1　企业发展经历的八个阶段

之后的学者将企业的生命周期简化概括为四个阶段，即初创期、成长期、成熟期与衰退期，不同阶段企业的特征不同，需要解决的问题也有所不同，如表 2-1 所示。

表 2-1　不同生命周期的企业特征及管理重点

阶段	特征	管理重点
初创期	雄心勃勃，愿意对风险做出承诺，把所有的事情都看作机会；行动导向，机会驱使，经验不足，产品尚未被市场接受，销售增长缓慢；企业负担重，实力弱小但成长迅速	搭建企业家平台，人、财、物的持续投入，企业发展环境和载体设计
成长期	企业成长最快，规模效益开始出现，市场开拓能力迅速增强，市场份额扩大，产品品牌和企业的名声为世人所知晓，股权开始出现多元化，矛盾多发期	战略管理，管理的制度化与规范化，股权结构优化，贡献利益分享。逐渐形成具有自身特色的文化
成熟期	企业的灵活性和可控性达到平衡，市场份额稳定，组织良好，内部关系网日益重要，讲究做事方式、穿着与称谓；拘泥传统	系统的文化管理，核心能力的培养与强化，变革管理
衰退期	内部斗争激烈，客户被忽视，喜欢追究问题责任，玩政治手腕，偏执束缚了企业，缺乏创新，企业难以产生所需现金	企业全面再造，创新企业文化

生命周期理论把企业看成一个活的生命体，即心智、躯体、精神一应俱全的生物法人，从企业生存发展的角度，深入考察企业从创立、成长到衰亡的全部过程，动态评价企业成长各阶段的特点及对策，探讨企业生命演进过程中呈现的阶段性及成长与老化衰亡的关键因素和深层原因，揭示

企业持续成长的规律，寻求企业"长寿"之道和"修炼"途径。

2.1.2 企业文化是企业的"基因密码"

正像生物体有基因一样，企业也有自身的"基因密码"，这就是企业文化。在企业这个生命体中，人是其中的元素，由企业员工组成一个有机整体，其通过经营管理生产不断形成自有的、具有该企业特色的精神财富和物质形态，并被有机整体认可和接受。而且每个个体能够自觉或无意识地受到影响并行动，新加入的个体也能够很快适应这一氛围，且能够长期地传承下去的文化因素，就是企业文化基因。

文化的进化总是由低级到高级，进化过程即经过不断竞争，淘汰落后文化的过程。在企业中，文化基因往往以一种非均衡的方式分布着。当新的理念出现时，它们有先有后、或多或少地感染人们的思想；当一种创新在局部被证明成功时，它可能扩散到其他部分，也可能不扩散。优秀企业文化是各种文化基因相互竞争的累积结果。

不同的企业具有不同的基因，而基因的不同，决定着企业的规模、效率、市场表现、品牌特征，决定着企业的生存状态和生命周期。

美国兰德公司曾经做过一个调查，结果显示：倒闭的 1 000 家企业中，可能有 850 家企业是决策失误造成的；而在这 850 家企业中又有 600 家是多元化所致的。这说明这些倒闭企业的经营理念出了问题，实际上就是经营文化基因有共同缺陷。阿里·德赫斯在《长寿公司》一书中指出，跨国公司的平均寿命只有 40 年到 50 年，而 40%的新公司寿命只有 10 年。进入世界 500 强的公司经济实力强大，富可敌国，但不一定是长寿企业。书中谈到，10 年前的 500 强，到今天已经有 1/3 销声匿迹了。为什么？因为它只是大，文化基因不一定是最好的。

> **案例：上海建工的三大文化基因**

上海建工集团（以下简称"上海建工"）成立于 1953 年，在所经历的一次次变革中，企业文化建设从自然生成到自觉塑造，从逐步积累到不断完善，从继承历史到与时俱进，形成了"执行力、诚信、工匠"三大文化基因。

一是部队"执行力"基因。1953 年组建的上海建工局前身，是解放军第三野战军五师、六师整编转制过来的建筑工程兵。军人的执行力基因，不断体现在重大工程建设中的"后墙不倒"和"铁军"精神，形成了与其发展历程相契合的部队"执行力"基因。

二是营造商"诚信"基因。上海是中国近现代商业中心，诚信是商业文明的基石，营造商是近代上海商业文明的一个缩影。新中国成立前，建筑公司被称为营造商，上海建工前身就有建造国际饭店的馥记营造厂、建造钱塘江大桥的康益洋行等营造商。

三是郊县匠人"工匠"基因。上海是近代建筑业的发源地，郊县匠人建造了外滩建筑群、南京路建筑群等一大批经典标志性建筑。建筑产品的特点就是每个工程各不相同，每个建筑都需要"量体裁衣"地进行工艺创新。上海建工的"工匠"基因在老一辈精益求精的基础上，在工程实践中延续并代代相传地培育员工成长。

（摘自《从理念到实践不断释放企业文化的竞争力：上海建工"三大文化基因"的传承与创新》，作者张立新，发表于《上海企业》2019 年 3 月）

2.2 企业文化的功能与作用

2.2.1 企业文化的功能

文化管理作为一种管理方法，和其他管理方法比较，在企业整体经营管理中有着独特的功能。文化管理解决的是企业持续经营和成长问题，百年老店无一不是靠文化传承实现的；而计划管理解决的是目标与资源匹配的问题，即完成一项工作目标，需要合理配置多少人、时、财、物；流程管理解决的是运营效率与成本问题，即如何简化关键节点，提升工作效率；组织管理解决的是权力与责任匹配的问题，即如何实现权责对等；战略管理解决的是企业核心能力问题，即企业靠什么立足于市场。实现企业持续经营和成长是企业文化的隐性功能，平时人们感觉到的文化是企业文化的显性功能，主要有以下几点：

第一，文化对内统一思想，提升生产力；对外塑造品牌，增强影响力。企业运营表现出来的是生产、销售、服务等各个环节，影响运营的是人，影响人的是价值理念。这些价值理念会产生感召力、驱动力和统合力。把一家企业比作一辆车，100 名员工在做什么？有非常卖力，使劲拉着车前行的；有算着工资干活，不愿吃亏的；有心情好多干，心情不好少干的；有领导踢一脚，往前推一步的；有让车拉着前行的；有拽着车阻碍其前行的。企业 80% 的业绩是由 20% 的员工创造的。企业文化建设与管理的目的除了要肯定和奖励优秀员工，还要用愿景感召、使命驱动、价值观统合一般员工，辞退阻碍企业发展的员工，让企业这辆车安全、高效地前行。另外，企业文化是品牌形成的根本，品牌界定了企业区别于其他企业的角色。如麦当劳和肯德基，同样是快餐连锁，但在消费者心中，它们的文化理念和形象有着明显的区别。

第二，文化会传递给组织成员一种身份的感觉，促进成员对组织的认同感。这种身份和认同感会提升员工的自豪感，进而转化为员工的生产力。好的企业文化必然会产生良好的社会美誉度，这会给每位员工带来许多无形的益处。如四川华西集团，你一旦成为其中一员，首先便会觉得在这样的企业工作有一种自豪感，自信心很强，工作是愉快而充实的。

第三，文化决定了组织的经营模式。大家都有个印象，欧洲的奢侈品多，美国精品不少，日本产品价不高却质量好。为什么会有这些印象？因为文化价值理念对经营模式和产品有直接的影响。

第四，文化是企业实施战略、提升企业盈利的保证。美的集团为实现"世界美的"战略目标，进行了一系列文化变革：一直说粤语的美的创始人何享健强迫自己说普通话，事业部全员学英语，并引进全球化人才，激励新技术的开发等。战略的调整必须进行企业文化的变革，让企业文化为战略调整提供前提条件。一般在企业文化变革之初，因为新旧文化冲突，会在短时间内对企业盈利有负面影响。美国知名管理行为和领导权威约翰·科特教授与其研究小组，用了11年时间，对企业文化和企业经营业绩的影响力进行研究，结果证明：拥有卓越企业文化的公司比普通的公司，营业收入增长比例高出4倍，股票市值增长率高出12倍。

2.2.2　企业文化的作用

企业文化对于企业管理和未来发展具有导向、约束、凝聚、激励、辐射、陶冶、创新等作用。

2.2.2.1　导向作用

在全球化的竞争中，企业如果没有统一的目标和愿景，就不能形成强大而持久的竞争力。企业文化不仅明确了组织的最高目标或长远目标，而且能把组织成员的个人目标引领到组织目标上来。一方面，组织所树立的远大目标让员工感受到工作的价值和人生的意义，能激发出事业心和成功欲；另一方面，组织目标往往包含一定的个人目标。组织目标的实现也就意味着在一定程度上实现个人目标，能激发员工的工作热情。传统管理方法靠各种各样的策略来引导员工去实现企业目标，而良好的企业文化会使员工在潜移默化中接受共同的价值观和目标，不仅过程自然，而且深刻持久。因此，建设企业文化就是建立企业内部的动力机制，使广大员工自觉把个人目标融入企业的宏大目标中，使员工勇于为实现企业目标做出贡献。

2.2.2.2　约束作用

文化的约束功能，与传统的管理理论单纯强调制度的硬约束不同，它虽也有成文的制度约束，但更强调的是不成文的软约束。规章制度对企业来说是必要的，但即使有了千万条规章制度，也很难规范每个员工的行为。企业文化能使信念在员工的内心形成一种定式，建构响应机制，只要外部诱导信号发生，即可得到积极响应，并迅速转化为预期的行为。这种约束机制可以减弱硬约束对员工心理的冲撞，缓解自治心理与被治现实的冲突，削弱由其引起的心理抵抗力，从而产生更强大、深刻、持久的约束效果。这种约束作用还更直观地表现在企业风气和企业道德对员工的规范作用上。

2.2.2.3 凝聚作用

一个企业的凝聚力是怎样形成的？可以说是由三条纽带共同作用的结果：一是物质纽带，二是感情纽带，三是思想纽带。第一条纽带是薪酬和福利，它离不开分配理念的指导；而后两条纽带都属于文化的范畴。当企业的价值观被成员认同之后，就会成为一种黏合剂，从思想、感情各方面把大家团结起来，形成巨大的向心力和凝聚力，这就是企业文化的凝聚功能。通过这种凝聚作用，员工就把个人的思想感情和命运与企业兴衰紧密联系起来，产生对企业的强烈的归属感，与企业同呼吸、共命运。"上下同欲"就指思想、信念的一致，它是深层凝聚力的主要来源。

2.2.2.4 激励作用

倡导企业文化，是帮助员工寻求工作意义、建立行为的社会动机的过程。这一过程可以在员工中形成共同的价值观，在企业中形成人人受重视、受尊重的文化氛围。这种氛围足以胜过任何行政命令，使每个成员获得极大的心理和精神满足，自觉增强主人翁的责任感。有了这种责任感，员工就会为企业发展勇于献身、奋勇拼搏、追求卓越。

人是物质和精神的统一体，每个人都有精神需要，蕴含着巨大的精神力量。当没有获得激励时，人发出的只是物质力量；获得激励之后，人的精神力量就得到了开发；激励越大，所开发出来的精神力量就越大。企业文化正是通过激励来满足人的精神需要，使人产生归属感、自尊感和成就感，从而调动人的精神力量。由于它迎合了人的需要、人的本质，所以比其他任何形式都有效得多。

2.2.2.5 辐射作用

企业文化的辐射功能与其渗透性是一致的，也就是说，文化力不只在企业内起作用，也会对社会产生影响。人们通过企业的标志、广告、建筑、产品、服务以及组织领导、员工行为，可以了解企业与众不同的特色和背后深层次的价值观，从而认识、了解和选择企业。文化力向社会辐射的渠道很多，例如传播媒体、公共关系活动等。在企业越来越重视形象和声誉的当代社会，企业文化对社会的辐射作用越来越大，传统媒体和新媒体里的广告越来越多，许多广告语成了人们的口头语，深入人们的生活。作为一种亚文化，企业文化在社会文化中扮演的角色越来越重要，这正是辐射功能所致。

2.2.2.6　陶冶作用

优秀企业通过高尚而先进的理念培养人、教育人，这样的企业文化无疑可以陶冶员工的情操。日本松下公司提出"造物之前先造人"。美国 HP 公司把"育人"作为七个目标之一，自然也就形成了尊重人、培养人、关爱人的企业文化。具有 300 多年历史的北京同仁堂，"同修仁德，亲和敬业；共献仁术，济世养生"的堂训，不仅影响员工行为，更重要的是陶冶了员工的情操，培养了优秀的品质，发扬了中华民族的优良传统。

2.2.2.7　创新作用

优秀的企业文化可以激发员工的创新精神，鼓舞员工开拓进取。IBM 在 2012 年共获得 6 000 多项专利，连续 20 年成为获得美国专利数量最多的公司。这与尊重个人、鼓励创新的 IBM 文化密切相关。3M 公司提出"3M 就是创新"的理念，鼓励员工大胆尝试，成为以创新产品闻名的公司。在乔布斯的领导下，苹果公司不断推出技术先进、外观新颖、引导潮流的新产品，征服了全球市场，很重要的原因是苹果文化的核心是鼓励创新、勇于冒险的价值观。可见，优秀的企业文化不是保守，而是创新。在变幻莫测的信息时代，只有不断创新，企业才能生存和发展。

2.3 企业文化管理与制度管理的关系

2.3.1 文化管理与制度管理的差异

在企业文化管理中，人们对文化与制度的认识经常陷入误区，分不清两者在企业管理中的各自地位与作用。从狭义看，制度只是文化的载体，把企业文化作为一种新的管理方式，制度与文化属于两种不同的管理方式。从效果上看，文化管理高于制度管理，制度更多地强调外在监督与控制，是企业倡导的"管理底线"，即要求员工必须做到的；文化更多地强调价值观、理想信念和道德的力量，强调内在的自觉与自律，是"文化高境界"。两者的具体差异表现在以下三个方面：

（1）制度与文化演进方式的差异。文化的演进是渐进式的，制度的演进是跳跃式的，但两者同处于一个过程之中。从制度到文化，再建新制度，再倡导新文化，两者交互上升。企业管理正是在这种交互上升的过程中不断优化、臻于完善。

（2）制度与文化表现形态的差异。制度是有形的，往往以责任指标、标准、规章、条例、纪律等形式表现出来；文化是无形的，存在于人的头脑中，是一种观念形态和精神状态，往往通过有形的事物、活动反映和折射出来。但两者却是一体两面，有形的制度中渗透着文化，无形的文化通过有形的制度载体得以表现。

（3）制度与文化作用方式的差异。制度管理主要是外在的、硬性的调节；文化管理主要是内在的文化自律与软性的文化引导。脑力劳动者与体力劳动者对制度与文化的感受度不同。体力劳动者因为其作业方式要求标准化的程度高，对制度管理的强制性敏感度较低，也就是说，遵守制度是顺理成章的事，制度管理更适合；脑力劳动者因为创造性强，自由度较高，对较低层次的条条框框比较反感，需要较多的文化管理。

2.3.2　文化管理与制度管理的互动关系

正确认识文化管理与制度管理的互动性，需要把握以下几个要点：

2.3.2.1　制度与文化相互推动

当管理者需要倡导某种文化时，可以通过培养典型或开展活动的形式来实现。但要把倡导的新文化迅速渗透到管理过程，变成人们的行动，制度则是较好的载体之一。人们普遍认同一种新文化一般需要较长的时间，而把文化"装进"制度中，则会加速这种认同过程。当企业中的先进文化或管理者倡导的新文化已经超越制度水准，这种文化又在催生新的制度。

2.3.2.2　制度与制度文化不是同一概念

当制度内涵未被员工认同时，制度只是管理者的"文化"，对员工只是外在约束；当制度内涵已被员工接受并自觉遵守时，制度就变成一种组织文化。比如，企业要鼓励员工提合理化建议，先制定一项激励制度，时间长了，员工接受了这一制度内涵，随之产生了参与文化。

2.3.2.3　文化优劣程度及主流文化的认同度决定制度成本

当企业倡导的文化适应性强且主流文化认同度较高时，企业制度成本较低；当企业倡导的文化适应性弱且主流文化认同度较低时，企业的制度成本则高。由于制度是外在约束，当制度文化未形成时，没有监督，人们就可能"越轨"或不能按要求去做，其成本自然就高；而当制度文化形成以后，人们自觉从事工作，制度成本大为降低；尤其当超越制度的文化形成，制度成本会更低。

2.3.2.4　制度与文化永远并存

制度再周全也不可能凡事都规定到，但文化时时处处都能对人们的行为起约束作用，制度永远不可能代替文化的作用；文化管理也不可能替代制度管理。由于人的价值取向的差异性以及对组织目标认同的差异性，要想使个体与群体之间达成协调一致，光靠文化管理是不行的。实际上，在大生产条件下，没有制度，即使人的价值取向和对组织的目标有高度的认同，也不可能达成行动的协调一致。因此，制度与文化将永远并存。

2.4 企业文化管理的重要理论

2.4.1 企业文化管理的冰山理论

著名心理学家弗洛伊德和著名作家海明威曾经在各自领域里较早提出过"冰山理论"。1895 年，弗洛伊德与布罗伊尔合作发表《歇斯底里研究》，首次提出"冰山理论"。其认为人格有意识的层面只是这个冰山的尖角，其实人的心理行为当中的绝大部分是冰山下面那个巨大的三角形底部，那是看不见的，但正是这看不见的部分决定着人类的行为。1932 年，海明威在其纪实性作品《午后之死》中，第一次把文学创作比作漂浮在大洋上的冰山。他说，冰山运动之所以雄伟壮观，是因为它只有八分之一在水面上。他认为，文学作品中的文字和形象是所谓"八分之一"，而情感和思想是所谓"八分之七"。前两者是具体可见的，后两者是寓于前两者之中的。

在观察和研究企业管理现象时，可以引入冰山理论，把整个企业管理系统比作漂浮在大洋上的冰山，露出水面的部分是有形管理，看得见、摸得着，包括企业管理体制、制度、规范、标准、流程及方法和手段等，但这种"有形"的管理只是冰山的一角，占冰山比重的"七分之一"。隐在水下面的部分为"无形"的文化管理，虽看不见、摸不着，所占比重却达到"七分之六"，如图 2-2 所示。

冰山理论揭示出企业文化管理在整个企业管理系统中处于根基地位，不仅所占比重大，而且决定着企业整体管理的特色及效率。

冰山理论告诉我们，在管理中不能只见树木，不见森林，只重有形忽视无形。只有正确认识文化管理对企业整体管理的决定性意义，处理好局部与全局、有形与无形的关系，才能提高企业整体管理效率。

图 2-2　文化管理的冰山理论

冰山理论还提醒我们，由于企业文化管理具有无形性，其管理难度更大，管理者只有利用更高的智慧，付出更大的精力，做出更长时间不懈的努力，才能取得较好的管理效果。

➤ 案例：成都兴城集团"精善"文化实践成果

坚持精工善成、以文兴企，聚力提升发展能级。成都兴城集团以精善文化为精神纽带，精主业、善作为、创品牌，全面提升企业能级，努力打造"国际化城市综合开发运营商"。

致力于筑根强基。以城市综合开发为纽带，形成建筑产业、城市开发、医疗健康、文体旅游、银行金融、资本运营与资产管理多元化产业发展格局；抢抓市场机遇，逐步由单一土地整理、投融资平台公司稳步向"全球一流"的全周期、全产业链国际化城市综合开发运营商企业目标迈进。截至目前，集团资产规模达 7 588 亿元，是 2016 年年底的 10.8 倍，成为成都市规模最大的国有企业。预计今年将完成营业收入 811 亿元、利润总额 83 亿元，分别是 2016 年的 22.5 倍、10 倍。拥有下属子公司 254 家，海外机构 11 个，员工 3.5 万余人，位居 2020 年中国企业 500 强第 308

位、中国战略性新兴产业领军企业 100 强第 25 位、中国净资产增长最快 10 强企业第 8 位，获评全国企业文化建设实践单位，是中国中西部地区首家加入达沃斯世界经济论坛的国有企业。

致力于开放多元。以自有资金 165 亿元收购成都农商银行控制性股权，以及成功收购北京中化岩土（002542）、天津红日药业（300026）两家上市公司控制性股权；整合内部资源成立兴城供应链集团，依托资金优势完善供应链金融，积极参与外部企业、大型项目的带量集中采购贸易，提供大宗物资的采购、销售、物流、金融、信息等全方位服务，打造科技化供应链综合服务平台；深化股权合作、项目合作等模式，强化与央企、省企和行业龙头企业抱团发展，推动项目资源、开发能力等要素多向流动、互利共赢。

致力于开源引流。在成都市属国企中率先获得国内 AAA、国际 BBB+ 高信用评级，获得金融机构授信超过 1 400 亿元，累计融资超 1 300 亿元。成功发行 3 亿美元债（利率 3.25%）和 5 亿欧元债（综合利率 2.62%），创全国同期利率最低，节约财务成本约 9 亿元；率先获批国家发改委 100 亿元优质企业主体债券，连续成功发行 20 亿元纾困专项债券、20 亿元住房租赁专项债券等融资产品，创下全国单期最大、西部首单、利率最低等多项纪录。

致力于全球布局。积极响应"一带一路"倡议，成功落地白俄罗斯展会中心、尼泊尔水电站、安哥拉道桥等多个海外项目，分布欧洲、非洲、东南亚等 13 个国家和地区，深度融入全球产业链、创新链、价值链，加快构建"多领域、跨区域"发展新优势，力推"成都品牌"走向国际。

坚持兴城弘业、以文塑城，聚力服务城市发展。成都兴城投资集团以"精善"文化为行为准则，精心细致推动城市建设，精雕细琢塑造城市特色，努力成为"一流的城市建设者，卓越的城市运营商"。

优化拓展城市格局，铺就城市崛起"快车道"。先后投资 630 亿元建设 56 平方千米的南部新区、东部新城，打造极具城市功能和承载能力的城市副中心，承载了数百万人口安居乐业。其中，南部金融城片区，已经发展成为集政务中心、商务中心、商贸金融、生活居住四位一体的城市新中心，落户成都的300余家世界500强企业大多驻扎在此。

聚焦"千年立城"战略定位，抢抓"成渝地区双城经济圈建设"时代机遇。已与成都东部新区签订1 700亿元战略合作协议，出资成立成都医投集团、绛溪城市建设有限公司、简州投资运营公司，启动规划面积14.34平方千米、首期投资100亿元的成都健康医学中心；高质量推进东部新区3万套人才公寓建设，实施龙泉湖智慧科创城、航空智能智造园建设，策划中德动龙马大道等项目7个，助力城市格局蝶变升级，加快展现"未来之城"功能品质。

提升城市交通功能，打造便捷出行坦途。建设成都天府新区"三纵一横"骨架路网，为国家级新区献上开篇大作；承建东西城市轴线、成都地铁、成都二环路高架、神仙树立交等交通主干网，进一步畅通了城市交通脉络；打造了天府国际金融中心、成都规划馆、火车南站等一批城市地标，让城市封面更具现代气息；承建了国家、省、市重点工程1 000余项，为城市格局蝶变升级、功能品质改善提升，打造了一大批品质高端、品位现代、功能完善的示范工程。

塑造城市环境品质，打造美好生活的体验空间。全力打造了面积133平方千米，全球最长城市慢行系统、最大城市生态公园——锦城公园。目前，累计开工绿道495千米，建成415千米，景观提升超过1万亩①，将实现人均增绿10平方米。2019年和2020年，天府绿道连续2次亮相瑞士冬季达沃斯经济论坛现场，面向全球广泛推宣，受到海内外媒体的聚焦报道。天府绿道——桂溪生态公园规划面积1 400余亩，被誉为成都版的"纽约中央公园"；位于城市中央区域的天府绿道——青龙湖湿地，水域面积超过1 500亩，长期孕育着包括国家级保护动物在内的野生鸟类超过220种，被誉为人与自然和谐发展的城市生态典范。锦城公园开放的特色园区，每年接待市民和游客近千万人次，已成为成都最潮的"网红打卡地"

---

① 1亩≈666.67平方米，下同。

和"旅游新名片"。今年在天府绿道拍摄的综艺节目《心动的信号》目前网络点击量已近 12 亿人次，成功举办 2020 首届成都青岛啤酒节、国际 SUP 桨板赛、"豆瓣红"音乐嘉年华等活动 200 余场，吸引百万人次参与和点赞。此外，成都兴城集团正在实施三国蜀汉城、张大千博物馆、大熊猫国际旅游度假区 4 大主题空间等历史文化项目，重现成都辉煌灿烂的历史盛景。

提升城市宜居水平，满足多元居住需求。累计建设高品质住宅 1 440 万平方米；建成华西医院锦江院区、成都七中高新校区等近 500 所医院、学校；在全国率先开展国有住房租赁试点，创新举措得到中央电视台、新华社等媒体专题报道；在建人才公寓 260 万平方米，成功打造的成都第一个人才公寓项目——锦城峰荟，成为成都国企落实"城市人才优先发展战略"的样板典范。同时，我们加快推进城市高端酒店群打造，高品质打造了都市奢华度假酒店行业标杆——成都盛美利亚酒店，旗下青城豪生国际酒店成功保障 2019 年第八届中日韩领导人峰会等重要活动。我们还携手阿里巴巴开发智慧人居平台，系统搭建住宅、TOD、文旅地产等智慧城市体系，正加快向城市综合开发运营全面迈进。

持续攻坚民生改善，积极投身乡村振兴。累计投资上百亿元，建成新型社区 380 万平方米、保障性住房 370 万平方米，推进城乡融合发展。2018 年春节投资打造的郫都区战旗村新型社区受到习近平总书记的莅临视察和充分肯定；圆满完成四川省规模最大的昭觉县易地扶贫搬迁项目，4 057 套安全住房建成交付，3 958 户 1.8 万村民喜迁新居，受到新闻联播、人民日报等权威媒体广泛报道。参与成都市援建甘孜州、阿坝州等重点工程，帮助对口贫困村由"输血式"解困向"造血式"脱贫转变，在灾后重建、城乡统筹、脱贫攻坚中充分发挥了国企"尖兵"作用。

激活城市体育底蕴，助力世界赛事名城建设。2018 年组建成都兴城足球俱乐部，代表成都足球重返中国足球职业联赛，在一年半时间里成功实现从成冠至中甲的"四连跳"，强力打响了成都本土"体育名片"。投资 50 亿元，打造占地近 1 000 亩，集国家青训中心、运动医疗康复中心、国际会议中心、体育赛事中心等为一体的国际足球体育公园。为确保 2021 年 8 月第 31 届世界大学生夏季运动会在成都顺利举办，承建了总面积 27.37 万平方米的 22 个大运会场馆改造，综合打造一批世界一流、布局合理、满足赛事名城建设和人民美好生活需要的体育场馆。

坚持价值引领，以文化人，聚力厚植发展动能。以精善文化为精神基石，坚定不移坚持党的领导，以文化聚人才、筑同心、增活力，打造企业与员工共建、共享、共赢的"命运共同体"。坚持党建铸魂，将党的政治建设贯穿企业文化建设全领域、全过程，全面加强集团各级党委、支部和党员队伍建设，树牢"四个意识"，坚定"四个自信"，坚决做到"两个维护"，教育引导广大员工坚定不移听党话、跟党走，提升了员工队伍的凝聚力、向心力、执行力。广纳干事之才，加大专业化建设力度，实行人才市场化选聘和激励约束机制，面向全球招聘职业经理人，成为第一家走入清华、北大等名校引才的成都市属国企，实现集团中层管理人员全体公开竞聘上岗，打造了一支能征善战、担当有为的干部队伍。倡导工匠精神，依托工人先锋号、青年文明号、劳模创新工作室，持续开展名师带高徒活动，大力培养知识型、技能型、创新型员工，构建起一支能够支撑和引领集团发展，结构优化、素质优良、具有强大竞争力和影响力的工匠人才。倾心关爱员工，以打造"温馨工会"为载体，大力维护保障员工合法权益，扎实开展困难员工关爱帮扶活动，切实为员工做好事、办实事、解难事，始终做到"企业有温度、员工有干劲"。

（摘自成都兴城投资集团有限公司党委书记、董事长任志能于 2019 年 10 月在全国企业文化现场会的发言）

2.4.2　人学理论

人学理论是探讨、研究人性的生成、发展规律，解释为什么要用教育的方法帮助人们树立正确的价值观，以及为什么能够通过教育的方法提高人对组织的忠诚度，增强组织凝聚力的学说。

2.4.2.1　中国古代的人学思想

中国古代人学思想博大精深，对企业文化影响较大的是人性理论和仁学理论。

（1）人性理论。《淮南子·修务训》论证了人的品质和才能是后天环境磨炼的产物，它批判先秦道家"人性各有所修短"的观点，以马为例："故其形之为马，马不可化；其可驾御，教之所为也。马，聋虫也，而可以通气志，犹待教而成，又况人乎！"这是说，马的形状是不可改变的，但马的性格是可以驯服的，人性也可因教而变。

孟子认为，人性趋向善良，"犹水流而就下"，尽管利用其他的力量，如拍打、堵挡，也可以使水跳起来，或是从山下流到山上，但这只是改变了水的"行为"，并没有改变水的"本性"。同样，人周围的环境尽管也可以使其变为不善良，但他的本性还是善良的。儒家的"性善"主要是指仁、义、礼、智、信，为了恢复和保持人的善良本性，孔子主张先格物、致知、诚意、正心，而后方能修身、齐家、治国、平天下。

但主张人性恶的荀子却说："饥而欲食，寒而欲暖，劳而欲息，好利而恶害，是人之所生而有也。"因此，"人之性恶，其善者伪也"。荀子具有朴素唯物主义思想，他主张性恶，其实是指人的基本生理需要，这种基本生理需要若得不到满足，便会出现争夺，天下于是混乱。如果努力生产，使人丰衣足食，天下也就太平了。这实际上与管子的"衣食足则知荣辱，仓廪实则知礼节"别无二致。

"性善论"与"性恶论"对于研究调动企业员工积极性具有同样重要的价值，即企业既要通过大力发展，满足员工的物质需要，又要注重满足员工高层次的精神文化需要，加强教育和文化激励，为员工个人发展创造条件。

（2）仁学理论。"仁"是孔子道德哲学的最高范畴，仁学是整个儒家思想的内核。"仁"最基本的含义是"爱人"。个体的人总是和周围其他人联系在一起而处于一个系统中，以自己为中心，由近及远，由亲至疏，形成一个亲疏贵贱的阶梯，因而对他们的爱也有所区别。故儒家的仁爱，不是主张对一切人都同样地爱，而是要先爱、厚爱亲者、贵者。但儒家的仁爱又不主张把任何人（包括疏者、贱者）排除在外，也强调"泛爱众"，即依据由近及远，由亲到疏的原则，把仁爱原则应用于一切对象，目的是建立和保持家族内部和谐的关系，形成家族成员之间亲密的情感和内聚力。

儒家仁学首先主张"忠恕"之道。"忠"强调在处理人与人、人与事的关系中，应有尽心尽力、诚实无欺的忠诚态度；为了忠诚，可以放弃自己的利益乃至生命。"忠"的积极意义在于，强调忠于企业、忠于顾客、忠于社会。"恕"则是以自己的仁爱之心，去推度别人的心，从而正确地处理人际关系，谅解别人的不周、不妥之处，己所不欲，勿施于人。儒家"恕"之道在管理中的积极意义在于，强调检查自己，多为对方考虑，相互理解、包容，这有利于人际关系的和谐与融洽。

儒家仁学还主张"和"与"信"。"和"直接来自中国传统文化中的"和同"之辨。古人认为"和"与"同"是两个内涵不同的概念，应加以严格区别。"和"是指把不同的事物结合到一起，达到平稳、和谐、统一，这样就能产生新的事物。而"同"是指无差别地绝对等同，是相同事物的叠加，不能产生新的事物。只有用不同的乐器，彼此配合得当，才能形成悦耳动听的音乐，这是"和"；如只用一种乐器，这就是"同"。儒家主张"和"，反对"同"，认为"君子和而不同，小人同而不和"。儒家"和"的思想在管理中有着促进协调、融合、合作的作用。"信"也就是诚实不欺，既强调组织内部各成员之间应相互信任，尤其是管理者自己要信任，又强调企业对顾客、协作单位、公众等要守信用。儒家所宣扬的"信"对于企业以及员工遵守规则、恪守承诺、树立信誉具有重要意义。

2.4.2.2 西方的人学理论

西方的人学理论主要围绕对人的假设展开，对人的假设不同，其管理主张也不同。

（1）X-Y 理论。美国社会心理学家道格拉斯·麦格雷戈于 1957 年 11 月在《管理评论》上发表了《企业的人性方面》一文，把人性恶的行为理论称为 X 理论，把人性善的行为理论称为 Y 理论。

X 理论认为，人生来懒惰，只要有可能就会逃避工作；对绝大多数人只有加以强迫、控制，以惩罚相威胁，才能使他们为组织付出适当的努力；人生来以自我为中心，漠视组织需要；人惯于守旧，反对变革，把个人安全看得高于一切；只有极少数人，才具有解决组织问题所需要的想象力和创造力；人缺乏理性，容易受外界或他人的影响，从而做出一些不适宜的行为。科学管理之父泰罗开创的科学管理理论，将人看成经济人，管理上强调严密监督、控制和物质刺激，是典型的 X 理论。

Y 理论则认为，人并非生来懒惰，工作是人的本能；在适当条件下，人们不但愿意而且能够主动承担责任；人们有追求满足欲望的需要，与组织需要没有矛盾；只要管理得当，人们会把个人目标与组织目标统一起来；人并非必然会对组织目标产生抵触和采取消极态度，其成因主要是由组织压力造成的；人对于自己所参与的工作，能实行自我指挥与自我控制，人对企业目标的参与程度，与获得成就的报酬直接相关；大多数人都具有解决组织问题的想象力和创造力，在现代工业社会里，人的智力还没有得到充分发挥。梅奥的"霍桑试验"所开创的行为科学学派，将人看成"社会人""自我实现人"，管理上更加强调参与、调动和激励，是典型的 Y 理论。

（2）超 Y 理论。1970 年，美国管理学家洛希在权变管理基础上提出了"超 Y 理论"。该理论认为，现实生活中没有绝对的 X 理论和绝对的 Y 理论，应根据组织目标、工作性质、员工素质等决定采用何种管理方式。人们是抱着各种各样的愿望和需要加入企业组织的，这种愿望和需要可以分成不同的类型。有人愿意在正规化的、有严格规章制度的组织中工作，但不想参与决策和承担责任；也有人愿意有更多的自治权和充分发挥个人创造性的机会。不同的人对管理方式的要求不一样。其主张当一个目标达到以后，企业应激发员工的胜任感和满足感，使之为达到更高的目标而努力。

（3）Z 理论。Z 理论是由日裔美籍管理学家威廉·大内提出的，其根据企业人际关系的形态，把企业分为 A 型企业和 J 型企业，并在道格拉斯·麦格雷戈提出的"X 理论""Y 理论"的基础上，提出了 Z 型组织和 Z 型文化。Z 型组织具有以下管理和文化上的特征：

- 倾向于长期雇佣制，但没有说明是终身雇佣关系。

- 评价和升级比 A 型企业慢一些，但有显著工作业绩的人会得到较快的升迁。

- 雇员的职业途径经常在岗位和职务之间流动。

- 现代化的明确控制方法多用于获得情报，很少在重要决策中起决定作用。在 Z 型组织中，含蓄和明确之间似乎存在一种平衡状态。

- 决策问题是一个多人参与并取得统一意见的过程；决策可能是集体做出的，但是最终要由一个人对这一决定负责。这种集体决策和个人负责的结合，要求组织中有相互信任的气氛。

- 把对于下级和同事的广泛关切看作工作关系的自然组成部分。人与人之间的关系趋向于无拘无束，保持一种强烈的平等气氛，并且着重于全体人员在工作中相互打交道。

Z 型文化的核心是信任、微妙性和人与人之间的亲密性。一家 Z 型组织的所有方面，从战略到人事，无不被这种文化所涉及，就连其产品也是由这些价值观所决定的。事实上，这种文化的人道化因素还扩展到组织之外。

2.4.2.3　人本管理理论

以中西方人学、人性理论为基础，经过综合提炼和提升，便形成了人本管理理论。这种理论引入了社会学、组织行为学和心理学的某些基本原理，从人性的本质和人类的行为方式出发，为人类提供一个全面发展的空间，最大限度地发挥出人的积极性与创造性。人本管理理论强调：员工是企业的主体；有效管理的关键是确保员工的参与，并使人性得到最完善的发展。人本管理理论为企业文化学说的形成奠定了重要理论基础。

2.4.3　领导理论

领导理论涉及范围广泛。与文化的形成和演变有密切关系的领导理论有领导行为方式理论、情境理论等。

2.4.3.1 领导行为方式理论

（1）双维理论。由美国学者利克特提出的双维理论，首先把领导者区分为"以生产为中心"和"以员工为中心"两种类型。关心生产的领导者注重工作的组织与计划，明确工作职责、程序，注重监督等，这种领导者是工作导向型的。关心员工的领导者注重与下属的关系，关心员工的需要，注重员工的行为反应及问题，善于利用群体实现目标，给予组织成员较大的自由空间等，这种领导者是员工导向型的。据此，该理论主张员工集体参与管理，认为有效的领导者，善于向下属提出挑战性目标，并对他们达成目标表示出信心；能够引导员工参与管理过程，依靠信息沟通使所有部门、所有人像一个整体那样行事。群体所有成员是一种相互支持关系，他们感到在需求、愿望、价值追求和目标等方面有真正共同的利益。

（2）管理方格理论。美国学者布莱克和穆顿于 1964 年设计了一个巧妙的管理方格图，用横坐标和纵坐标分别表示对生产和对人的关心程度，两个要素以不同程度相结合就构成一种领导方式。这种管理方式能使组织目标与个人需求最有效地结合起来，既高度重视组织的各项工作，又能通过沟通和激励，使群体合作，使工作成为组织成员自觉自愿的行为，形成人人为组织目标而努力的生动活泼的局面。

（3）不成熟—成熟连续流理论。由美国学者阿吉里斯提出的不成熟—成熟连续流理论，主张有效的领导者应帮助人们从不成熟或依赖状态转变到成熟状态。人们不成熟的特点是被动，有依赖性，办事没主意，兴趣淡漠，目光短浅，追求从属职位，缺乏自知之明；人们成熟的特点是有能动性、独立性，做事的方法多，兴趣浓厚，目光长远，追求显要职位，有自知之明并能自我控制。领导者的工作就是要帮助每个人由不成熟走向成熟。如果组织不为人们提供使他们成熟起来的机会，或不提供把他们作为成熟的个人对待的机会，人们就会变得忧虑、沮丧，并且将会以违背组织目标的方式行事。

除此之外，美国俄亥俄州州立大学的研究者提出以"关怀"和"定规"为不同构面的"二维构面理论";美国人雷定在此基础上提出任务导向、关系导向和领导效能的"三维构面理论"。这些理论都试图找到一种最好的领导方式，使员工主动、积极地参与组织目标实现的过程，创造最有效率的管理。

2.4.3.2　情境理论

（1）路径—目标理论。由美国人豪斯提出的"路径—目标理论"认为，最富有成效的领导往往采取各种方法设计一种环境，使群体成员潜在地或明显地受到动机的激励，并能对它做出有效的反应。从本质上讲，这种理论要求领导者应该能帮助下属实现组织目标和个人目标，特别是一些成就和报酬目标。为此，领导者要明确规定职位和工作责任，消除障碍，在制定目标时谋求群体成员的帮助，促进群体成员协作，增进个人在工作中得到满足的机会，减少不必要的紧张与外部控制，使酬劳及其他期望得以实现。

（2）权变理论。美国人菲德勒提出的权变理论认为，领导是一个过程，领导者施加影响的能力取决于群体的工作环境、自身个性风格及领导方法的适应性。制约领导工作的三个基本因素分别是职位权力、任务结构和领导者与下级的关系，根据这三个因素的情况，领导者所处的环境从最有利到最不利可分为多种类型。三个要素齐备是领导者最有利的工作环境，三个要素都缺乏则是领导者最不利的工作环境。领导者采取的领导方式只有与环境类型相适应，才能使领导方式最有成效。实际上，领导者面对的最大环境是文化环境，领导者是文化环境的营造者，也是文化环境的受制约者，只有营造更好的文化环境，才能使领导更有成效。

2.4.4　团体动力理论

团体动力理论是西方行为科学发展的产物。泰罗在对企业进行实验的时候，曾隐隐约约地感受到工人中非正式组织的存在；后来，梅奥在霍桑实验中，证实了工人中确实存在非正式组织。团体动力理论解释了处于集体生活中的个体是如何同他人进行联系的，也回答了通过怎样的方式才能使个体融入集体生活，从而形成集体合力的问题。

2.4.4.1　团体要素论

美国心理学家霍曼斯在 20 世纪 50 年代提出了团体要素理论。该理论认为，任何一个团体都是由活动、相互作用、思想情绪和团体规范四种要素组成的系统。此后，有些行为科学家还提出八要素理论，认为团体包括共同目标和利益、团体规模、团体与外部的关系、成员对团体的依赖性、团体的地位、目标的达成、信息的沟通、领导的要求与压力。团体要素论的主要贡献是分析影响团体合力的各种因素以及影响程度，探析如何通过改善或强化某些要素，达到提高组织凝聚力和组织效率的目的。

2.4.4.2　团体动力论

团体动力论是美籍德国人库尔特·卢因提出的。他认为一个人的行为（B）是个体内在需要（P）和环境外力（E）相互作用的结果，可以用函数式 $B = f(P, E)$ 来表示。团体动力论的本质就是论述团体中的各种力量对个体的作用和影响。其主要观点包括以下五个方面：

（1）团体领导方式影响。团体领导方式可分为专制型、民主型、自由放任型三种。对若干名 10 岁左右的男孩所做的实验表明：在专制型团体中，成员普遍表现出攻击性言行、引人注目的出风头行为、使用"我"而不是"我们"、推卸责任、对团体活动缺乏满足感等人格特征。而在民主型团体中，成员的表现则正好相反。同一个成员一旦从专制型团体调入民主型团体，他的行为也将发生变化。

（2）团体组织形式影响。研究者发现，在欧洲战场上被德军俘虏的美国士兵，反抗情绪和逃跑率都很高；而在朝鲜战场上被中国人民志愿军俘虏的美国士兵，反抗情绪和逃跑率都很低，这种行为反差是由团体组织形式的不同造成的。在中国战俘营中，看守人员与战俘的伙食、医疗条件平等，战俘经常被调动而组成新的战俘群，有意识地让被俘士兵管理被俘军官，战俘被提审后不再回原来的战俘群。战俘营的组织形式不同，导致了战俘行为的不同。

（3）团体结构性质影响。美国学者威尔逊等人将 36 名大学生分成两组进行行为实验，甲组成员是安全需要较强、自尊需要较弱的学生；乙组是自尊需要较强、安全需要较弱的学生。试验结果表明，甲组在平等型团体中的生产率较低，而在不平等型团体中的生产率较高；乙组的表现则正好相反。可见，成员行为取决于个人需要类型和团体领导方式如何搭配。

（4）团体规则影响。卢因在20世纪40年代就团体规则对人们行为的影响做过一系列实验，如怎样改变美国家庭主妇不喜欢用动物内脏做菜的习惯等。实验结果表明，团体的规则比一般性的宣传说服更能改变团体成员的行为。

（5）团体多数压力影响。社会心理学家阿奇于20世纪50年代通过多次实验证明：对于用来做实验的"问题"，如团体中只有一个成员故意给出错误回答，就会产生团体压力，被试者接受错误答案的次数达13.6%；若有3个成员故意答错，被试者接受错误答案的比率就上升为31.8%。团体动力与团体目标和组织目标一致有直接关系。美国学者利兰·布雷德福提出的敏感性训练理论认为，可以在类似实际工作环境的实验室中组成训练团体，通过训练提高受训者对自己的感情和情绪的控制能力，提高自己同别人的相互影响关系的敏感性，进而改变个人和团体的行为，达到提高工作效率和满足个人需要的目的。

2.4.5 文化资本理论

企业的文化力也可以称为文化资本，以文化资本为主构成了企业的品牌、资信、美誉、心理契约等无形资产。优秀的组织文化是组织不断增值的无形资本。韦尔奇就曾指出"文化是通用电气最不可替代的一个资本"。

2.4.5.1 文化资本的概念和内涵

文化资本是指持续地投资于组织文化建设而形成的一种能够给组织带来潜在收益的资本形式。文化资本的概念，最早由法国社会学家皮埃尔·布尔迪厄（Pierre Bourdieu）提出。他认为文化资本"是以教育资格的形式被制度化的"，表现为"具体的""客观的"和"体制的"三种状态。此后，很多学者又从经济学范畴进行了研究。戴维·思罗斯认为，文化资本是以财富形式具体表现出来的文化价值的积累，是除物质资本、自然资本、人力资本之外的第四种资本。

文化资本包括以下内容：

（1）动力资本。组织文化为企业及成员树立共同的奋斗目标，并提供强大的精神动力。

（2）思维资本。企业要在市场竞争中做出正确高明的决策，思想方法和思维方式很重要，而组织哲学正提供了先进的思维模式。

（3）凝聚力资本。先进的组织文化能够在组织和成员之间建立良好的心理契约，企业目标、核心价值观得到成员的认同，并进一步转化为个体的自觉行为，形成上下同欲的强大内聚力。

（4）一致性资本。一个组织要高效有序地运作，组织成员必须围绕组织目标达成高度的共识。优良的组织文化能够从理念、目标和愿景、制度、行为规范四个方面规范成员的思想和行为，从而有效地降低管理成本。

（5）整合力资本。人、物力、财力、知识是组织的四大资源，只有组织文化能将这些资源整合成完整的体系，才能实现最大的价值。

（6）形象力资本。通过组织形象等方面的提升，扩大知名度和美誉度，带来组织经济价值和社会价值的双重增加。形象资本一般通过组织文化向外部的辐射和渗透发挥作用，改善组织形象，提升组织的价值。

2.4.5.2　文化资本的投入

文化资本是持续投资于组织文化建设而形成的，因此组织文化建设的投入过程就是文化资本的积累过程。文化资本的投入要素主要包括以下几个方面：

（1）领导者的价值观和行为。企业的创始人或后来的领导者都拥有自己的信仰、价值观和文化理念，他们通过某种机制将自己的基本假设和理念传递给企业各级组织和广大员工，从而塑造和传播组织文化。同时，领导者通过身体力行，主动履行和实践自己的价值观，促使企业的文化资本得以形成和增加。

（2）员工的参与和人际影响。企业文化的形成，不但需要领导者的引导和推动，更有赖于组织成员的参与和配合。作为个体，新成员在进入组织之前，往往带有自己的一套价值观，以及对组织的态度和期望，这与领导者倡导和支持的价值观、理念和各种假设可能会存在不一致，从而导致抵触和矛盾。在组织内部，经过领导者和团队、个体相互之间不断碰撞、磨合等相互作用，才逐步形成组织的文化资本。这也叫"人际影响"，既有上级对下级的影响，也有下级对上级以及同级之间的影响。这种影响可以是有形的，而更多是无形的，是"随风潜入夜，润物细无声"。

（3）典礼和仪式。这又被《企业文化》的作者肯尼迪和迪尔称为行为方面的文化。在他们看来，没有富于表情的活动，任何文化都会消亡。典礼和仪式，能够将组织或领导者所倡导的价值观、思维方式和行为模式等形象地表达出来，并传递给每一位员工。典礼和仪式是新员工学习和了解企业内各种人际关系、各项事务运作方式的最好途径。反复进行的典礼和仪式，强化了企业文化，增加了企业的文化资本。

（4）传播网络。作为组织内部和外部的主要沟通手段，传播网络往往包括企业网站、报刊、宣传栏及企业外部的新闻媒体等。除了企业正式发布的信息、广告外，组织中通用的俚语、流行的歌曲、口号、谚语以及玩笑、故事等，都是传播内容。在一种强烈的文化中，传播网络具有很大的力量，因为它能强化组织的基本信念，通过英雄人物的事迹和增加他们的象征意义，同时也使每个人都成为一个很好的传播者。

（5）组织制度。组织制度是价值观等理念的载体，它是企业活动具有可预见性的特征，从而降低随意性、模糊性并减少焦虑。制度体现了组织关注和最感兴趣的事，如组织的宗旨、章程、纲领明确地表述了创始人或领导者的价值观和假设。制定清晰的奖惩标准，使管理者能发出一个强烈的信号，表现出他们对组织文化变革的兴趣和承诺。招募、选拔、提升员工的标准，也是组织文化交流和巩固的一种方式。

2.4.5.3 文化资本的产出

文化资本的产出主要包括以下方面：

（1）持久的动力系统。其包括有效的物质动力系统和强有力的精神动力系统，这是企业的共同目标和愿景、核心价值观及其指导下的组织制度提供的持久动力。

（2）高明的决策支持系统。其包括核心价值观、企业哲学和共同的思维方式。

（3）巧妙的育人机制。先进的组织文化有利于把人培养好，提升全员素质，积累人力资本，进而形成学习的文化、学习的价值观、学习的风气和学习的制度。

（4）有效的约束机制。组织的文化氛围对员工是一种无形的约束，强势文化告诉员工哪些行为是组织提倡、支持的，哪些是组织反对的，并根据组织需求自觉调整自己的行为。

（5）强大的凝聚力。凝聚力来源包括物质纽带、感情纽带和思想纽带。仅靠物质纽带，用金钱去凝聚员工是远远不够的；而感情纽带和思想纽带都是组织文化才能带来的。

（6）高度的一致性。组织的群体价值观能够指导员工的思想和行为，保证企业在处理事情时达成高度的一致，使员工共同致力于组织目标和战略的实现。这种一致性具体体现在核心价值观一致、政策与执行的一致、部门之间的一致、员工行为的一致等。

（7）组织与员工的双赢。组织为员工成长和发挥才干提供舞台，促进员工不断使自身目标与组织目标靠拢，明白组织对自己的期望，乐意为组织发展贡献力量。

（8）良好的组织形象。企业文化通过传播渠道辐射到社会，树立企业及品牌形象的背后，就是组织的文化。

（9）较低的管理成本。优秀的企业文化，使员工产生自我要求和自我激励，降低监督管理的成本。特别是思想和行为的一致，大大减少了内耗，降低了内部交易成本。

（10）资源的整合和优化。精神资源的整合优化，使企业产生强大的前进牵引力来促进物质资源的整合优化，使资源的利用率、优良资产比例均不断提高。

（11）有利的外部环境。优秀文化能够提高政府、客户、公众对企业的信任，优化组织的政策环境、市场环境、客户环境以及外部的社会环境。

（12）人才市场的优势。组织文化和组织形象好，用较低的薪酬就能把人才引得来、留得住、用得好。

（13）产品和服务的文化附加值。花旗银行的座右铭是"机会建立在信仰之上"。与众不同的信念和价值观，造就了与众不同的企业、产品和服务，有利于征服客户、赢得市场，从而获得优厚的文化附加值。

2.4.5.4　文化资本在资本构成中的地位与作用

现代经济学认为，促进经济增长的主要是社会资本、财力资本、人力资本和知识资本四大资本。其实，文化资本也是促进经济增长、组织发展的一个重要资本，而且能够有效地整合社会资本、财力资本、人力资本、知识资本，使这些资本发挥最大的效用。在知识经济蓬勃发展的今天，文化资本的重要性日益凸显，越来越成为企业赢得竞争的关键因素，在各种资本中处于起决定性作用的中心地位，如图2-3所示。

图2-3　文化资本在资本构成中的地位

2.4.5.5　文化资本的积累和贬损

（1）文化资本的积累。文化资本的积累是指企业主体通过自然沿袭和变革学习等实践活动使文化资本存量相对增加的过程。文化资本主要通过以下途径来积累：

● 社会化保存与进化。这是文化资本的自然积累过程，一方面通过组织成员的新老交替形成的群体暗示、感染、模仿等心理机制代代相传得以保存和发展；另一方面则通过文化符号，如文字、标识等实物形式保存下来。

● 学习型积累。这是组织通过不断加强员工对内部文化的学习或者从外部学习先进的经验以及从学术机构和学者那里得到指导，从而对现有的文化资本存量进行增补的过程。

● 发展与变革。这是指，在组织发展变革时，组织文化进行变革与整合所发生的文化资本的存量增长。由于内外部原因，组织可能实现较快的发展或进行变革，如扩大企业规模、进入新的领域、企业兼并和重组、技术或产品更新换代等，这时必然会进行组织文化的盘点和整合，实现去粗取精、巩固和升华。当然，也要警惕组织变革所带来的文化资本贬损。

（2）文化资本的贬损。其也称为文化资本的贬值，指文化资本存量由于组织实体的消亡、消失或者在组织长期发展和变革过程中逐渐减少、消退和消失的过程。

文化资本贬损的主要原因，一是学习能力丧失，组织缺乏对环境的适应性，组织的价值观念不适应社会发展而逐渐落后；二是文化资本在继承和积累的过程中的损耗和遗漏；三是组织经营的短期行为或失误所带来的对原有价值观的背离，从而造成的文化资本贬值。

3 工程建设行业的发展
及企业文化基本特征

思维导图

3.1 工程建设行业发展面临新的调整

3.1.1 企业资质管理改革持续推进

行业监管发展方向将从"企业资质"向"以信用体系、工程担保为市场基础，强化个人执业资质管理"的方向转变。2018 年，政府行政主管部门继续坚持"弱化企业资质、强化个人执业资格"的改革方向，逐步构建资质许可、信用约束和经济制衡相结合的工程建设市场准入制度，改革建设工程企业资质管理制度，加快修订企业资质标准和管理规定，简化企业资质类别和等级设置，减少不必要的资质认定。

2018 年 9 月，企业资质（含水利、公路等）统一实行电子化申报和审批，自 2019 年 1 月 1 日起实施。同月，明确施工企业在申请工程勘察、工程设计、企业资质（含升级、延续、变更）时，不再需要提供企业资质证书、注册执业人员身份证明和注册证书等材料，由资质许可机关根据全国建筑市场监管公共服务平台的相关数据自行核查比对。同时，企业不再需要提供人员社保证明材料，由资质申报企业的法定代表人对人员社保真实性、有效性签字承诺，并承担相应法律责任。

2018 年 11 月，进一步简化《建筑业企业资质标准》部分指标，取消建筑业企业最低等级资质标准中关于持有岗位证书现场管理人员的指标考核。

3.1.2 PPP 进入高质量发展新阶段

2018 年，全国对不符合规定的政府和社会资本合作（public-private partnership，PPP）项目进行了集中清理工作，PPP 进入整改规范期。各地陆续公布规范核查结果并开始规范 PPP 的发展，规范化也是促进 PPP 持续发展的一个积极信号。

截至 2018 年 12 月底，财政部 PPP 综合信息平台项目管理库共减少项目 2 137 项，储备清单减少项目 4 217 项，项目库共减少项目 6 354 项。

2018 年 4 月，财政部公布重点核查的前三批 752 个示范项目，对其中 173 个问题项目进行分类处理，项目库的变动趋势逐步稳定，项目落地率呈增长趋势。

2019 年 3 月 7 日，财政部发布《关于推进政府和社会资本合作规范发展的实施意见》（以下简称《意见》），引起整个 PPP 市场的高度关注。《意见》从牢牢把握推动 PPP 规范发展的总体要求、规范推进 PPP 项目实施、加强项目规范管理、营造规范发展的良好环境和协调配合抓好落实五个方面对 PPP 市场提出了明确要求。《意见》的发布表明 PPP 改革进入规范创新、防控风险、健康发展的快车道。

2020 年 3 月 31 日，财政部以财金〔2020〕13 号文件下发了《关于印发〈政府与社会资本合作项目绩效管理操作指引〉的通知》。文件的发布规范了政府和社会资本合作（PPP）项目全生命周期绩效管理工作，提高了公共服务供给质量和效率，能够保障合作各方合法权益，促进 PPP 项目提质增效，视社会资本为平等主体，政府按绩效付费。

3.1.3　企业经营负担进一步减轻

一是全国统一开放的工程建设市场逐步形成。为打破行政性垄断，防止市场垄断，严肃查处违规设置市场壁垒以及限制企业跨省承揽业务的行为，住房和城乡建设部办公厅下发《关于开展建筑企业跨省承揽业务监督管理专项检查的通知》，重点检查当地政府是否取消备案管理制度、实施信息报送制度，以及是否存在影响市场统一的八种情形。明确各地要清理废除妨碍构建统一开放工程建设市场体系的规定和做法，营造良好的市场环境，促进企业自由流动，推动工程建设行业持续健康发展。

二是企业税负不断降低。2018年3月召开的国务院常务会议确定深化增值税改革的措施，进一步减轻市场主体税负。从2018年5月1日起，将交通运输、建筑、基础电信服务等行业及农产品等货物的增值税税率从11%降至10%。2019年《政府工作报告》提出，实施更大规模的减税降费和加大支出力度，实施增值税改革，将交通运输业、建筑业等行业从现行10%的税率降至9%，并从2019年4月1日起实施。

3.1.4　全过程工程咨询服务发展进入加速期

"投资、勘察、设计、监理、招标代理、造价"单方面咨询将向"全过程工程咨询"方向转变，咨询也是总承包。2017年2月，国务院办公厅印发的《关于促进建筑业持续健康发展的意见》明确提出完善工程建设组织模式、培育全过程工程咨询，目的是深化投融资体制改革，提升固定资产投资决策科学化水平，进一步完善工程建设组织模式，提高投资效益、工程建设质量和运营效率。2018年，政府行政主管部门和各地方政府纷纷出台相关政策，推动全过程工程咨询服务的发展。

2019年3月，国家发展改革委与住房城乡建设部联合印发《关于推进全过程工程咨询服务发展的指导意见》，在房屋建筑和市政基础设施领域推进全过程工程咨询服务发展，为促进我国工程咨询服务专业化水平提升，更好地实现投资建设意图，解决投资者或建设单位在固定资产投资项目决策、工程建设、项目运营过程中日益增强的对综合性、跨阶段、一体化的咨询服务需求等方面指明了改革方向。

3.1.5　民营企业迎来发展新机遇

民营企业在我国社会经济发展中发挥着重要作用。近年来，尤其是2018年以来，政府行政主管部门不断采取措施，鼓励、支持、引导、保护民营经济发展。习近平总书记于2018年11月1日主持召开民营企业座谈会，了解民营企业发展中遇到的问题，为民营企业发展扫清障碍。

按照中央决策部署，各地方政府也陆续出台支持民营建筑企业发展的具体举措，为民营企业的发展提供了新的机遇。例如，湖北省人民政府出台20条具体措施，促进全省建筑业改革发展，在市场规则、组织方式、招标制度、建造方式、风险管理、工程结算、用工制度七个关键环节，聚焦改革发展难题，有针对性地提出创新举措。湖北将着力支持民营企业发展，强调按照"非禁即入、非禁即准"的原则，支持民营企业进入基础设施领域PPP项目；支持民营企业与国有企业结成战略联盟，发挥各自比较优势，鼓励发展混合所有制企业。

3.1.6　建筑工人职业化发展

过去几十年，得益于我国的人口红利，工程建设行业的用工得到了充分的保障。随着我国经济的发展以及人民生活水平的提高，当前建设现场工人的平均年龄已经超过45岁，而年轻人不再对工程建设行业感兴趣，这导致了目前工程建设行业工人年龄老化、企业用工成本急剧上升、劳动力保障难的问题。

2017年11月，住建部正式提出要深化建筑用工制度改革，建立建筑工人职业化发展道路，推动建筑业农民工向建筑工人转变，健全建筑工人技能培训、技能鉴定体系。到2025年，建筑工人技能素质大幅提升，中级工以上建筑工人达到1 000万人，建立保护建筑工人合法权益的长效机制，打通技能人才职业发展通道，弘扬劳模精神和工匠精神，建设一支知识型、技能型、创新型的建筑业产业工人大军。建筑企业将会更加重视建筑从业人员的培训，加强培养和吸收一定数量的自有技术工人；现有劳务企业向专业化发展，成立木工、电工、砌筑、钢筋制作等以作业为主的专业企业；推行建筑劳务用工实名制管理，基本建立全国建筑工人管理服务信息平台。

3.2 工程建设行业发展的新趋势

3.2.1 信息化发展

随着企业信息化和项目信息化发展进程的加快，云计算、大数据、物联网、移动互联网、人工智能等"互联网+"技术的集成应用，信息技术在工程建设行业中发挥的作用越来越大。特别是最近几年在一大批大型工程项目中 BIM 技术及其他技术成功地实现了集成应用，为行业信息化带来了新热点，也为行业技术和管理水平的提高做出了新贡献。

5G 技术、数字孪生与数字化转型的突破将会引发工程建设行业信息化的连锁反应，从而带动工程建设行业信息化向广度、深度和集成度发展。工程建设行业具有项目驱动的特点，与传统工业企业的固定化生产经营相比，建设项目具有分布式、流动化的特点。应用 5G 技术，可以通过物联网、智能手机等技术，使建设项目的信息采集更加高效、信息传输更加迅捷，从而提高项目的管理水平。数字孪生意味着充分利用物理模型、传感器更新、运行历史等数据，集成多学科、多物理量、多尺度、多概率的仿真过程，在虚拟空间中完成映射，从而反映相对应的实体装备全生命周期过程。特别是在工程建设行业，近年来随着 BIM 技术的发展，数字孪生的实现更加容易，也更加高效，从而使显著提高项目技术水平成为可能。

数字化转型就是利用新技术带来的机遇推动业务增长，新技术覆盖了从信息技术到金融科技、虚拟现实、无人驾驶、机器人、大数据学习及 3D

打印等。工程建设行业信息技术应用依次经历信息化、数字化和智能化三个阶段，其中数字化建立在管理信息化的基础上，以数据资源化、数字驱动为特征。

从信息技术应用方面看，工程建设行业信息化发展趋势主要包括企业管理系统集成化、智慧工地系统实用化及 BIM 应用落地化；从研发方面看，主要研发热点包括 5G 技术用于大数据自动采集和传输、大数据应用、人工智能应用及自动化和机器人应用等。

（1）企业管理系统集成化。企业管理系统是企业信息化转型的重要组成部分。但目前，企业管理信息系统过于碎片化，有的企业的管理系统数目甚至达到 100 多个，这意味着信息孤岛的大量存在，极大地影响了管理工作的效率和质量，是数字化转型必须解决的问题。

（2）智慧工地系统实用化。智慧工地意味着集成应用云计算、大数据、物联网、移动互联网、人工智能等"互联网+技术"形成项目管理系统。智慧工地系统实用化要求项目大量数据采集的自动化和实时化，同时要求数据高速传输用于项目问题的及时应对和项目工作的及时决策。5G 技术的商用化为此提供了可能。智慧工地系统实用化将解决行业信息化"最后一公里"问题，提高企业的项目管理水平和效益。

（3）BIM 应用落地化。迄今为止，我国已经有相当数量的建设项目应用了 BIM 技术。BIM 技术的应用具有展示直观、可以利用计算机自动进行检查设计冲突等优点，且有良好的应用前景。不少单位在抓 BIM 应用落地化，有的已经取得了一定成绩。随着数字孪生理念在行业中越来越受到关注，以及 BIM 应用软件的改进和 BIM 应用标准的推出和完善，BIM 应用落地化将逐步实现，这将进一步提高行业信息化的水平。

（4）大数据应用。工程建设行业存在大量数据，但是没有大数据。关键问题是数据散布在不同的政府部门、不同的企业，甚至在不同的企业部门或项目上。随着 5G 应用大数据的自动采集，以及企业的数字化转型，大数据分析的价值将获得广泛的关注，对大数据在工程建设行业中应用的研究将被提上议事日程。大数据应用的重点将集中在大数据的获取、管理以及大数据应用上。迄今为止，应用数据挖掘技术，有效支持了企业管理决策，大数据应用研究的开展将使企业管理决策支持水平提升到一个新高度。

（5）人工智能应用。近年来，人工智能在深度机器学习技术应用于声音识别、人脸识别等方面取得了很大进步。与人工处理相比，人工智能技术利用计算机进行处理，可以极大地提高工作效率，同时也可以收到人工处理难以达到的效果。例如，将深度机器学习技术应用于施工现场人员的视频分析，可以及时发现违反施工安全规定的情况，通过干预，可以防患于未然。

3.2.2　装配式建筑

对比发达国家，我国装配式建筑渗透率较低，主要发达国家的建筑现代化推进已经较为成熟，建筑业相对成熟、完善。工业化程度高的发达国家都开发出了各类装配式建筑专用体系，如英国 L 板体系、法国预应力装配框架体系、德国预制空心模板墙体系、美国预制装配停车楼体系、日本多层装配式集合住宅体系等。

我国的装配式建筑经历了三个发展阶段，如表 3-1 所示。

表 3-1　我国装配式建筑的三个发展阶段

时间	阶段	发展状况	发展驱动因素
20 世纪 50 年代至 80 年代	尝试阶段	借鉴东欧经验，尝试发展装配式建筑	主要劳动力集中于重工业，建筑业劳动力相对缺乏
20 世纪 90 年代至 21 世纪初	低谷阶段	现浇式建筑崛起，装配式建筑衰落	城市化进程中农民工群体出现，为现浇建筑方式提供大量廉价劳动力；装配式建筑技术相对落后，质量问题多
2012 年后	快速发展阶段	住宅工业化，装配式建筑发展再度升温	劳动力成本增加，技术得到完善与发展，国家政策大力扶持

装配式建筑采用标准化设计→工厂化生产→装配式施工的形式，决定了它在很多方面优于传统建筑施工，解决及避免了当前传统建筑业的施工现场面临的许多难点问题。与现浇式建筑相比，装配式建筑的主要优点是组装效率高、精度高、绿色环保（建筑垃圾较少）、可大幅降低人工依赖。

装配式建筑构件主要为预制混凝土（precast concrete，PC）结构、钢结构和木结构，三类构件各具优劣。我国装配式建筑中 PC 结构应用最多，集中应用于水利工程、桥梁等建筑，过去作为试点的保障性住房亦大多使用 PC 结构。PC 结构在三类构件中强度最好、防火/防腐性能最出色。钢结构应用集中于公共建筑/工业建筑，在三类构件中具备工业化程度最高、抗震性能出色、结构灵活、得房率最高等优点。木结构环保性能出色但建造成本高，应用最少。

2017 年 1 月，住建部发布装配式建筑三大体系技术标准。《装配式建筑评价标准》自 2018 年 2 月 1 日起开始实施后，装配式建筑拥有统一严格量化的评定标准，市场发展更为规范有序且便于全国发展情况的统计。2019 年 3 月 27 日，住建部建设市场监管司发布的"2019 年工作要点"中，首条要点就是"推进建筑业中重点领域改革，促进建筑产业转型升级"，提出要开展钢结构装配式住宅建设试点，同时提出将选择部分地区开展试点，并明确试点地区保障性住房、装配式住宅建设、农村危房改造和易地扶贫搬迁中一定比例工程项目采用钢结构装配式建造。

考虑到我国装配式建筑还有巨大提升空间，国家对装配式建筑行业发展政策持续加码，产业扶持力度及针对性逐渐加大，同时装配式建筑相较现浇模式的造价优势将逐渐显现。预计 2025 年我国新建装配式建筑占新建建筑比例将达到 30%。装配式建筑未来的市场空间如图 3-1 所示。

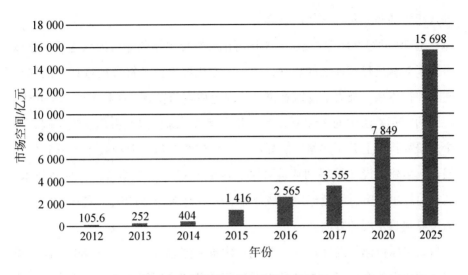

图 3-1　装配式建筑未来的市场空间

3.2.3　绿色发展

绿色建筑也称为生态建筑、可持续发展建筑等，是指建筑工程从设计规划到施工、投入运营的整个过程中，贯彻并落实科学发展观，坚持环保理念，节约资源，减少污染，为人们生活和工作建设出健康、舒适的建筑空间。

20 世纪 60 年代，美籍意大利建筑师保罗·索勒瑞把生态学和建筑学两词进行合并提出生态建筑学的新理念。1963 年，V·奥戈亚在《设计结合气候：建筑地方主义的生物气候研究》中提出建筑设计与地域、气候相协调的设计理论。1969 年，美国风景建筑师伊安·麦克哈格在其著作《设计结合自然》一书中，提出人、建筑、自然和社会应协调发展并探索了建造生态建筑的有效途径与设计方法，标志着生态建筑理论的正式确立。1990 年，英国率先制定了世界首个绿色建筑评估标准。1992 年，在巴西召开的联合国环境与发展大会使可持续发展的思想在世界范围内达成共识，并首次明确提出了绿色建筑概念。1993 年，国际建筑师协会第 18 次大会发表了《芝加哥宣言》，号召全世界建筑师把环境和社会的可持续性列入建筑师职业及其责任的核心。

继 20 世纪 90 年代英国、美国等国陆续提出绿色建筑理念之后，全球引发了对绿色建筑评估的热潮，不少国家相继出台了符合地域特点的绿色建筑评估体系，极大地规范和推动了绿色住宅的发展。如日本的 CASBEE、德国的 LNB、法国的 ESCALE 等。几十年来，绿色建筑由理念到实践，从个人研究行为上升到国家、国际层面，由建筑个体、单纯技术上升到体系层面，由建筑设计扩展到环境评估、区域规划等多个领域，各种新技术、新材料层出不穷，绿色建筑渐成体系，并在越来越多的国家实践推广，成为世界建筑发展的方向。

我国绿色建筑发展较晚，首先从建筑节能起步。20 世纪 80 年代，我国开始提倡建筑节能。2004 年 9 月，建设部"全国绿色建筑创新奖"评选启动，掀开了我国绿色建筑实质性发展的序幕。为规范我国绿色建筑评价标识工作，住房城乡建设部等相关部门自 2007 年起发布了一系列管理文件，对绿色建筑评价标识的组织管理、申报程序、监督检查等相关工作进行了规定，并陆续批准了各省、自治区、直辖市、计划单列市开展本地区一、二星级绿色建筑评价标识工作，评价机构基本覆盖全国，形成了从中央到地方的组织机构形式。为转变政府职能，促进绿色建筑健康快速发展，住房城乡建设部办公厅于 2015 年 10 月发布了《关于绿色建筑评价标识管理有关工作的通知》，提出了逐步推行绿色建筑评价标识实施第三方评价。第三方绿色建筑标识评价制度的建立，有利于以市场的方式推动绿色建筑的发展。自 2008 年 4 月正式开始实施绿色建筑评价标识制度以来，截至 2018 年年底，全国城镇建设绿色建筑面积累计超过 30 亿平方米，绿色建筑占城镇新建民用建筑比例超过 50%，获得绿色建筑评价标识的项目超过 1.3 万个。

为了践行绿色发展理念，一是要建立绿色企业文化，制定绿色发展战略，企业员工特别是管理者要树立绿色价值观。绿色企业文化是工程建设行业的必然选择和社会发展的客观要求。基于科学发展观的企业绿色文化建设，要求建立"以人为本"的企业生态价值观，并依据"全面协调"

"可持续发展"的原则制定企业绿色管理制度和绿色施工管理制度,从而实现经济、社会、环境三个效益的统一与协调发展。二是加强绿色施工管理,工程建设行业作为国民经济的支柱产业,肩负着巨大的社会责任,在环境与资源约束压力下,施工目标控制已经不仅限于工程成本控制要求,强调环境和资源保护为核心的绿色施工理念已经得到广泛认同,在行业内推行以"四节一环保"为中心思想的绿色理念和标准将对企业甚至国家的全面协调可持续发展起到积极的促进作用。绿色施工通过现代化的管理与体制创新,采用节能资源与保护环境的新技术将实现高效、低耗、环保施工,增强建筑企业的核心竞争力。三是应用绿色建筑新技术,在未来市场上要具备绝对的竞争优势,拥有自主知识产权的核心竞争力是必备因素。因此,要注重新型绿色建筑技术的应用和开发,结合绿色建筑工程特点,用"可持续"眼光对传统的施工方法、工艺、材料、管理组织等进行创新,全面开展绿色施工技术的创新研究,包括装配式建筑技术、地源热泵系统、新型节能墙体及屋面保温材料、密闭节能保温门窗等符合绿色理念的绿色建材等方面,建立绿色技术"产学研用"一体化的推广应用机制,推动建筑施工信息化和工业化,有效加强绿色施工管理,通过积极引入和自主科技创新,不断提高绿色建筑设计水平和绿色施工技术水平。

3.2.4 智能建筑向智慧建筑发展

3.2.4.1 智能建筑

我国智能建筑起源于 20 世纪 90 年代,行业经历了初创期、规范期、发展期三个阶段,已经形成了产业规模及产业链,智能建筑工程已经普及到了各种类型建筑并延伸到了城市建设及相关行业。地域上,智能建筑由一线城市逐渐向二、三线城市推广,将普及农村、生态园、工业区等领域;技术上,由机电管理逐渐向数字化、网络化发展。随着时间、领域、技术三个维度的扩张,智能建筑覆盖领域逐渐增加,行业发展迅猛。

目前,我国建筑智能化的市场需求主要由新建建筑智能化技术应用和既有建筑智能化改造两部分组成。新增建筑面积对建筑智能化行业的市场需求影响较大，占据了市场的主要需求。

我国建筑智能化市场需求主要由两部分组成：一是新建建筑的智能化技术的直接应用，二是既有建筑的智能化改造。在存量建筑中，每年约3%（平均改造周期30年）的住宅以及6%（平均改造周期15年）的工业、公共建筑会进行智能化改造。数据显示，2018年，我国既有建筑的智能化市场规模为3 155.47亿元，2019年为3 242.42亿元，同比增长2.76%。

公共建筑的智能化投资与其竣工面积与竣工价值相比，占比相对较小，但渗透率不断提升，公共建筑智能化投资规模不断增长。2012年，我国公共建筑领域智能化市场规模为1 276.78亿元，2019年规模增长至2 211.84亿元。2012年，我国工业建筑领域智能化市场规模为1 476.17亿元，2018年规模增长至2 950.96亿元，2019年同比2018年增长11.49%。2012年我国居住建筑智能化市场规模约为1 784.56亿元，2019年达到了4 053.18亿元。

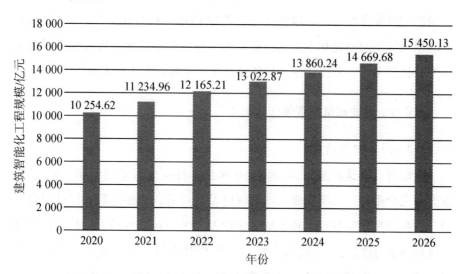

图3-2 2020—2026年中国建筑智能化工程行业市场规模预测

数据来源：智研咨询。

3.2.4.2 智慧建筑

智慧建筑是以构建便捷、舒适、安全、绿色、健康、高效的建筑为目标，在理念规划、技术手段、管理运营、可持续发展环节中充分体现数据集成、分析判断、管控策略，具有整体自适应和自进化能力的新型建筑形态。

智慧建筑是在智能建筑基础上的进一步发展，其内涵的变迁与演进情况可用图 3-3 解释。

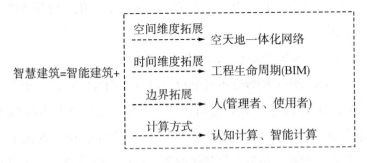

图 3-3   智慧建筑发展于智能建筑

智能建筑是基于"信息—建筑"二元空间的系统，智慧建筑是基于"人—信息—建筑"三元空间的系统。在"信息（Cyber）"这一维度上，智慧建筑 1.0 即第一代智慧建筑更多地依赖于物联网、云计算、大数据技术；智慧建筑 2.0 即第二代智慧建筑更多地依赖于人工智能技术，这也正是区分智慧建筑 1.0 和智慧建筑 2.0 的本质所在。在智慧建筑 2.0 的三元空间系统图中，"人（Human）"与"信息（Cyber）"之间由于引入了AI，会更多地体现出"人—机"共融特征。

目前，智慧城市已上升为国家核心战略，智慧建筑的发展与智慧城市的兴起是相互促进的，两者蕴含的新方法和新理念对城市规划工作产生了极大的冲击，同时推动了智慧建筑与智慧城市的建设与发展。

"新基建"当中的 5G 基建、大数据中心、人工智能均直接影响着智慧建筑的发展，未来的智慧建筑建设即将掀起一场"建筑大脑"、万物互联、全域泛感知的全面建筑"智慧化"浪潮。

3.2.5 区块链技术的应用

区块链技术的发展先后经历了 1.0，2.0 和 3.0 三个阶段。从最初 1.0 阶段数字货币方面的应用，到 2.0 阶段加入了智能合约，到目前可编程的区块链 3.0 阶段，区块链的出现实现了互联网从传递信息到传递价值的进化。区块链在本质上是一系列成熟技术的重新组合：应用共识机制（POW、POS、DPOS、Pool 验证池）更新和记录数据，无须信任一个中心化机构即可完成交易。区块链技术的特点包括去中心化、公开透明、不可篡改、隐私保护等。

3.2.5.1 在工程建设资金管理中的应用

通过发挥区块链上链数据不可篡改、可以追溯等特点，实现资金拨付时间、金额、人员信息等数据透明化、留痕化，包括资金审批到哪个环节、由谁审批、何时发放、具体金额等。同时，利用智能合约技术产生支付指令，将资金及时、足额支付到建设者、材料供应商账户，让相关管理人员清楚了解每一分建设资金的具体流向。2020 年 1 月，雄安新区发布了首个财政建设资金管理区块链信息系统，实现了建设者工资和供应商材料款的穿透式支付。

3.2.5.2 在招投标管理中的应用

利用区块链技术的不可篡改、可以追溯的特点，实现建设工程招投标从招标项目登记、发布招标公告、投标报名、发布招标文件、质疑答疑、递交投标文件、资格审查、开标、专家抽取、评标、定标、异议答复等交易数据的全过程留痕、全流程溯源、全数据真实性，消除中心化系统机制下，数据易被篡改的隐患。同时，可以利用区块链加密算法、智能合约技术，结合智能呼叫功能，实现专家抽取的自动化、加密化，以保证评标专家信息不泄露。目前国内已有相关的应用，如：深圳市建设工程交易服务中心于 2020 年 5 月 6 日建成了"区块链 + 招标投标"平台，通过利用区块链技术不可伪造、全程留痕、可以追溯和公开透明等特性，实现了电子招投标业务全流程数据的"及时存证、实时核验"。

3.2.5.3　在工程资料存证中的应用

在工程建设项目实施过程中有大量的资料产生，特别是随着无纸化办公的推进，越来越多的电子资料在项目实施流程中被使用，包括电子版的图纸、签证变更单、隐蔽工程验收单、现场计量单等，利用区块链技术进行存证的电子版资料自带时间戳，一旦上链完成数据广播同步，数据就自然具备了不可篡改的特性。如电子版图纸，只要在对应版本发放的同时，通过小工具获取所有电子版图纸文件的哈希值，并将所有文件名和对应的哈希值生成一个清单文件，将该文件上链，即可完成对文件版本的区块链存证，对电子版文件的任何修改都会导致文件哈希值的变化，从而无法通过后续的区块链存证验证。

3.2.5.4　在工程建设材料管理中的应用

利用区块链技术，可以建立建材从生产出厂、运输、进场验收、质量检测、安装使用全部环节相结合，以及生产企业、运输企业、施工企业、检测机构、政府监管部门全覆盖，形成整个产品生命周期的可追溯数据库。例如 2020 年 1 月 9 日，在深圳宝安上线了国内首个针对建设工程混凝土溯源开发的区块链平台，实现了混凝土全生命周期信息化监管。该平台通过区块链分布式记账方法，实时采集混凝土生产、配送、签收、使用等相关信息，实现"家底一个库、管理一张图"，真实记录混凝土全生命周期信息。

3.3　工程建设行业企业文化基本特征

3.3.1　质量文化

随着我国工程建设行业的快速发展，人们对于工程建设质量的要求也越来越高，质量管理是工程建设施工过程中最主要的一环，工程质量的好坏不仅影响到企业的整体效益，还直接关系到企业的长期生存与发展，关系到人们的生活和财产安全是否得到很好的保障。因此，在施工管理过程中要严格控制好工程质量，确保工程建设的高质量。

一般情况下，建筑工程要满足各种特定的使用功能要求和适应自然环境的需要。建筑工程的产品种类比较繁多，各地的气候和地区条件的差异，都会影响到施工情况，比如造成建筑物的开裂的原因可能是设计构造的问题，或是出现施工中的计算错误，或是由于地基的下沉，或是地基下沉得不均匀，或是受到温度的影响造成变形，或干缩过大，或是材料质量不达标，或是施工质量不达标，或是使用不当，或是由于周围环境变化等因素的影响。在这些因素中，有可能是一个或者几个因素的存在都会影响到整个建筑工程的质量。然而在发生过程质量问题的同时往往都会给企业及业主带来巨大的损失。有的会影响工程的施工进度，有的会给工程埋下隐患，有的会影响建筑物的使用寿命，有的甚至会导致建筑物成为危房根本就不能使用。最为严重的情况就是导致建筑物发生坍塌，造成人员伤亡和巨大经济损失。因此，对于建筑工程质量需要高度重视，不能掉以轻心，一旦发现问题，要及时分析，及时做出处理，确保建筑工程的绝对安全。工程质量事故的可变性会使得建筑工程中的质量问题随着时间、环境、施工条件等因素的变化而变化。

质量文化就是企业在长期生产经营实践中，由企业管理层特别是主要领导倡导、职工普遍认同的逐步形成并相对固化的群体质量意识、质量价值观、质量方针、质量目标、采标原则、检测手段、检验方法、质量奖惩制度的总和。质量文化的建立，可以从理念、制度、行为等方面系统地提升质量管理的水平，从各个环节降低质量管理的难度。

对于工程建设行业来说，质量文化体现在坚固精美。追求建筑坚固精美是中华民族的传统文化，是中国建筑企业文化的重要组成部分。大家熟悉的万里长城，是我国古代一项极为重要的军事工程，始建于战国，形成于秦朝，此后晋、隋、宋、元、明朝历代不断修筑，历经 2 000 多年，至今大部分存留。建于隋朝工匠李春之手的安济桥也是中外驰名的工程。这是一座单孔石拱桥，全长 80.82 米，跨度为 37.37 米。此桥已逾 1 300 多年，至今仍卧于河北赵县。

山西应县木塔建于辽清宁二年（公元 1056 年），是我国现存最古老、最高的木构佛塔，也是我国古建筑中功能、技术和造型艺术取得完美统一的优秀范例之一。在 900 多年的漫长岁月中，这座木塔经受了强烈的塞北风雪的侵袭和经受了数次强烈地震的摇撼。历史上还有著名的云南大理的三塔，主塔始建于 8 世纪，顶高 70 米，为 16 层密檐式方形砖塔。大理处于地震多发区，又多次遭受兵荒马乱，但三塔历千年而安然无恙，也说明造塔质量之好。

根据工程建设行业的特点，质量文化建设的总体思路如图 3-4 所示。

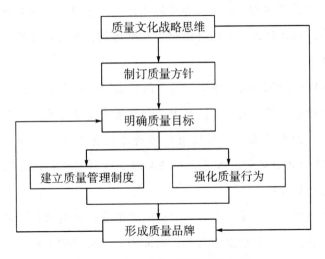

图 3-4　质量文化建设的总体思路

> **案例：华西集团承建的标准装配厂房五十年不落伍**

在自贡板仓工业园区内，有一座现代化的厂房，从 2009 年 5 月竣工后它一直作为自贡工业厂房的现代形象代表，接待了一批又一批各级政府部门领导以及投资商业财团的考察参观，它就是由华西集团四川省第十一建筑有限公司安装分公司承建的四川长征集团中小数控装配车间。

该厂房为全封闭式的空调恒温数控机床装配调试车间，单层轻钢结构，建筑面积 27 000 平方米，安装造价 2 370 万元，占总造价的 34%，安装造价比例较常规厂房要高出近一倍，其安装配置和质量技术要求之高由此可见一斑。长征集团仝捷董事长更是明确提出把按日本设计施工标准修建的"北一大隈"机床车间作为该工程的参照样本，要求把厂房建成"国内一流、国际领先的标准装配厂房"，"五十年不落伍"！

为了达到业主的高要求，项目部于当年6月同业主、设计单位一道去北京第一机床厂与日本大隈合资的厂房进行了参观学习，要达到如此高的安装质量水平的确很困难。敢于创新挑战、敢于迎难而上的华西人毅然向业主做出了本工程的安装质量一定要达到"北一大隈"安装水平的郑重承诺。为此，分公司会同项目部制订了"策划在先、样板引路、过程控制、一次成优"的总体方案，一切工作围绕"优质"展开，注重每一个环节的每一个细节，在优化设计、材料组织、人员培训、工艺设定等方面做了大量细致工作。

原设计空调新风管为一根从厂房中间穿过的断面为2.5米×1.5米的大风管，造成行车安装空间不足，且由于新风管自身重量太大，屋盖系统受力不均，需要加大屋面梁。根据项目部的建议将其改为了两根断面均为1.6米×1.25米的新风管，布置在厂房两端，这样整个新风管既不影响行车安装，也更加美观。

考虑车间内冷冻水管、冷凝水管、消防水管、电缆桥架、风机盘管等安装系统众多，行吊也分上下两层，剩余安装空间非常有限，不宜将每种安装内容单独设置支吊架。经充分考虑后，改掉了原设计的三角形支架，采用14#槽钢加筋板焊接在钢柱上，达到了经济、美观、节省空间的三重效果。

设备用房至车间的冷冻水管共有18根，口径DN150～200，原设计安装在140米×4米×2米的混凝土地沟里。项目部考虑到这样施工造价太高，建议业主采用总管分支的方式来解决这个问题，这样就只需做一条1.5米×1米的砖砌体管沟，里面排列两根DN400的冷冻水主管就能满足使用要求，降低了工程造价。

在动力配电系统施工中，业主考虑用预分支电缆。项目部经过考察后发现采用绝缘穿刺线夹比采用预分支电缆更科学合理且更方便。同时向业主推荐采用单芯电缆，在需要分支的地方用绝缘穿刺线夹卡在电缆上。这样，既大大地降低了施工难度，又减少了造价，提高了使用的灵活性。

最终，华西人兑现了对业主的质量承诺，长征中小数控车间达到了"北一大隈"安装质量水平。在2009年5月20日的工程竣工典礼剪彩仪式上，意大利专家莫菲诺先生说："如果在意大利建一座像这样漂亮的现代化厂房也是不容易的，但你们办到了，中国人OK！"原长征集团总工程师程百川先生更是用了"西南一流厂房、全国一流厂房、世界一流厂房"来评价本工程质量。（余柯汕、应纯）

点评：质量是企业生存的奠基石，质量是企业发展的"金钥匙"。在六十多年的发展历程中，华西凝练出的"让用户放心 对社会负责"的质量理念，一直被华西人奉为工程质量的最高价值准则，并得到不折不扣的执行。项目部用智慧和汗水以优质和高效兑现承诺，展现了华西人建时代精品的风貌。

（来源：摘录于《华西企业文化案例故事集》）

3.3.2 安全文化

早在1986年，国际原子能机构（IAEA）便提出了"安全文化（Safety Culture）"这个概念，并于1998年发表报告，指出企业安全文化发展过程中的三个典型阶段：第一阶段，安全是管理和被管理的关系，很大程度上取决于安全生产条件的好坏；第二阶段，企业制定了明确的安全生产指标，并使之与每一位员工的绩效相关；第三阶段，员工不仅能够自主开展安全工作，而且可以主动思考如何改良安全生产条件。安全文化涵盖了安全科学、社会科学、文化科学、心理科学和行为科学等多门科学，它的目的是保障员工人身安全、促进员工身心健康，是一种以人为本的企业文化。但在工程建设领域，受人员流动性大、受教育程度不高、施工任务重等诸多因素影响，工程项目安全文化建设较其他生产经营单位难度更大。

工程安全在世界各国都是一个受到普遍关注的重要问题。广义的工程安全包含两个方面的含义：一方面是指工程建筑物本身的安全，即质量是否达到了合同要求、能否在设计规定的年限内安全使用，设计质量和施工质量直接影响到工程本身的安全，两者缺一不可；另一方面则是指在工程施工过程中人员的安全，特别是合同有关各方在现场工作的人员的生命安全。

一方面，工程建设项目安全生产管理能从设计阶段开始，利用多要素综合分析法等诸多方法，在探究安全问题影响因素的基础上尽可能地从源头避免安全问题的出现；也能加强施工阶段的监督与管理，利用施工阶段进度、安全、信息、成本等诸多目标的平衡和优化，最大限度地将工程项目建设过程中涉及的多方面人际关系处理得当，为工程项目的顺利安全建设做出应有的贡献。另一方面，建设工程安全生产管理也在建筑工程管理中占据着不可估量的重要作用。由于建筑业也属安全事故发生率较高的行业之一，施工阶段出现问题而导致整个工程项目建设成本增加和施工工期延后非常常见。而工程项目建设中对工程管理进度、造价、质量和安全等目标的控制作用不容忽视。

安全文化是一门科学，是总结人在与自然界斗争中保护劳动者经验的科学文化。它包括三个方面的内容：安全管理文化、安全生产技术文化和劳动卫生文化。安全管理文化是研究如何通过法律法规建设和采取组织措施来加强安全生产管理的科学，确保劳动者的安全与健康；安全生产技术文化是针对生产劳动中的不安全因素从技术上研究如何采取控制措施加以预防的理论，预防工伤事故的发生；劳动卫生文化是研究如何在劳动中预防有害物质对员工健康产生的影响，防止引起员工中毒和职业病的分支理论。安全生产文化既然是一门科学，就应以科学的态度来对待。

工程建设行业属于劳动密集型行业，具有产品体积大、生产材料重、劳动强度高、生产工艺复杂、高空交叉作业等特点，极易发生安全事故。1998年《中华人民共和国建筑法》的颁布实施，把建筑安全生产工作真正纳入法制的轨道，开始实现建设安全生产监督管理工作向规范化、标准化过渡，形成了"纵向到底，横向到边"的建筑安全生产监督管理制度。近年来，通过国家的法规政策的引导和企业自身实践，工程建设相关企业的经营者逐步树立了"安全生产就是竞争力""安全是企业的隐性资源"的安全生产意识，从行业到企业建立了各项安全管理制度和责任制，使安全事故的发生得到有效的遏制。

安全文化建设的内容与思路如图3-5所示。

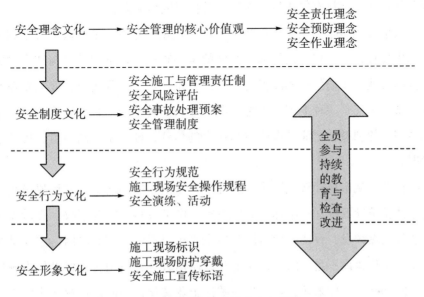

图 3-5　安全文化建设内容与思路

3.3.3　诚信文化

诚信文化是中华民族的传统美德。何谓诚信？许慎在《说文解字》中说："诚，信也""信，诚也"。两者在本义上是相通的。诚的基本概念就是诚实不欺，既不自欺，也不欺人，包含着真诚对待自己和诚实对待他人的双重规定。而信的基本含义是信守诺言，它既是一种内在的道德品质，又是一种主客观互动关系中的行为规范。他要求人们说话真实，信守诺言，说到做到，相互履行向对方的承诺。"诚"是"信"的基础，"信"是"诚"的结果。可以说"信"字当头，"诚"也就在其中了。"信"的观念在我国早已有之，但并不是为了维护等级从属制度，而是作为自身的道德修养。"忠信"后来逐步发展成为"忠孝节悌礼义廉耻"和"仁义礼智信",作为人们道德修养的最高准则,仍然是泛指对所有人的人际关系。到了现代,又有人在 IQ(智商)、EQ(情商)、FQ(财商)、HQ(健商)之外,提出了 RQ(律商)的概念,就是说在社会生活中,人们自律能力商数的高低,对其成功也会产生重要影响。可见倡导诚信,把它作为道德修养从古至今就没有停止过,而且今后将要继续下去。

诚信文化是企业生死存亡之基石。从企业自身讲,是否诚信关系到企业的生死存亡。工程建设是国民经济的重要物质生产部门,它与整个国家经济的发展、人们生活的改善有密切的关系。对于工程建设行业的企业来说,诚信不仅是一种准则,更是一种责任、一种资源,它不仅能为企业带来经济上的利益,更能获得业主和社会的信任,推动企业高质量、可持续发展。

目前,从市场经济秩序建立过程中暴露出来的问题看,工程建设企业的恶性竞争导致围标、串标、低价中标、偷工减料、安全事故、质量事故等事件仍然频发,致使社会信用整体水平难以提升。究其原因,主要是企业诚信文化建设不足。因此,应把开展诚信教育、信用文化建设作为诚信建设的基础性工作来抓,建立统一诚信企业文化,用诚信企业文化作为灵魂来指导企业发展,通过文化建设来树立企业的良好形象,推动企业高质量、可持续发展。

诚信文化建设需要注意以下几个方面:

(1)构建诚信文化体系。企业应该按照"体系完整、层级清晰、逐级递进"的原则建设文化体系构架。企业诚信文化主要包括企业使命、企业愿景、经营宗旨和价值观。企业全体员工应忠实践行企业使命、企业愿景、治企方略、经营宗旨和管理理念,共同塑造契合企业战略、符合企业实际、引领企业发展的诚信文化,让诚实守信成为企业和员工的共同价值追求,促进企业从"制度治企"向"文化治企"的方向转变。

(2)加强诚信教育。提高企业管理者及员工的诚信水平,确定诚信制度,开展诚信培训和与之相适应的主题活动。对员工进行诚信教育,让大家认识到诚信是中华民族的优良传统，是做人之规，做事之矩。要求每个员工做到诚信对待工作、诚信对待同事，树立正确的人生观、世界观，立足本职工作，无私奉献，从而在企业内部建立良好的以诚信求发展的企业风气。

（3）以诚信文化理念指导工程建设企业的生产经营活动。诚信对待业主，在施工中讲诚信，奉献美观、实用、货真价实的优质工程。施工企业有了良好的信誉，企业文化就会通过产品质量、服务理念、人文素质、公共关系等在社会中形成良好的企业形象，这样企业无论是在人才获得方面，还是在经济效益的提升方面都会获得成倍的回报，企业的路才能越走越宽。

3.3.4　社会责任文化

企业社会责任是指企业在创造利润、对股东和员工承担法律责任的同时，还要承担对消费者、社区和环境的责任。企业的社会责任要求企业必须超越把利润作为唯一目标的传统观念，强调要在生产经营过程中对人的价值的关注，强调对环境、消费者、对社会的贡献。近些年来，《财富》和《福布斯》杂志在企业排名评比上都加上了"社会责任"这一标准。

工程建设行业的企业在追求自身经济效益和长远发展的同时，积极参与到社区和公共服务事业中，不仅对企业和员工负责，也对其他利益相关方、环境负责，能够实现企业与社会、企业与环境、企业与产业链上下游、企业与员工的和谐发展，为社会和公众提供安全舒适、质量优异、绿色低碳的基础设施和建筑产品，这对提升国家综合实力、促进经济发展、提升生活水平具有重要的推动作用。

如果一个企业在经营过程中承担更多的社会责任，那么也一定会从各方面考虑员工的个人权益，这样员工的价值理念就会上升到整个企业共同的价值理念，共同为企业的工程质量、施工安全、诚信经营负责，为公司效力，进而得到客户的认可，有利于企业经济效益的增加。同时，企业在经营活动中自觉遵守相应的法律法规，自觉保障工程质量、施工安全，自觉减少污染、保护环境，自觉保护员工以及客户权益等一系列履行社会责任的做法，不仅仅是客户对企业提出的要求，更是企业获得信誉、提高品牌形象的关键，有利于企业自身的可持续发展。

企业社会责任是企业自愿的慈善行为。社会责任根源于社会与企业之间的责任与义务的双向行为：一方面是社会对企业行为的期望，另一方面是企业对社会压力的回应。社会责任表现在企业对社会的影响和社会权利与社会义务的匹配，也可以表现为对社会经济行为的契约精神的遵循。所以，在分析社会责任问题上，企业社会责任是通过特定的制度安排，在预期存续期内最大限度地追求企业社会福利的意愿、行为和绩效。企业和社会都应完善和养成科学的社会责任观，加强对社会风险的管理，在企业综合目标平衡的基础上，立足社会公平，立足社会责任，立足企业文化精神建设。一般来讲，以利润最大化为目的是企业初始成立时最基本的财务目标，但是企业如果希望持续发展，绝对离不开所要承担的社会责任义务。

将社会责任融入企业文化，更能体现企业文化的先进性，不仅可以增强企业员工的责任意识，保证生产经营的规范化和标准化，而且可以提升企业形象、培养企业精神，赢得消费者的认同和信赖。社会责任文化建设的途径包括以下几个方面：

（1）建立企业社会责任理念。首先形成企业社会责任理念或者社会责任观，并逐渐将其融入企业使命、愿景、核心价值观等企业核心理念中，明确企业社会责任文化在企业发展中的重要地位，树立全员责任意识。在建立企业社会责任理念时，一般应考虑股东、员工与社会几个方面。比如中国铁建股份有限公司在描述其社会责任理念时，从股东视角提出："公司秉持回报股东，回报社会的理念，坚持把发展作为第一要务，以诚信经营、建造精品为原则，精耕市场，强抓管理，不断以良好的经济效益和公司成长，回馈投资者，回馈社会。"从员工视角提出，"公司坚持企业与员工共同成长，共同发展的理念，努力建设'和谐企业'。充分发挥员工参与企业管理的积极性，维护员工合法权益，保障员工的安全与健康，以及生活条件不断改善"。从社会视角提出，"公司坚持和倡导'绿色工程'理念，致力于建设资源节约型和环境友好型企业。强化节能减排和环保施工，实现企业与环境的协调发展"。

（2）构建企业社会责任管理体系。企业社会责任管理体系就是将企业社会责任理念融入生产经营各个环节，也就是对企业的理念、行为、目标和成果进行重新塑造的过程。企业社会责任管理体系是确保企业履行相应社会责任，实现良性发展的相关制度安排与组织建设，它涉及企业的远景与使命及企业发展战略。企业社会责任体系包括六个方面的内容，如图3-6所示。

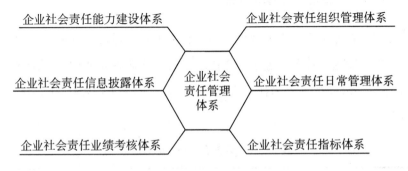

图3-6　企业社会责任体系包括的内容

（3）开展企业社会责任文化的宣贯与培训。在宣贯与培训时可以分层次进行。对企业高层管理者的培训，可以侧重于企业社会责任文化与如何经营管理相结合；对中层管理者的培训，可以侧重于落实与执行企业社会责任文化的方法与措施；对一般员工的培训，则要帮助他们理解、认同企业社会责任理念，明确岗位职责，自觉接受企业社会责任管理体系的约束。

（4）加强企业社会责任文化宣传工作。提高员工社会责任意识，需要多途径、多渠道地宣传企业责任文化，可以充分利用企业网站、官方微信公众号、内部刊物、宣传栏等载体，通过征文、演讲、研讨、文艺节目等形式，使社会责任理念深植员工心中，不但让员工了解社会责任文化，还要使其参与到社会责任文化建设中，营造勇于担当的良好氛围，为企业发展提供动力。

3.4　工程建设行业企业文化建设的现状调查

为了深入了解工程建设行业企业文化建设的现状，笔者于 2020 年 11 月对四川省工程建设行业的企业文化建设现状开展了调查，内容包括企业的基本信息、战略规划情况、企业发展状况、企业文化体系建设情况等。

3.4.1　被调查企业基本情况

被调查企业的业务属性包括工程建设规划、开发、勘察、设计、科研、施工、监理、检测、鉴定、造价、建材。被调查企业中，有 18% 的企业已经存活 50 年以上，占比最大是存活 20~29 年的企业，占到 20%，详见表 3-1。

表 3-1　被调查企业创立时长统计　　　　单位:%

企业创立时长	占比
70 年及以上	7
60~69 年	7
50~59 年	4
40~49 年	2
30~39 年	3
20~29 年	20
15~19 年	14
10~14 年	15
5~9 年	13
5 年以下	15
合计	100

3.4.2 企业战略制定情况

在被调查企业中，92%的企业都有明确的战略，但只有51%的企业有完整的战略规划文本，尚有41%的企业没有完整的战略规划文本，战略更多的是存在于企业的高层一把手中或者高层团队中，这将不利于企业各层级了解战略规划以及就战略目标达成一致的行动计划，详见图3-7。

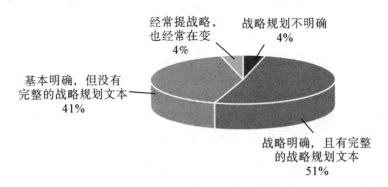

经常提战略，也经常在变 4%
战略规划不明确 4%
基本明确，但没有完整的战略规划文本 41%
战略明确，且有完整的战略规划文本 51%

图3-7 关于企业战略制定情况的调查数据

3.4.3 企业文化建设情况

被调查企业中，有70.30%的企业建立了企业文化，但是，在这些企业中，只有70.41%的企业构建了文化体系，还有近30%的企业没有系统的文化体系。同时只有71.83%的企业有统一的VI标识。建立了企业文化评审制度的企业只有41.23%，这将不利于企业文化的持续改进与创新发展。

（1）精神文化建设方面。图3-8显示，只有18.31%的企业有品牌推广语，结合另一个关于制约企业发展的调查中，企业宣传与推介力度不够的企业占到了53.47%，可见有大部分的企业对于企业文化的应用还有很大的改进空间。

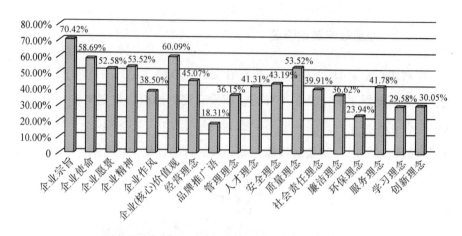

图 3-8　关于企业精神文化建设的调查数据

进一步分析发现，在企业精神文化中，明确提出环保理念的企业数量占比仅为 23.94%。对于工程建设企业来说，绿色建筑是未来发展的重要方向，坚持环保理念，节约资源，减少污染势在必行。因此，这是需要进一步改进的。同时，明确提出安全理念的企业数量占比仅为 43.19%，对于工程建设企业来说，安全理念是引导安全制度建立、规范安全行为的重要抓手，安全理念的提炼方面也需要改进。质量理念虽然比安全理念及环保理念的占比高，达到了 53.32%，但对于工程建设企业来说，也需要提升，不管是哪一种类型的业务，都应该建立自身的质量理念，确保工程建设各个环节的质量把关。

（2）宣传企业文化的方式。调查显示，使用培训的方式最多，占 69.48%；其次是使用微信公众号，占 57.75%；说明企业在企业文化宣传中使用了现代化的数字手段。定期的文化活动居于中间位置，占 46.48%，结合另一个关于企业文化活动的调查得知，企业文化活动丰富的企业只占 30%，有 53% 的企业认为企业文化的活动不太丰富，还有 17% 的企业认为企业文化活动太少。可见，尽管大部分企业建立了企业文化，但相关的企业文化活动还需要进一步丰富，发挥其宣传企业文化的作用。详见图 3-9 与图 3-10。

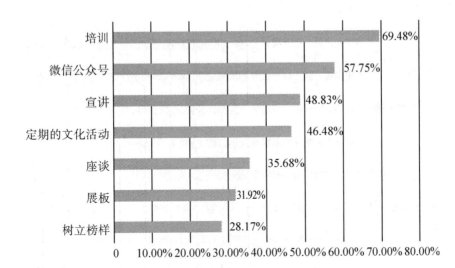

图 3-9　关于企业文化宣传方式的调查数据

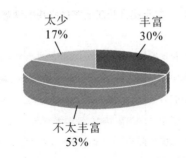

图 3-10　关于企业文化活动情况的调查数据

（3）企业文化对于提升员工士气的作用。调查发现，72.09%的企业认为大力开展企业文化建设，提升凝聚力是提升员工士气的主要途径；其次是强化沟通，营造良好的沟通氛围，占70.54%。而现实中，企业文化建设正好也是企业内部开展沟通的重要抓手，可见，企业文化对于提升员工士气起着非常重要的作用。详见图3-11。

（4）企业文化对于企业优势打造的作用。调查显示，72.09%的企业认为其企业的优势来源于具有良好的企业文化支撑；占第二、三位的分别是具有较强的凝聚力和向心力，以及领导的远见卓识；而行业的品牌优势仅占到了21.07%（见图3-12）。由此可见，一是企业的品牌建设能力还需要加强，二是品牌建设与企业文化建设脱节。

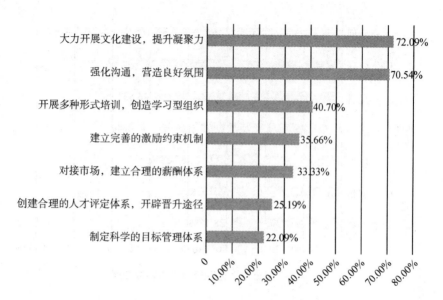

图 3-11　关于提升员工士气的举措的调查数据

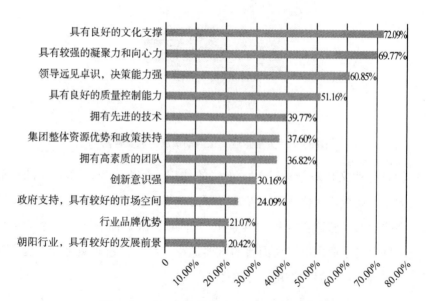

图 3-12　关于企业优势打造情况的调查数据

建设篇

4　企业文化现状诊断

思维导图

企业文化现状诊断是建立符合企业实际的企业文化的前提条件，其内容与过程如图 4-1 所示。

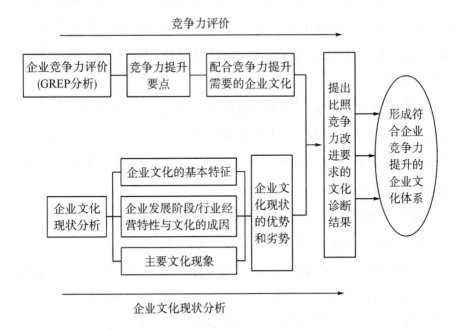

图 4-1　企业文化现状诊断的内容与过程

4.1　战略现状分析

在任何类型的企业以及任何一个企业的生命周期里，企业使命是企业全体成员应始终如一地肩负与履行的任务，企业愿景是企业全体成员应共同努力和不懈追求的目标，战略是企业履行使命和实现愿景的具体行动方案。

随着内、外部环境的变化，企业应始终保持战略的正确性、适应性和有效性。因此，企业战略是一个需要动态管理的行动方案，而企业文化则是需要在相当长的时期内保持其稳定性、连续性、一致性的经营哲学和文化信仰。

企业文化作为一种管理手段，对企业战略的实施发挥着重要的支撑作用，是企业经营管理的灵魂。因此，确立基于企业竞争力持续提升的企业文化建设目标，能够促进企业竞争力的持续提升，最终促使企业战略目标的顺利达成。

可见，企业文化力决定了企业战略力，而企业战略能力的提升又是企业竞争力提升的必由之路，如何使企业保持持续增长，既需要战略性思考与支撑，更需要企业文化的引领。因此，对企业战略现状的梳理成为企业文化建设的重要环节。

对于企业战略现状进行分析的步骤如图4-2所示。

对于具有良好战略管理现状的企业来说，可以开始下一环节的工作。

如果企业缺乏战略规范文本，应先把企业高层领导头脑中的战略变成文本，这个过程不仅仅是简单形成文字的过程，而是一个系统的梳理过程，因为装在头脑中的东西，并不那么清晰，也不够系统。可以先成立战略规划工作小组，通过召开战略务虚会、战略研讨会、战略质询会等方式，把领导人头脑中的战略逐渐变成现实的战略规划文本。

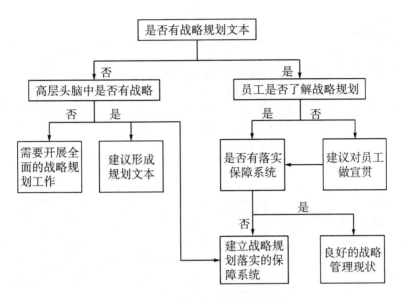

图 4-2 企业战略现状分析的步骤

假如企业缺少战略规划落实的保障系统，应该完善这部分内容。由于企业的内、外部环境在不断地演变，战略在执行的过程中会遭遇很多变数。因此，战略梳理不能一劳永逸，需要建立战略的长效保障与管理机制，即战略规划及执行保障体系。同时，通过企业的绩效管理体系来检视企业战略的有效性和适应性。

4.2 竞争力现状分析

通过对企业的"治理结构、资源、企业家、产品与服务"四个维度即GREP进行全面分析，是定量测评企业竞争力现状的主要分析工具之一，它可以帮助我们了解影响企业现有竞争力的结构性要素进而了解企业文化现状，建立起基于竞争力持续改善的企业文化建设目标，提升企业竞争力，促使战略目标达成（见图4-3）。

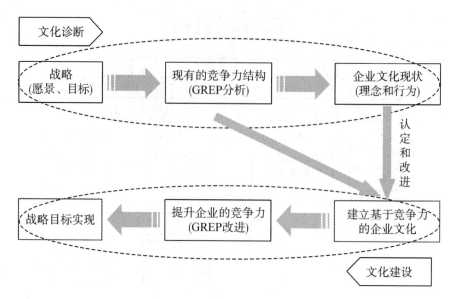

图4-3 通过诊断了解企业文化建设的关注重点

具体的 GREP 企业竞争力现状如表4-1所示，我们可以通过如下步骤进行分析。

表4-1 GREP 企业竞争力现状

维度	要素	维度	要素
G（治理结构）（governance）	股权关系	E（企业家）（entrepreneur）	企业家
	动力机制		管理团队
	权力分配		后备队伍的培养
R（资源）（resource）	人力资源	P（产品与服务）（product）	行业选择
	资本资源		产品选择
	政府资源		定位选择
	品牌资源		竞争方法选择
	客户资源		主要环节的能力与使用，如生产、研发、销售能力
	网络资源		

首先，分析企业的治理结构，如企业的股权关系如何，动力机制是否健全，权力分配是否能使企业得以高效管理。

其次，通过资源分析，审视企业的人力资源、资本资源、品牌资源和客户资源等资源情况，了解各类资源对企业战略的支撑。

再次，企业家和管理团队的战略规划及管理能力如何，这将影响到企业的发展和未来走向。企业是否注重后备人才的培养，决定了企业的可持续发展战略。

最后，通过产品与服务，了解企业的行业选择、产品选择和定位选择，主要环节的能力与使用，如生产、研发、销售能力等，这些都构成了企业的竞争力维度和要素。

4.3　诊断方法与工具

在进行企业文化现状诊断时，常用问卷调查与个别访谈相结合的方法。问卷调查的范围广，节约时间，再加上电子问卷的便捷性，可以提高调查的效率，在面向全体员工进行调查时，用此方法比较合适。个别访谈可以挖掘深层次的问题，一方面可以作为问卷调查的补充，另一方面可以进一步了解企业管理层的思路以及企业在发展历程中的特殊性等。

常用调查问卷如表4-2所示。

通过对企业文化现状的诊断，需要明确以下几个问题：

- 企业文化的战略支持度如何？
- 未来企业文化的基本特征和基本目标是什么？
- 未来企业文化建设的重点是什么？
- 在文化建设中需要特别关注哪些人群？
- 如何处理企业主流文化与亚文化之间的矛盾？
- 企业在文化建设方面将面临哪些重要约束？
- 如何看待各层级管理者在企业文化建设中的作用？

表 4-2　企业文化现状诊断调查问卷

填答问卷人		所在部门	
工作职位		联系电话	

一、基本信息

1. 您的性别：　□男　　　　　　　　　□女
2. 您的年龄：　□25 岁及以下　　　　□26～30 岁
　　　　　　　□31～40 岁　　　　　□41～50 岁
　　　　　　　□51～60 岁　　　　　□60 岁以上
3. 您的最后学历（含在读）：
　　　　　　　□专科（不含）以下　　□专科
　　　　　　　□本科　　　　　　　　□硕士研究生及以上学历
4. 您从事管理工作多少年：
　　　　　　　□无　　　　□1 年以下　　□1～3 年　　□4～5 年
　　　　　　　□6～10 年　　□10 年以上

二、诊断问题（这部分共有 60 道题，请仔细阅读每道题，您认为这句话在多大程度上符合公司的实际情况，在相应的方框中打"√"。）

题　项	完全不符合	比较不符合	不确定	比较符合	完全符合
（1）大多数员工对工作很投入	□	□	□	□	□
（2）哪个群体最了解情况就让哪个群体参与决策	□	□	□	□	□
（3）公司内部信息公开，员工可以随时得到所需要的信息	□	□	□	□	□
（4）员工相信自己能够对公司产生积极的影响	□	□	□	□	□
（5）公司业务规划具有持续性，员工都能参与其中	□	□	□	□	□
（6）公司积极鼓励不同部门之间进行合作	□	□	□	□	□
（7）员工在工作中的合作比较广泛	□	□	□	□	□
（8）公司领导层采用民主的管理方式	□	□	□	□	□
（9）公司是以团队的方式开展工作的	□	□	□	□	□
（10）员工了解本职工作和企业目标之间的关系	□	□	□	□	□
（11）员工被授予权力，可以自己进行决策	□	□	□	□	□
（12）员工的能力在工作中不断地得到改善	□	□	□	□	□

表4-2（续）

题　项	完全不符合	比较不符合	不确定	比较符合	完全符合
（13）公司对员工的技能进行不断的投资	□	□	□	□	□
（14）领导认为员工的能力是公司核心竞争力的重要来源	□	□	□	□	□
（15）员工不具备工作所必需的技能，工作中经常出现问题	□	□	□	□	□
（16）领导和管理者能够信守诺言	□	□	□	□	□
（17）领导者具有独特的管理风格和管理方法	□	□	□	□	□
（18）公司拥有一致的价值观指导员工的日常工作	□	□	□	□	□
（19）忽略企业的核心价值观会使员工的工作陷入困境	□	□	□	□	□
（20）公司拥有明确的道德准则规范员工的行为	□	□	□	□	□
（21）出现分歧时，员工会尽全力找到双赢的解决方案	□	□	□	□	□
（22）公司拥有一种强有力的文化	□	□	□	□	□
（23）即使遇到难题，员工也总能达成一致意见	□	□	□	□	□
（24）在关键问题上，员工经常难以达成一致意见	□	□	□	□	□
（25）员工拥有比较一致的是非判断标准	□	□	□	□	□
（26）员工在工作中表现出来的行为方式是可以被预测的	□	□	□	□	□
（27）不同部门的员工拥有共同的目标	□	□	□	□	□
（28）协调不同部门之间的工作并不困难	□	□	□	□	□
（29）与其他部门的员工进行合作时十分困难	□	□	□	□	□
（30）员工、中层领导和高层领导的工作目标是一致的	□	□	□	□	□
（31）公司内部的工作方式十分灵活	□	□	□	□	□
（32）员工善于应对业务环境中的变化	□	□	□	□	□
（33）员工愿意不断采纳先进的工作方法	□	□	□	□	□
（34）员工在尝试创新的过程中经常会遇到阻力	□	□	□	□	□
（35）不同部门经常相互合作，实施变革	□	□	□	□	□
（36）客户的意见和建议常常会引起相关部门的关注	□	□	□	□	□

表4-2（续）

题　项	完全不符合	比较不符合	不确定	比较符合	完全符合
（37）客户的意见直接影响着相关部门的决策	□	□	□	□	□
（38）公司对客户的需求有着比较深入的了解	□	□	□	□	□
（39）公司在做出决策时经常无视客户的利益	□	□	□	□	□
（40）公司鼓励员工与客户直接接触	□	□	□	□	□
（41）员工将失败看作学习和改善的机会	□	□	□	□	□
（42）公司鼓励员工创新、承担风险	□	□	□	□	□
（43）公司的很多事情都是不了了之	□	□	□	□	□
（44）学习是员工日常工作的一个重要内容	□	□	□	□	□
（45）公司能够确保各部门之间的信息沟通	□	□	□	□	□
（46）公司制定了长期目标和发展方向	□	□	□	□	□
（47）公司的战略会影响整个行业的竞争方式	□	□	□	□	□
（48）企业确立了明确的目标，对员工的工作具有指导性	□	□	□	□	□
（49）公司制定了明确的发展战略	□	□	□	□	□
（50）员工不了解公司的战略发展方向	□	□	□	□	□
（51）员工普遍认同公司的发展目标	□	□	□	□	□
（52）领导者制定的战略目标切合实际	□	□	□	□	□
（53）领导层已公开阐明了公司要努力实现的目标	□	□	□	□	□
（54）公司会不断跟踪战略目标的实现进度	□	□	□	□	□
（55）员工了解自己在实现公司目标的过程中需要做出哪些努力	□	□	□	□	□
（56）员工对公司的未来愿景已经达成了共识	□	□	□	□	□
（57）领导者具有长远的战略眼光	□	□	□	□	□
（58）短期目标经常会影响公司长期目标的实现	□	□	□	□	□
（59）公司的愿景使员工精神振奋，工作积极主动	□	□	□	□	□
（60）公司的短期目标和长期目标不会发生冲突	□	□	□	□	□

5 企业文化建设规划

思维导图

5.1 企业文化建设需求分析

企业文化是指在一定的社会历史条件下，企业在管理活动中所创造和形成的具有本企业特色的精神财富及物质形态的总和，是企业经营管理活动过程中处理内部和谐与外部适应的智慧与经验的沉淀。不同时期或不同历史背景下的企业，其企业文化的层次和质量有明显的不同。企业在不同发展时期，表现出对企业文化需求的差异。

5.1.1 目标导向

在一个企业发展的初级阶段，企业在外部的竞争能力和生存能力都比较弱，规模效益还没有形成，生存成为企业的第一要务。企业经营以开拓市场为目的，组织行为特点为谋求经营成果和效率，企业需要以最小的成本获得最大的盈利能力，以保障企业的生存。因而有些企业常常会做出某些不规范的经营行为，追求目标导向、结果导向，以谋求组织效率最大化，以抵消各种成本的压力。这一阶段的企业文化的客观需求就明显地表现出"目标导向"的特征。

5.1.2 规范导向

企业以其基本的市场地位，逐步适应了市场竞争的复杂性，具备了较强的生存能力，企业发展处于快速扩张和成长阶段，"规范化"管理成为约束企业发展的主要瓶颈。其最突出的表现是希望员工做事遵循规范，但又深陷被规范所束缚的境地。这一阶段的企业文化客观需求明显地表现出"规范导向"的特征。

5.1.3 支持导向

企业在市场竞争中已获得了稳固的市场地位，经营规模日益壮大，组织分工也越来越细，专业化程度越来越高，企业开始以寻求更好的美誉度和品牌形象为目的，品牌资产和品牌影响力在企业的扩张中越来越显现出重要的作用，组织在大规模、专业化、多元化、跨区域、跨行业的发展形态下，更加强调与渴望获得内部跨部门之间的合作、协同与支持，以抵消组织臃肿所带来的官僚主义、效率降低、管理成本快速增长等负面影响，强调合作意识、内部协同、内部服务和内部支持。这一阶段的企业文化客观需求明显地表现出"支持导向"的特征。

5.1.4 创新导向

企业在长期的稳定经营中，逐步形成了惯性和惰性，既定的、满足的利益格局使企业成员逐步丧失了变革的动机和勇气，导致企业在产品和服务领域与不如自己的竞争对手的差距逐步缩小，组织活力逐步丧失，潜在的隐性危机初步显现。企业需要以提升核心技术含量、追求更大的市场为目的。企业强调要突破旧观念、旧模式、旧技术的束缚，组织呼唤创新意识和创新机制，激励创新与变革。这一阶段的企业文化客观需求明显地表现出"创新导向"的特征。

由此可见，相同行业的不同企业，其企业文化的客观需求存在较大的差异；同一企业在不同的发展阶段，对企业文化的客观需求也可能有所不同；

企业内部管理环境和外部经营环境的较大变化对企业文化也会产生较大的需求差异。那么，如何研判一个企业对自身企业文化建设的客观需求，如何开展科学、有效的企业文化建设，就需要通过企业文化建设规划给出明确的答案。

5.2　企业文化定位

企业文化定位是指企业在一定的社会经济文化背景下，根据企业的发展历程、发展战略、人员构成、经营管理方面需要解决的突出问题等现状进行全面调查研究之后，对企业文化的需求特征和建设方向进行准确的分析定位，使企业文化建设或企业文化创新在功能上满足企业发展的客观需求，使企业文化在公众或竞争者心中留下深刻印象，从而树立起具有自身独特个性、有别于其他企业的独特形象和位置的企业文化战略规划活动，是塑造企业文化的首要一环。

5.2.1　企业文化定位的三项基本任务

一是调查研究影响企业文化的外部因素和内部因素，如社会经济文化背景、企业经营目标、价值观等，以确认企业文化建设的优势和特点所在。

二是选择自己最具特色的或比较有个性特点的文化要素加以重点培育和规划、设计，并确定适当的企业文化战略。

三是选择恰当的方式把企业文化定位的观念或要素融入员工的思想中，并准确地传播给社会公众。这些观念或要素既包含物质方面的形象文化，又包含心理或精神方面的理念文化，也可以是行为方面的行为文化，或者几个方面兼而有之。

在企业文化定位方面，许多企业往往走了弯路。其误区在于狭隘地将企业文化定位局限于"企业文化形象定位"，从而忽视了对企业文化的需求定位、功能定位和特征定位。

5.2.2 企业文化定位的主要依据

要塑造一种优秀的企业文化，必须实行准确的企业文化定位。只有通过准确的企业文化定位，才能充分了解、认识企业的过去和现在、方向和目标、长处和不足，以及与竞争对手之间存在的文化差异，尤其是当企业经营管理中面临重大的管理约束与瓶颈时，才能从中提炼出最具价值的、有别于其他企业的文化要素，最终构建出独具特色的企业文化，彰显企业个性，避免出现企业文化同质化的现象。

正确的企业文化定位还能将企业的某些优势放大，呈现在公众面前，起到扬长避短的作用。成功的企业文化定位将会激发员工的工作热情，增强企业的凝聚力和向心力，提升团队的战斗力，这种源自企业内部的发展动力使企业充满了朝气与活力，是竞争对手无法模仿的，必将大大提高企业的核心竞争力。

在进行企业文化定位时，我们主要有如下四大依据，如图5-1所示。

图5-1 企业文化定位的四大依据

5.2.2.1 竞争力提升需求

通过GREP企业竞争力现状分析，可以定量地了解企业现有竞争力现状与结构，进而了解企业竞争力提升对企业文化的内在需求。在认定和改进之后，建立起基于竞争力提升为导向的企业文化建设目标，最终推动企业战略目标的实现。

5.2.2.2　战略目标

建立基于竞争力提升的企业文化建设目标，能够使企业文化持续发挥提升企业核心竞争力的作用，最终使企业战略目标得以顺利实现。可见，企业战略能力的提升是企业未来竞争成功的必由之路。而如何保持企业战略实施能力的持续增长，不仅需要战略性地思考战略目标达成对企业文化的功能需求，而且也需要重视战略对企业核心文化力的客观需求，以及把握正确的企业文化建设方向。

5.2.2.3　企业文化现状

通过对企业文化理念体系的核心价值观、理念分布、理念强度、理念优势、理念缺乏和理念需求六个模块的定量测评，以及通过对"行为表现、积极行为、消极行为、行为需求、行为冲突、行为分布强度"等模块的定量测评，科学地分析出企业文化的成因、现状、取向、影响要素和主要资源的优劣性及其相互之间的适应性、冲突性等特征，从而进行精准的企业文化定位。

5.2.2.4　领导核心理念

由于企业领导人所拥有的职务权利附带着对组织成员的"领导力、推动力、组织力、感召力、影响力、凝聚力"，从而导致企业领导人的行为——无论是职务行为或非职务行为，都对企业成员具有较大的影响。因此，企业领导人的价值标准、经营哲学、领导风格都不可避免地会对企业的文化形成产生巨大的影响。企业领导人在企业文化建设中不可推卸地充当了"旗手"的作用。所以，企业文化定位需要充分地考虑企业领导层的核心理念、经营哲学和领导风格。领导层核心理念是指领导班子在开展领导活动中对这项活动规律和本质的把握，及其以此指导活动开展过程中的理论和观念。所有来自领导的活动都是在一定的经营理念下展开的。

➤ 案例：某工程建设企业的竞争力现状分析

采用企业文化定位分析的方法，我们对某工程建设企业的竞争力现状进行了诊断，结果如图5-2所示。

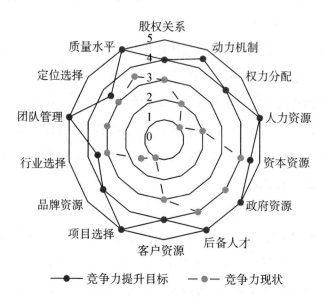

图5-2　某工程建设企业竞争力现状分析

从图5-2中代表该企业的竞争力分布现状的折线的情况来看，我们不难发现其在"权力分配、品牌资源、动力机制、团队管理、人力资源、项目选择"等方面存在显著的不足。要发现企业文化对提升该公司竞争力的客观需求，就需要分析影响该公司在上述维度出现短板的"理念差距和行为差距"，借此，获得该公司企业文化建设的"需求定位和功能定位"。

5.2.3　企业文化导向定位方法

5.2.3.1　企业不同发展阶段的企业文化定位

企业采用什么样的文化，往往同企业的发展阶段密切相关，只有企业文化与不同阶段的企业发展需求相适应，企业文化才能发挥积极的促进作用。通常，在成长期的企业重视的是目标，强烈的目标感可以迅速带领企业发展，度过成长期面临的各种风险；发展期的企业需要巩固前期的发展成果，梳理企业的制度、流程，逐步进入规范化的管理，因而重规则；而成熟期的企业，市场稳定，但活力不足，需要创新；随着企业经营时间的增加，产品与服务如果不创新，可能面临市场淘汰。因此，需要二次创业，再续发展，如图 5-3 所示。

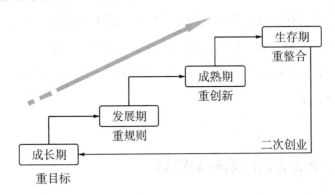

图 5-3　不同发展阶段的企业文化特征

5.2.3.2　企业文化类型分析

美国的组织行为专家奎因（Quinn）通过建立竞争性文化价值模型（如

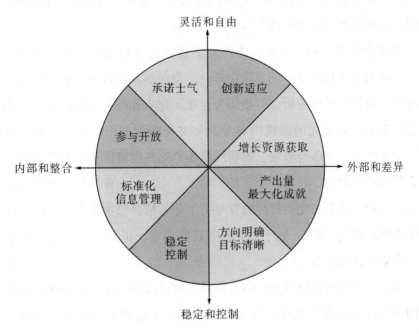

图 5-4　奎因的竞争性文化价值模型

图5-4所示），针对企业文化的四个维度（内部和整合、外部和差异、稳定和控制、灵活和自由），提出了企业文化的价值导向和作用类型：目标导向型、规则导向型、支持导向型和创新导向型。

通过对企业文化现状的调研诊断，我们获得企业在处理内部和谐与外部适应关系时所存在的重要约束要素，借此，研究和判断当前约束企业竞争力提升的突出的需求，是创新适应还是稳定控制？是参与开放还是产出量最大化？我们可以由此获得企业所需要的企业文化导向功能，即企业文化导向定位类型。

5.3　企业文化体系框架规划

5.3.1　企业文化的构成

由于企业文化既有作为文化现象的内涵，又有作为管理手段的内涵，所以学术界对企业文化结构的认识存在差异。

从文化角度分析，一般认为企业文化分为三部分：一是精神文化部分；二是制度文化部分；三是物化部分，物化部分又可分为行为文化和器物文化。从管理角度分析，一般认为企业文化内容可分为显性内容和隐性内容，其中企业文化的隐性内容是企业文化的根本，它主要包括企业精神、企业哲学、企业价值观、道德规范等。这些内容是企业在长期的生产经营活动中形成的，存在于企业员工的观念中，对企业的生产经营活动有直接的影响。企业文化的显性内容是指企业的精神以物化产品和精神性行为为表现形式的，能为人们直接感觉到的内容，包括企业设施、企业形象、企业经营之道等。

综合学术界的各种观点，结合企业文化建设的实际，本书认为企业文化的结构应包括精神文化、制度文化、行为文化和形象文化，如图5-1所示。

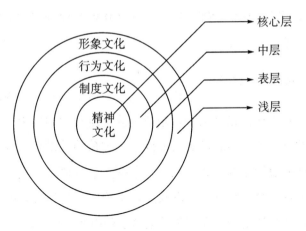

图 5-1　企业文化的结构

首先，精神文化决定了制度、行为和形象文化。精神文化一经形成，就处于比较稳定的状态，精神文化是企业文化的决定因素，有什么样的精神文化就有什么样的制度、行为与形象文化。

其次，制度文化是精神、行为和形象文化的中介。精神文化直接影响制度文化，并通过制度文化影响行为文化和形象文化。企业文化通过一系列的规章制度、行为准则来体现企业特有的价值观，在推行或实施这些规章制度和行为准则的过程中，形成独特的形象文化，并将特有的价值取向反映在其行为中。制度文化的中介作用，使许多卓越的企业家都非常重视制度体系的建设，因此制度文化成为企业的重要特色。

最后，行为文化和形象文化都是精神文化的体现。精神文化虽然决定着形象文化、行为文化与制度文化，但精神文化具有隐性的特征，它必须通过一定的表现形式来体现，精神文化要付诸实践才能实现。行为文化和形象文化以其外在的形式体现了企业文化的水平、规模和内容。企业文化的行为文化和形象文化还直接影响员工的工作情绪，直接促进企业哲学、价值观念、道德规范的进一步成熟和定型。企业文化的形象文化、行为文化、制度文化和精神文化密不可分，它们相互影响、相互作用，共同构成企业文化的完整体系。其中，企业的精神文化是最根本的，它决定着企业文化的其他三个方面。因此，我们建设企业文化的时候，要紧紧抓住精神文化的内容，只要抓住了精神文化，企业文化的其他内容就能顺理成章地揭示出来。

5.3.2　精神文化系统

精神文化是企业文化的核心，是指企业生产经营过程中，长期受一定的社会文化背景、意识形态影响而形成的一种精神成果和价值观念，是本企业独具特征的意识形态和文化观念，包括企业价值观、企业宗旨、企业愿景、企业精神、企业经营哲学以及企业伦理等。精神文化由于具有企业的本质特点，故往往由企业在多年的运营过程中逐步形成。

5.3.2.1　企业价值观

价值观是喜欢某种事态而不喜欢其他倾向，带有正负性的感情，是用来衡量价值的准则。对于企业来说，在经营管理的矛盾中取舍，表明什么是重要的、什么是所追求的、什么是不能做的以及如何行动的标准就是企业的价值观。价值观是价值主体在长期的工作和生活中形成的对于价值客体的总的根本性的看法，是一个长期形成的价值观念体系，具有鲜明的评判特征。不管对价值观怎样划分，价值观一旦形成，就成为人们立身处世的抉择依据。企业价值观是指导企业有意识、有目的地选择某种行为、实现物质产品和精神产品的满足，判定某种行为的好坏、对错及是否具有价值或价值大小的总的看法和根本观点。

企业价值观包括以下两个方面：一是核心价值观，是长期稳定、不能轻易改变的；二是附属价值观，如企业的经营理念、管理理念等，需要不断调整以适应环境的变迁。

企业价值观是企业员工用来判断并区分事物好与坏、对与错的标准。它作为企业人员所共享的群体价值观念，也是企业文化的磐石，是企业真正得以成功的精神精髓。例如，"品质源于责任 诚信创造价值""爱岗敬业，诚信友善，遵章守纪，团结奉献"等。企业价值观决定和影响着企业存在的意义和目的，为企业的生存和发展提供基本方向和行动指南；它决定企业的战略决策、制度安排、管理特色、经营风格、企业员工的行为取向，是维系企业运行的纽带。价值观是树根，决定树的生命力的强与弱，它不仅决定着企业当前的生存，更决定着企业未来的发展。

> **案例：中国五冶集团公司的核心价值观**

中国五冶的核心价值观是经过若干年实践的探索而明确的。"携手客户、回报股东、成就员工、奉献社会"的五冶核心价值观，是作为上市公司中国中冶的子企业提出来的。

"携手客户、回报股东"，从具体的发展方式和目标着眼，具有鲜明的股份经济的特征。"携手客户"不同于惯常见到的"客户至上""客户是上帝"等表述，"携手"二字是亮点，首先让我们读到一种平等的关系、合作的关系。平等合作的目的，自然是追求共赢的目标。平等、合作、共赢，反映的恰恰是市场经济的法则，体现了法商融合的思想。"回报股东"展现了企业不断提高经营质量，为投资者创造价值的追求，体现了对投资者负责任的经营思想。由此可以看到五冶领导人的追求和用心。

"成就员工、奉献社会"从企业的使命着眼，体现了央企的政治素质和社会责任担当，具有鲜明的国有经济特征。"成就员工、奉献社会"是中国五冶使命追求的两个方面。对内，追求在企业发展的过程中，为员工搭建平台、提供机会，让员工同步实现个人价值。对外，追求履行社会责任、报效国家，为社会和人民奉献，体现了高度的政治责任感和勇于担当、为国分忧的情怀。

五冶的核心价值观既有老国企的优良传统，又有鲜明的市场经济特征，是传统与现代的很好结合。中国五冶核心价值观的追求，成就了十多年以转型、提升、快速、稳健为特征的高质量发展。

（摘自《法商融合—中国五冶管理模式》，李锦、李宁著）

5.3.2.2　企业使命

企业使命是关于企业存在的目的或对社会发展的某一方面应做出的贡献的陈述，有时也称为企业宗旨。企业使命应该包含以下内容：

（1）企业使命实际上就是企业存在的原因或理由，也就是说，是企业生存的目的定位。不论这种原因或理由是"提供某种产品或者服务"，还是"满足某种需要"或"承担某个不可或缺的责任"，如果一个企业存在的原因连自己都不明确，或者连自己都不能被有效说服，那么就可以说这个企业"已经没有存在的必要了"。

（2）企业使命为企业确立了一个经营的基本指导思想、原则、方向、经营哲学等，它不是企业具体的战略目标，不一定表述为文字，却影响着经营者的决策和思维。这中间包含了企业经营的哲学定位、价值观凸显及企业的形象定位：我们经营的指导思想是什么，我们如何认识我们的事业，我们如何看待和评价市场、顾客、员工、伙伴和对手等。

（3）企业使命是企业生产经营的形象定位。企业宗旨中关于企业经营的行为准则的陈述，有利于企业树立一个特别的、个性的、不同于其他竞争对手的企业形象。例如，"立足企业长远发展，围绕职工根本利益""我们是一个在技术上卓有成就的企业"等。良好的社会形象是企业宝贵的无形资产。

企业使命足以影响一个企业的成败。彼得·德鲁克基金会主席、著名领导力大师弗兰西斯认为，一个强有力的组织必须要靠使命驱动。企业的使命不仅回答企业是做什么的，更重要的是回答为什么做。崇高、明确、富有感召力的使命不仅为企业指明了方向，而且为企业的每一位成员明确了工作的真正意义，激发出他们内心深处的动机。

5.3.2.3　企业愿景

"愿景"这一概念是美国管理大师彼得·圣吉提出的。他在《第五项修炼——学习型组织的艺术和务实》中提出构建学习型组织的修炼方法之一就是构筑共同愿景。

企业愿景是对"我们代表什么""我们希望成为怎样的企业？"的持久性回答和承诺。企业愿景不断地激励着企业奋勇向前，拼搏向上。何谓企业愿景？是指企业的长期愿望及未来状况，组织发展的蓝图，体现组织永恒的追求。它具有以下几个方面的作用：

（1）凝聚作用：拥有了共同的愿景后，维系企业全体人员关系的不再只是从属关系，而增加了另一种新的关系，大家是为了同一个目标，为了实现相同的梦想走到一起的志同道合的同事关系，因而能产生超强的凝聚力。

（2）激励作用：共同愿景是一个远大的目标，能够给人以希望，并激励全体员工为之努力。与全体利益相协调的共同愿景，把个体的前途与组织的前途挂钩，激发个体为共同目标奋斗。

（3）整合作用：共同的愿景能形成氛围，协调各方展开支持行动，形成战略合力，使各利益相关方成为一个共同目标的整体。

（4）定位作用：共同的愿景能给组织以清晰的定位，在组织面临困难、巨大压力时，着眼于未来的愿景使组织不会被眼前的困难打倒，而是坚守信念，给人们克服困难的勇气和希望。

一个企业能成为什么样的组织，取决于所描绘的企业愿景，目标影响了企业未来所能达到的高度，企业愿景可以鼓舞人心、激励斗志。尽管"争取第一"的目标并不一定能实现，但如果企业的目标只是"保持中等"，那几乎可以肯定与第一无缘。此所谓"取法乎上，仅得其中；取法乎中，仅得其下"。

企业愿景、企业使命与企业核心价值观这三者需要具有一致性，见图5-2。彼得·圣吉指出，愿景若是与人们每日信守的价值观不一致，则不仅无法激发员工真正的热忱，而且可能使员工因挫败、失望而对愿景报以嘲讽的态度。企业价值观是企业在向愿景迈进时，全体成员必须认同的观念和必须自觉遵守的行为准则，是企业愿景得以追求和实现的思想保证。企业使命是企业愿景中具体说明企业经济活动和行为的理念。企业愿景包括企业使命，如果要分开来表述企业愿景和企业使命，企业愿景里就应不再表达企业经济行为的领域和目标，以免重复或矛盾。

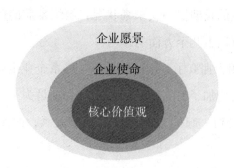

图 5-2 企业愿景、企业使命与核心价值观三者的关系

5.3.2.4 企业精神

企业精神是企业在整体价值观体系的支配和滋养下，在长期经营管理中经精心培养而逐渐形成的，是全体成员的共同意志、彼此共鸣的内心态度、意志状况、思想境界和理想追求。企业精神是企业文化的重要组成部分，是企业文化发展到一定阶段的产物。企业精神与企业价值观存在着十分密切的联系：企业精神是在价值观支配指导下精心培育的，企业价值观是企业精神形成、塑造的基础和源泉。同时，两者也有明显的区别：价值是一种关系范畴，先进的价值观是以正确反映这种关系为前提的，价值观更强调人们认知活动理性的一面；而精神是一种状态范畴，描述的是员工的主观精神面貌，它更强调人们基于一定认知基础，在实践行动中表现出来的情绪、心态、意志等精神状况。

企业精神渗透于企业生产经营活动的各个环节之中，能给人以理想和信念，给人以鼓舞和荣誉，也给人以引导和约束。企业精神的实践过程是一种员工共同意识的信念化过程，其信念化的结果，会大大提高员工主动承担责任和修正个人行为的自觉性，从而主动地关注企业的前途，维护企业的声誉，自觉为企业贡献自己的力量。企业精神是企业进步的推动力量，是企业永不枯竭的"能源"。

5.3.2.5 企业伦理

企业伦理又称企业道德，是指人类社会依据对自然、社会和个人的认识，以是非、善恶为标准，调整人与社会关系的行为规范和准则。在当今时代，如果企业只追求利润而不考虑企业伦理，则企业的经营活动就会越来越被社会所不容，必定会被时代所淘汰。也就是说，如果在企业经营活动中没有必要的伦理观指导，经营本身也就不能成功。树立企业伦理的观念，体现了重视企业经营活动中人与社会要素的理念。例如，美国曼维尔公司曾经销售过一种名为弗莱克斯Ⅱ型板材的产品，这是一种水泥建筑板材，这种新产品在安装后开始出现裂缝。该公司最后决定成立一个特别工作组，与在125个销售处购买过这种产品的580个客户联系，花了2 000万美元为客户调换板材，不管这些板材是否出了问题，都做了调换。虽说曼维尔公司在短期内付出了昂贵的代价，但是赢得了建筑商的信任。

企业伦理是由经济基础决定的，也受民族文化和社会文化的影响，具有历史性和具体性。不同企业的道德标准可能不一样，即使是同一企业，也可能在不同的时期有不同的伦理道德标准。它是企业文化的重要内容之一，是一种特殊的意识形态，贯穿于企业经营活动的始终和管理活动的各个层面，对企业文化的其他因素及整个企业运行质量都有深刻的影响。

➤ **案例：四川华西集团的理念系统**

四川华西集团有着70年的发展历史，是四川省最大的省属国有企业，全国历史悠久、最负盛名的大型国有建筑企业之一。

企业价值观：责任　诚信　合作　创新

企业宗旨：建时代精品　筑美好人生

企业愿景：打造中国一流建设集成商

企业精神：秉德从道　善建天下

经营理念：整合资源　巩固主业　结构集成　多元发展

管理理念：规范　精细　高效　卓越

人才理念：尊重　培养　发展　成就

安全理念：尊重生命　安全第一

质量理念：让用户满意　对社会负责

环保理念：绿色建筑　绿色华西

服务理念：真诚服务　超越期待

廉洁理念：修身守廉　崇尚荣誉

5.3.3　制度文化系统

制度是企业规章制度的总称，它是企业根据自身的经营管理现状和客观需要，以及组织战略意图，对其成员提出的一系列的"行为规范、行为约束"。制度往往明确了组织对其全体成员或指定成员的行为要求和期望——"该做什么，不该做什么，该怎么做，做到什么程度，做到了怎么办，做不到又该怎么办"。同时，对制度的遵从或违背定义了明确的惩戒办法。制度往往依照群体对象进行分解制定或管理，如一级制度通常是全体成员必须遵守的；二级制度通常属于具体业务活动领域或针对特定群体的制度；三级制度通常指二级或三级组织内部的临时性、灵活性、针对性很强的行为规范，如部门例会规定、班组规定、小组规定等。

制度文化是指企业围绕企业文化信仰和核心价值观实践的一系列意识、态度、精神和规章制度本身的总和。制度文化是精神文化的延伸与具体实践，是企业核心价值观和企业精神的具体体现。

制度文化通常包括制度意识、订立规范、制度执行、民主参与、制度管理、制度效力和制度审计等若干内容。在企业中，制度文化是人与物、人与事、人与人、人与组织之间价值标准和行为规范的总和，既是人的意识与观念形态的反映，又由一定物的形式所构成。加强企业的制度文化建设，关系到企业形成良好的运作机制，关系到企业文化落地和实践，关系到企业文化的生命力持续长久，关系到企业的组织效率，也是企业进入管理成熟和管理规范时期的重要标志。

同时，企业制度文化的中介性，还表现在它是精神和物质的中介、连接与传导。制度文化既是形象文化的固定形式，又是塑造精神文化的主要机制和载体。正是由于制度文化的这种中介的固定、传递功能，使它对企业文化的建设更具有重要作用。企业制度文化是企业为实现自身目标对员工的行为给予一定限制的文化，它是具有共性和强有力的行为规范要求。

企业制度文化的规范性是一种来自员工自身以外的、带有强制性的约束。它规范着企业的每一个人，企业工艺操作规程、厂规厂纪、经济责任制、考核奖惩制度都是企业制度文化的内容。

企业制度文化作为企业文化中人与物、人与企业运营制度的中介和结合，是一种约束企业和员工行为的规范性文化，它使企业在复杂多变、竞争激烈的环境中处于良好的状态，从而保证企业战略目标的实现。

具体来讲，企业制度文化包括一般制度、特殊制度与企业风俗三个方面。

（1）一般制度。一般制度是指企业中存在的一些带普遍意义的工作制度和管理制度，以及各种责任制度。这些成文的制度及不成文的企业规范和习惯，对企业员工的行为起着约束的作用，保证整个企业能够分工协作，并然有序地运转。例如，员工日常行为规范、劳动人事管理制度、财务管理制度、物资供应管理制度、设备管理制度、服务管理制度、岗位责任制度等。

（2）特殊制度。特殊制度主要是指企业的非程序化制度，例如总结表彰会制度、员工评议制度、企业成立周年庆典制度等。同一般制度相比，特殊制度更能反映一个企业的管理特点和文化特色。企业文化贫乏的企业，往往忽视特殊制度的建设。

（3）企业风俗。企业风俗主要是指企业相沿成习及约定俗成的典礼、仪式、行为习惯、节日、活动等，如定期举行的文体比赛、周年庆典等。与一般制度、特殊制度不同，企业风俗不表现为准确的文字条目形式，也不需要强制执行，而完全依靠习惯、偏好的势力维持。它可以自然形成，也可以人为开发。一种活动、一种习俗，一旦被全体员工共同接受并沿袭下来，就会成为企业风俗中的一种。

企业制度文化是人与物、人与企业运营制度的结合部分，它既是人的意识与观念形成的反映，又是由一定物的形式所构成的。制度文化既是适应形象文化的固定形式，又是塑造精神文化的主要机制和载体。企业精神所倡导的一系列行为准则，必须依靠制度的保证去实现，通过制度建设规范企业成员的行为，并使企业精神转化为企业成员的自觉行动。

制度文化的这种中介功能，使它对企业文化的建设具有重要的作用。

企业制度体系的建设，不是一蹴而就的，制度文化建设更应避免走入误区。其中，最常见的误区有以下几种：

（1）认为制度越多，企业管理就越规范，或者随着企业规模的逐渐扩大，规章制度越定越多，企业逐渐陷入制度的汪洋，制度逐渐成为组织"效率低下、官僚主义、企业政治"的挡箭牌。

（2）认为制度是解决企业管理与发展瓶颈的主要手段，常常用制度来代替管理。虽然制度文化是现代企业机制不可或缺的有效管理手段，但是制度体系的滞后性、被动性、约束刚性、局限性往往使企业管理陷入内部不断协调和冲突的危局而难以自拔。

（3）制度的制定充分地体现了企业管理者的意志，却忽视了被管理者的参与，甚至对被管理者的意见置若罔闻，从而导致制度的公平性、公正性、合理性、可执行性都大打折扣。管理者的注意力更多放在了有没有制度，而不是制度会不会被执行上。甚至认为有制度了，管理者就可以不承担领导责任。

5.3.4　行为文化系统

企业的行为文化是指企业员工在生产经营、学习娱乐中产生的活动文化，它包括企业经营、教育宣传、人际关系活动、文娱体育活动中产生的文化现象。以下都是企业行为文化的表现：向客户提交产品是否按时、保证质量，对客户服务是否周到热情，上下级之间及员工之间的关系是否融洽，各个部门能否精诚合作，在工作时间、工作场所人们的脸上洋溢着热情、愉悦、舒畅还是相反……行为文化是企业经营作风、精神面貌、人际关系的动态体现，也折射出企业精神和企业的价值观。从人员结构上划分，企业行为包括企业家行为、企业模范人物行为和企业员工行为。

5.3.4.1　企业家行为

在市场竞争中，没有什么比"企业家是企业的灵魂"这句话更能说明企业家在企业中的作用了。企业家将自己的理念、战略和目标反复向员工传播，形成巨大的文化力量；企业家艺术化地处理人与工作、雇主与雇员、稳定与变革、求实与创新、所有权与经营权、经营权与管理权、集权与分权等关系；企业家公正地行使企业规章制度的"执法"权力，并且在识人、用人、激励人等方面作为企业行为规范的示范者；企业家与员工保持良好的人际关系，关心、爱护员工及其家庭，并且在企业之外广交朋友，为企业争取必要的资源。优秀的企业家将自己的价值观在企业的经营管理中身体力行，导而行之，推而广之，以形成企业共有的文化理念、企业传统、风貌、士气与氛围，也形成独具特色的企业形象，并对社会有持续贡献。

5.3.4.2　企业模范人物行为

企业模范人物是企业的中坚力量，他们来自员工，比一般员工取得了更多的业绩，他们的行为常常被企业员工作为仿效的行为规范，他们是企业价值观的"人格化"显现。员工对他们感觉很亲切，不遥远、不陌生，他们的言行对员工有着很强的亲和力和感染力。企业应该努力发掘各个岗位上的模范人物，大力弘扬和表彰他们的先进事迹，将他们的行为"规范化"，将他们的故事"理念化"，从而使企业所倡导的核心价值观和企业精神得以"形象化"，在企业内部培养起积极健康的文化氛围，用以激励全体员工的思想和行动，规范他们的行为方式和行为习惯，使员工能够顺利完成从"心的一致"到"行的一致"的转变。

5.3.4.3　员工行为

企业员工是企业的主体，企业员工的群体行为决定企业集体的精神风貌和企业的文明程度。企业员工群体行为的塑造是企业文化建设的重要组成部分。要通过各种开发和激励措施，使员工提高知识素质、能力素质、道德素质、勤奋素质、心理素质和身体素质，将员工个人目标与企业目标结合起来，形成合力。

5.3.5 形象文化系统

企业形象文化是企业员工创造的产品和各种物质设施等所构成的器物文化。外层的形象文化是企业员工的理想、价值观、精神面貌的具体反映，所以尽管它是企业文化的最外层，但却集中体现了一个现代企业在社会上的外在形象。因此，它是社会对一个企业总体评价的起点。

形象文化的载体是指形象文化赖以生存和发挥作用的物化标志。现代产品的三个基本层次如图 5-4 所示。

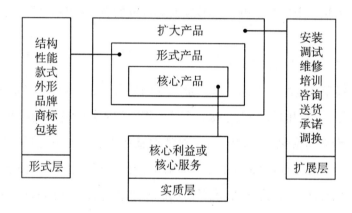

图 5-4　现代产品的三个基本层次

形象文化主要体现在以下几个方面：

（1）企业产品。现代意义的产品概念是指人们向市场提供的能够满足消费者或用户某种需求的任何有形产品和无形服务。有形产品主要包括产品实体及其品质、特色、式样、品牌和包装；无形服务包括可以给买主带来附加利益和心理上的满足感及信任感的售后服务和保证、产品形象、销售者声誉等。现代产品的整体概念由核心产品、形式产品和扩大产品三个基本层级组成。产品的这些要素是企业文化的具体反映。在日益激烈的市场竞争中，有形产品和无形服务所蕴含的文化因素，已成为竞争的主要手段。

（2）企业名称、标志、标准字、标准色、司徽、司旗、司歌、制服，这是企业形象文化的最集中的外在体现。最典型的是麦当劳的红黄两色，因为是红灯和黄灯的颜色，让人看到就会潜意识地停下来。

（3）企业外貌。自然环境、建筑风格、办公室和车间的设计及布置方式、企业的标志性建筑（如厂区雕塑、纪念碑、英模塑像等）、绿化美化情况、污染的治理情况等是人们对企业的第一印象，这些无一不是企业文化的反映。

（4）企业对员工素质形成的实体手段。这些实体手段包括企业对员工在生产经营活动中的劳动所建立的必要的保健、卫生、安全等设施，以及为提高员工文化知识、科学技术素质所开展的必要的技术培训、职业教育、文化教育活动等，如企业报纸、企业刊物、企业宣传栏、企业招贴画等。

6　精神文化系统 MI 的设计方法

思维导图

6.1　精神文化系统设计的影响要素

精神文化是企业文化的核心内容，是企业哲学具体的外在表达。精神文化提炼是一个基于传统理念事实的突破性创意劳动过程。企业文化建设首要的任务就是通过对理念进行提炼和创意，从而确定企业的精神文化。企业精神文化是企业文化的核心内容，它是形成制度文化、行为文化和形象文化的思想基础和文化源泉。因此，总结、提炼、创意企业精神文化的过程，就是为企业文化建设奠定精神基础，明晰核心价值内涵；就是以企业战略需求为导向，以企业竞争力提升为目标，在支撑企业战略目标的实施过程中，为企业造魂。

企业精神文化的提炼是一项总结过往、立足现实、面向未来、坚持扬弃与创新的系统工程，首先，需要深入挖掘企业原有文化中的优秀文化基因，加以彰显、宣扬；其次，要审视现有文化中不符合甚至阻碍发展需要的消极文化，果断摒弃、剔除；最后，还要结合企业战略发展对文化功能的客观需求，结合企业竞争力持续提升对企业文化的客观需求。此外，还必须导入跨行业或同行业优秀的标杆企业的先进文化元素，以适应企业参与外部市场竞争和战略目标实现的全面需要。

　　优秀的精神文化必须具备三大特性：一是导向正确，即要充分体现对人的价值和商业规则的认同与尊重，且体系完整、逻辑严谨，全面支持企业战略需求；二是个性鲜明，即要符合行业本质，富有企业个性，避免企业文化在理念层面出现同质化；三是表达准确，既要便于广大的员工理解和认同，又要避免理解产生歧义或望文生义，还要易于理解与传诵。企业精神文化会受到五个方面文化的影响，如图 6-1 所示。

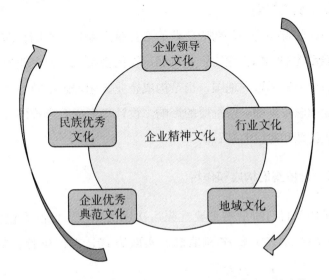

图 6-1　企业精神文化提炼时需要考虑五个方面的文化

　　一是提炼现有文化中的优秀"思想文化"因子，即挖掘企业历代领导人团队中那些被实践证明了的优秀思想或品质基因。二是提炼行业文化，即挖掘企业所处行业的特点以及优秀的文化因子。对于工程建设行业来说，重质量、重安全、重社会责任，建设百年、千年工程是突出的文化特点。三是提炼传统地域文化中的优秀人文因子，即挖掘企业所在行业以及所处地域人文文化的基因。四是提炼企业优秀人物事迹中的优秀"品质文化"因子，又称典范文化因子，即挖掘企业历史文化基因。五是提炼历史文化中的"优秀文化"因子，即优秀的传统文化基因。

6.2 企业价值观的提炼与设计

企业价值观又称企业共同价值观或者群体价值观，是在企业创办和成长过程中形成的，为经营管理者和员工群体所持有的，对经营管理具有规范性作用的价值观体系。

企业内部的群体价值观构成企业的心理氛围和文化氛围，随时随地影响着员工能动性的发挥。作为企业目标定位的坐标原点，企业价值观是引导企业一切行为的无形的地图，也是构成企业文化理念层的一个最重要元素，对其他理念要素都有很重要的影响。设计和形成企业价值观，也就成为企业文化设计和建设的基石。

6.2.1 价值观的构成和作用

价值观是人们判断事物重要性先后次序的标准。价值观包含五个要素：主体定位、规范、秩序和信念、实践方式、本位价值，如图 6-2 所示。

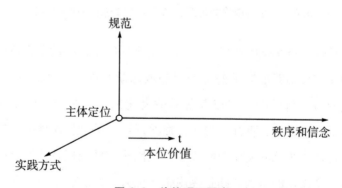

图6-2 价值观五要素

（1）主体定位是价值观中最基本的核心问题。确定主体定位需要回答下述问题：主体是谁？主体的自我意识如何？主体在组织结构中的位置关系是什么？对于企业而言，进行价值观的主体定位，就必须弄清楚企业主体到底是谁。其关键是责权利的统一，这也是建立现代企业制度要解决的根本问题。

（2）对于秩序和信念，要回答的问题是：人们认为什么样的组织结构、运行方式是好的？例如，等级制或者平等制？自下而上，或者自上而下？落实到个人，则要回答"什么样的人生是好的"这类问题。

（3）规范是指群体所确立的行为标准。它们可以由组织正式规定，也可以是非正式形成。

（4）实践方式是企业行为的深层状态，因此也称价值行为模式。它由两方面组成：一是选择目标，二是选择手段。目标与手段要一致才能起到事半功倍的效果。

（5）本位价值，就是尊重事物原有的价值理念和价值取向，是一个比较抽象的哲学概念。例如有些企业提出"人本位价值"，就是以尊重人性为本位的价值理念。

6.2.2　企业价值观的影响因素

设计企业价值观，要先弄清楚它的影响因素。在诸多影响因素中，社会价值观、企业领导人的价值观以及员工的个人价值观的影响是较为显著的。

6.2.2.1　社会价值观

一个社会的价值观念，既是对各种客观存在的经济社会政治结构和发展状况的反映，也是对人们理想中的个人发展目标和社会关系状况的期盼。社会结构特征的变化及其多样化，在很大程度上表现为社会价值观念的结构性变化和多样化，表现为新的价值观念的不断出现。企业领导者和员工无一不是成长和工作、生活在社会环境之中，他们的价值观以及企业价值观必然受到社会的影响和制约。

6.2.2.2　企业领导人的价值观

企业是市场经济的主体，而企业的市场行为与企业家有着非常密切的关系。企业管理中，领导的价值观非常重要，可以说是提炼企业核心价值观的决定因素。它表现在：企业家或者企业的经营管理者的价值追求，不仅影响着企业信念的基本走向，而且企业信念又往往是通过杰出人物的角色、作用，通过各种不同的示范和暗示机制学习和教育的结果。因而从企业文化理念层面讲，企业信念一定意义上就是企业家信念的一种传导、扩展和再现。首先，企业家的认知水准，包括经营意识、管理方略以及社会责任感等理念定位影响着企业信念的水准；其次，企业家个人的修养、履历、操守影响着企业信念在全公司的认同程度和质量；最后，企业家个性特征影响着企业信念的基本特征，企业信念的风格与企业家的风格、气质关系密切。此外，企业家除了本身所特有的价值观会对企业价值观造成重要影响外，对构建企业价值观所采取的一系列政策，以及重视程度同样也会对企业价值观产生直接的影响。

6.2.2.3　员工的个人价值观

企业员工的价值观决定他们如何对待工作、对待集体、对待企业、对待顾客、对待社会、对待国家。全国劳动模范张秉贵对顾客全心全意，服务热情周到细心，他的"一团火精神"成为北京王府井百货大楼企业价值观的重要来源。对于一个企业来说，全体或多数员工的价值观会影响企业的价值取舍，左右企业的追求。许多企业树立"用户第一""顾客至上""用户永远是正确的""一切为了用户"的思想，就是员工在价值判断上把顾客利益放在首位的体现。

6.2.3　企业价值观的设计原则和步骤

6.2.3.1　设计原则

（1）与社会主流价值观相适应。如果不能与社会主流价值观相适应，则在企业价值观导向下的企业行为难免与周围的环境产生这样那样的冲突，影响企业的发展。

（2）充分反映企业领导人的价值观。作为企业价值观的主要来源和影响因素，企业领导人的价值观如果不能得到充分反映，势必导致文化"分裂"，领导人不能带头践行企业文化理念与制度，造成经营管理活动的混乱。

（3）与员工个人的价值观相结合。企业价值观不能脱离多数员工的个人价值观，否则难以实现群体化，也就不能成为员工的行动指南。

6.2.3.2　设计步骤

（1）初步提出价值观方案。价值观要描述的是：这一群人需要遵循什么样的共同的行为准则？在分析社会主流价值观的基础上，根据企业的最高目标，初步提出企业的核心价值观表述并在企业决策层以及管理层和员工代表中进行反复的讨论。

（2）进一步酝酿。高管团队的性格对团队行为的影响最大，不同的行为风格又对应不同的价值观，在这个阶段也可以对高管做一些专业的性格测评，比如 DISC 测评、MBTI 测评等，结合测评结果对团队的行为风格做一些分析，作为进一步酝酿提出企业的整个价值观体系的依据。

（3）内容与语言表述的提炼。把企业价值观与企业文化各个层次的其他要素进行协调，并做文字提炼，形成全面准确的企业价值观表述。这时可以使用团队协作的五大障碍分析。

团队协作的五大障碍指的是，团队成员中缺乏信任、惧怕冲突、欠缺投入、逃避责任和无视结果。整理讨论中所获得的关于团队的信息，将正面、积极的关键词语提取出来，然后选 8~10 个提及频率比较高的词语，对照团队协作五大障碍，将能够克服相应障碍的词语分别填入对应的区域。比如，克服"缺乏信任"的关键词可能是"坦诚、开放"；克服"惧怕冲突"的关键词可能是"坦诚、反馈"等。

将这些词语和企业的中高层所表达的信息进行总结提炼，将频率较高的关键词表达的行为融合进价值观中，制定价值观方案的初稿。

（4）征求意见并定稿。在员工中广泛宣讲和征求意见，反复修改，直到为绝大多数员工所理解和支持为止。价值观的描述需要精炼，容易记忆，可以是几个词语，几个短句，不宜过多。

6.2.3.3　企业价值观的更新

与企业理念层的其他要素相比，企业价值观虽然是最为稳定的部分，但并非一成不变，而需要及时更新。企业价值观的更新实际上就是在原有价值观的基础上进行重新设计。

（1）更新的前提和时机。

● 企业的最高目标发生重大改变；

● 企业所处环境（包括政治、经济、文化、技术环境等）发生重大变革；

● 企业的主要业务领域、服务对象、管理模式等发生重要变化。

（2）更新的方法。

更新企业价值观，首先要对企业内外环境进行分析，找到原有价值观与企业新的最高目标、社会环境以及企业运行等不相适应的地方。其次，在保留企业价值观表述中仍适应新情况的部分的基础上，按照前述价值观设计的步骤进行增补。最后，将新的企业价值观表述与原有表述进行对照，并通过向员工宣讲和征求意见，最终确定。

➤ **企业价值观示例**

四川华西集团　　　责任　诚信　合作　创新

北京城建集团　　　创新　激情　诚信　担当　感恩

中建路桥集团　　　品质保障　价值创造

四川省建设工程质量安全与监理协会　　自律　责任　共赢

（来源：相关企业的网站）

6.3　企业使命的提炼与设计

6.3.1　企业使命要素

企业使命本身是企业价值观的重要体现，蕴含着核心价值取向。使命体现企业的价值取向应该从以下两个层面理解：

6.3.1.1　为了谁

企业的长期成长和生存的关键是各方利益相关者需求的平衡。比如，通用电器使命：以科技及创新改善生活品质在对顾客、员工、社会与股东的责任之间求取互相依赖的平衡。企业的功能不止一个，关系到员工、股东、客户、社会及其他利益相关方之间的可持续关系。企业功能有些是显化的，有些会保持在潜在状态。因此，企业使命的描述一般都从某一个角度来表述，即企业核心使命。

企业作为盈利组织不能否定盈利的正当性，但声称股东价值不能达到激励和引导作用，在保证员工激活以及客户价值满足的情况下，股东价值亦可保证。吉姆·柯林斯强调：使命是组织在赚钱之外的根本原因。使命宣言极少公开宣称盈利但并非不能提出。

6.3.1.2　你是谁

理解企业使命的第二个层面是企业的价值在于什么？企业能提供什么价值？为了实现企业的功能，企业能够提供什么样的产品和服务？企业具有什么样的特殊核心能力？正如德鲁克在事业理论中提出以下问题：

- 谁是我们的顾客？他们在哪里？
- 客户认知价值是什么？
- 我们用什么特殊能力来满足顾客的需求？

企业使命不但界定了最终目的，同时需要界定事业范围和能力，怎样才能赢得业务。

6.3.2　提炼与设计企业使命的原则

6.3.2.1　企业领导亲自参与

企业使命的本质是企业责任的界定，因此要把握谁对企业负有最终责任，谁来制定使命的原则。确立使命是对领导能力最大的考验，不应该也不可能授权给别人。作为企业文化工作者自然不能代劳，但作为技术人员，应该把握使命的规范性、清晰性和实用性。

6.3.2.2　恒久原则

管理的本质就是界定使命，并激励和组织资源去实现使命。业务和产品会淘汰，追求使命永远有价值，而且是一项永远完不成的事业，持续引领和激励企业为达成使命而奋斗。

6.3.2.3　真实原则

企业使命是全体员工为之奋斗的终极目标，使命没有高尚和低俗之分，最重要的是让全体员工相信，成为"共有使命"，并为之努力。使命对内部人员有激励作用，不必在意外人的眼光。

6.3.3　企业使命的提炼与设计流程

在提炼与设计企业使命时，主要遵循的流程如图6-3所示。

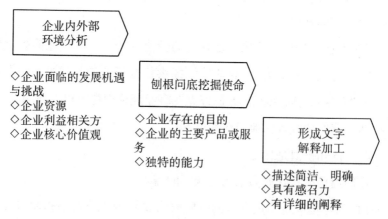

图6-3　企业使命的提炼与设计流程

使命描述的是企业的梦想，在提炼企业使命时，描述的经营领域应适当，太细的限定会抑制创造力和企业发展，表述太宽泛又容易失去明确方向。合适的使命描述，既能为企业发展指引方向，又不会限制企业的发展潜力。

➤ **企业使命示例**

中国中铁股份有限公司	奉献精品　改善民生
中国交通建设股份有限公司	固基修道　履方致远
中国电力建设股份有限公司	建设清洁能源　营造绿色环境
	服务智慧城市
广东省建筑工程集团有限公司	以企业发展为根本　以员工福祉为依归
中建路桥集团有限公司	拓展幸福空间
上海宝冶集团有限公司	建精品工程，铸长青基业

（来源：相关企业的网站）

6.4　企业愿景的提炼与设计

6.4.1　企业愿景与企业目标的关系

企业愿景是指全体员工所接受和认同的共同的远期目标。企业愿景与企业目标既有共同点，又有不同之处。

一方面，企业愿景从根本上仍属于企业目标的范畴。另一方面，企业愿景同企业目标的一般含义相比较，又有所区别。企业目标通常是由企业决策层和管理层所制定的；而企业愿景则建立在员工个人愿景的基础上，是个人愿景与组织愿景的有机结合，更好地体现了以人为本的现代管理思想。由于较多地考虑和包含了员工个体目标，加之刻画和描绘得更加具体形象，因此企业愿景在贯彻实施和激励员工方面更具优势。

6.4.2　企业愿景设计的步骤

6.4.2.1　外部信息收集

外部市场信息的收集非常重要，行业所处的市场环境对企业未来的方向有极大的影响，甚至可以左右企业的存亡。外部的市场环境和企业所处的情况将会直接影响到企业的愿景。

外部信息主要包括企业所处行业的前景，这个行业可能涉及的范围有多大，企业能涵盖多大的范围；预计市场容量有多大，这个市场前景的驱动因素是什么。同时，还要考虑政策导向因素、技术因素，以及其他的社会因素。

6.4.2.2 内部访谈调查

调查主要是面向企业内部开展，调查对象包括企业的股东、高层管理者、中层管理者以及核心骨干员工。内容包括：

- 对未来企业的看法，比如五年后希望企业是什么样子的，十年后希望是什么样子的；
- 对自己未来的看法，比如三年后希望自己是什么样子的，五年后希望是什么样子的；
- 企业自身的优势是什么，需要改进的地方在哪里；
- 企业或者这个行业吸引我的地方在哪里。

调查方法一般采用访谈的方法，在访谈中需要注意的是，不做任何对错评判。访谈双方需要坦诚，并需要控制好节奏和方向，发现跑题时，需要及时调整回来。一对一的访谈对访谈人员能力有比较高的要求，如果企业内部自己做，那么事先训练一下会比较好。一般来说，外部咨询公司做这种访谈会相对好做一些。

在整个调查中，企业高管团队的信息最为重要，他们是企业的经营管理核心，可以说企业的好坏与他们有最重要的关系。

6.4.2.3 讨论

通过内部访谈调查以后，会将愿景的确立聚焦于某几个方面，这时需要组织全体管理层及骨干核心员工开展讨论。主持讨论的人员以及参加讨论的人员在讨论过程中都不能做评判。

为了确保讨论的顺利进行，需要在讨论开始前，给大家澄清远景的概念，并适当使用工具，比如头脑风暴法，用一句话概括愿景，用一幅图描绘未来的情景；或用写给某人的一封信述说自己想象的未来情景等。

6.4.2.4 形成初步方案

经过了前面三个阶段的信息资料收集、整理与讨论，就可以开始制定企业专属的愿景了，这时需要用到愿景描述框架这个工具。

愿景描述框架是提炼愿景的有效方法。简单地说，愿景要表达的是：一群什么样的人用什么方式在什么领域做什么事，要达到一个什么样的理想画面。愿景描述是我们想要的结果。可以使用表 6-1 辅助表述愿景。愿景的表述必须能够让人容易记住，最好是短句，一两句话讲完。

表 6-1　愿景描述工具表格

一群什么样的人	用什么方式	在什么领域	做什么事	达到什么结果/效果

6.4.2.5 完成最终方案

经过第四阶段的分析和提炼，已经有了愿景的几套方案，接下来需要再次召集企业的管理层及核心骨干人员，对制订的几套方案进行讨论。讨论过程中需要首先对方案制订的思路和所表达的内涵解释清楚。可能会经历几轮的讨论，收集讨论的结果和建议，对方案进行修改，最终由职代会讨论通过，确定一个方案作为企业今后一段时间内的愿景。

以上有关愿景的设计步骤也可以用于企业的价值观与使命的设计。但在确定内容与提炼时，需要根据价值与使命的内涵有所改变。

➤ 企业愿景示例

四川华西集团	打造中国一流建设集成商
中建科工集团	成为最具国际竞争力的投资建设集团
深圳建工集团	让建筑精品遍布神州大地
中国能源建设集团	行业领先　世界一流
浙江省建设投资集团	国际化的建筑投资运营商

（来源：相关企业的网站）

6.5 企业精神的提炼与设计

企业精神是一个企业全体成员共同一致的内心状态、意志状况、思想境界和理想追求。企业精神的本质是人的价值观的高度体现。

6.5.1 企业精神与价值观的联系和区别

广义的价值观包含企业精神，价值观是基础，企业精神是延伸。企业价值观是向量，决定做不做的问题；企业精神是尺度，决定做到什么程度的问题。对于员工来说，价值观衡量对错及是否合格；企业精神则衡量优秀或是卓越，先进典范或楷模。两者的区别不在内容而在程度，有时会重合描述，但它们的内涵、作用方法和影响方式是不同的。

6.5.2 企业精神的特点和作用

企业精神的作用主要体现在两个方面。一是鼓舞士气。企业精神的作用在于发挥人的潜能，化不可能为可能，创造奇迹。特别是在困难和攻坚时期，精神的力量是无穷的，可以帮助企业攻克难关，取得辉煌。二是形成力量。企业精神往往从突出人物、企业家等英雄模范身上提炼，学习倡导，带动形成正能量的工作氛围。

例如，四川华西集团"善建文化"的企业精神为"秉德从道 善建天下"，表达了华西人秉承中华民族传统美德和社会主义核心价值体系以及企业自身优良传统，既遵循自然规律，体现天、地、人的和谐统一，也遵守法规法纪和建筑行业规范，并以决策之善、管理之善、业精之善、创新之善、诚信之善建设天下。

6.5.3 企业精神的设计方法

（1）员工调查法。把可以作为企业精神的若干候选要素罗列出来，在管理人员和普通员工中进行广泛的调查，大家根据自身的体会和感受发表赞同或不赞同的意见，在大家发表意见时最好要求讲明理由；再对收集的信息进行统计分析后确定。这种方法一般在更新企业文化时采用，缺点是需要花费较长的时间，投入较多的人力，观点可能较分散，但由于来自员工，有很好的群众基础而容易被大家接受，能够很快深入人心。

为了提高调查效率，避免意见分歧较大的情况出现，可以事先选择员工代表，使用头脑风暴的方法小范围收集意见，形成初选方案后再广泛征集意见，确定最终方案。

（2）典型分析法。每一个企业都有自己的榜样或先进工作者，这些榜样的身上往往能够凝聚和体现企业最需要的精神因素。因此，对这些英雄人物的思想和行为进行全面深入的分析和研究，不难确定企业精神。这种办法的工作量较前员工调查法小，也容易被员工接受，但在企业的榜样不是非常突出时，选取对象比较困难且不易把握。

（3）专家咨询法。将企业的历史现状、存在的问题及经营战略等资料提供给对企业文化有深入研究的管理学家或管理顾问公司，由他们在企业中进行独立的调查，获得员工精神风貌的第一手资料，再根据所掌握的规律原则和建设企业文化的经验，设计出符合企业发展需要的企业精神。这种办法确定的企业精神站得高，看得远，能够反映企业管理最先进的水平。但局限于专家对企业的了解程度，有时不一定能够很快被员工接受，因而宣讲落实的过程稍长。

以上三种方法各有优缺点，因此，在进行企业理念层设计时常以一种办法为主，辅以其他一种或两种办法，以弥补其不足。例如，在使用专家咨询法时，可以将专家提出的初步方案在员工中广泛征求意见，设计出来的企业精神就比较完善了。

➤ 企业精神示例

四川华西集团　　　　秉德从道　善建天下

中国中铁股份有限公司　　勇于跨越　追求卓越

中国二十冶集团　　　　　一天也不耽误　一天也不懈怠

中天控股集团　　　　　　立志中天　追求卓越

中国建设科技集团　　　　守正守望　致高致远

四川省建设工程质量安全与监理协会　守信守业　守道守善

（来源：相关企业的网站）

6.6　企业作风的提炼与设计

企业作风所形成的文化氛围对一切外来的信息具有筛选作用。不良社会风气在企业文化贫乏、风气较差的企业里很容易乘虚而入，造成员工的工作积极性下降，人际关系紧张，人心涣散，消极懒惰等恶劣后果；而在企业文化完善、风气健康的企业里，员工群体会积极抵制其不良影响，主动与企业同呼吸共命运，爱司如家，勤奋工作，促进企业的健康发展。企业作风通过员工的言行反映出来，成为影响企业文化理念层的一个重要因素。是否具有良好的企业作风，是衡量企业文化是否健康完善的重要标志。

企业作风设计的"三步曲"包括以下三个方面：

6.6.1　对企业作风现状的全面深入考察

重点是要认识企业现有的主要作风是什么样的。可以通过调查问卷、深度访谈进行普遍性的信息收集，也可以设计和安排一些试验，观察员工在对待工作和处理问题时的表现，通过个案进行了解。深圳华为公司有一年端午节早餐给每位员工发两个粽子，公司有关部门就通过这个机会进行暗访，结果仅其中一个员工餐厅就出现多拿事件 20 起，从中发现了企业作风中存在的问题。

6.6.2 对企业现实作风进行认真区分

要注意区分其中哪些现象是个别现象，哪些现象有可能形成作风，哪些现象已经形成了作风；其中哪些作风是企业要提倡的优良作风，哪些是企业反对的不良作风，并分析这些现象出现和形成的原因。对于其中的不良作风，企业应有针对性地提倡良好作风来加以克制，这是设计企业作风的关键。

6.6.3 确定独具特色的企业作风

考察社会风气和其他企业的作风，挖掘出本企业应该具有却尚未形成的良好风尚和作风，并结合前面两步，制定出本企业的企业作风表述。企业作风的表述应力求具有本企业的个性特色，避免千篇一律、千厂一面。

➤ **企业作风示例**

中建二局第三建筑工程有限公司	筑诚筑信　人企相依
中煤建设集团工程有限公司	恪尽职守　办事高效
	运转协调　管理规范
	从严治企　清正廉洁
中铁建设集团有限公司	雷厉风行　严谨高效
上海建工集团	求真务实　顽强拼搏

（来源：相关企业的网站）

6.7 企业品牌推广语的提炼与设计

提炼一句有价值的品牌推广语需要满足六个要素，即演绎品牌定位、感知价值、符合认知、一看就懂、有效信息、朗朗上口。

6.7.1 演绎品牌定位

好的品牌推广语要能够演绎品牌定位，也即产品或服务的品牌定位是提炼设计品牌推广语的基础和前提条件。品牌推广语不是玩文字游戏，而要找到一些最适宜的词语及其组合，传达企业的品牌定位。

6.7.2　感知价值

商业的本质是价值交换，而价值是需要被客户感知的，客户无法感知的价值不能称之为价值，那是无效价值。客户价值的两个重要因素：一是客户对所获取的价值的感知，二是客户对所付出成本的感知。所谓的价值就是企业提供的产品能够解决客户的需求，并且能够说明为什么我们能够比竞争对手更好地解决这个需求，形成与竞争对手的显著区别。

6.7.3　符合认知

认知，是指人们获得知识和应用知识的过程，或信息加工的过程，这是人的最基本的心理过程。符合认知就是指提炼设计的品牌广告语要符合客户的心智认知，如果与客户的认知相违逆，或者认知不强，就得不到客户的认可，不能被记住甚至可能会引起客户的反感。

6.7.4　一看就懂

好的品牌推广语一定要简单易懂，不能让客户反复去思考这句话到底什么意思，或者存在一些负面的歧义。只有当客户看懂了，才能记得住。

6.7.5　有效信息

有效信息是指能够帮助客户提高决策效率的信息，让客户一看或者一听就知道你是干什么的，你能给客户带来什么价值，使客户在做购买决策时，很快就认定非你莫属。

6.7.6　朗朗上口

朗朗上口，是指你的品牌推广语能够让客户感受深刻，更容易记住，更容易传播。当然，朗朗上口在感知价值、符合认知、一看就懂以及有效信息的基础之上，才能产生正的传播效应。

> **案例：四川华西集团的品牌推广语**

四川华西集团的品牌推广语为：善建者·华西。

诠释："善建者"，出自老子《道德经·下篇》第五十四章"善建者不拔，善抱者不脱"。本义为善于建树的不可拔除，善于抱持的不可松脱。引义为："（创业之主）以德升闻，故一立而不可拔也。（继体之君）以仁守位，故一持而不可脱也"（汉·河上公）。即，把握根基方可为之道。今意为：善建善守，以善之道立身立国，主可"子孙以祭祀不辍"，延绵不息。

何为善之道？"善"，在《说文解字》中为"众人口夸羊之美味"之意，后引申为美好的意思。现代汉语中，"善"既有擅长之意，又蕴含着善行的品格要求、友善的行为要求、尽善的卓越追求和精工的性情态度。"善"字丰富的哲理内涵与华西七十余载所积淀的企业文化精髓不谋而合。"善建"一词不仅阐释了华西立足于建筑的行业之道，更彰显出华西专注于建筑的精工之道。

"华西"一词最早代指华山，《三国志》云"华西岳华山也"。现代汉语中"华西"为地域名称，意为中华西部之意，为华中、华北、华东、华西、华南五域之一。取华西一词，一则源于企业之称谓，二则名寓独占一隅，有做西部行业翘楚之意。

"善建者·华西"字样选取自中国"书圣"——晋代王羲之所书法帖，大气浑然，气韵生动，笔法秀逸。将华西之形象借寄予中国书法最高意蕴的集大成者来表现，有展望华西必将铸就不可撼动之行业巅峰地位的寓意。

"善建者·华西"蕴含着华西的善建之道、善行之道、善德之道、善美之道。又或言，建者，善也；建者，华西也；华西者，善也。

6.8 企业经营理念设计

6.8.1 企业经营理念的内涵

关于企业经营理念，有许多不同的解释和定义。因此，需要先从内涵界定出发，厘清企业经营理念需要表述的内容。

"经营理念"一词，最早来自日本企业。美国企业家在研究日本优秀企业的管理实践后，发现它们都有坚强的理念，成为企业经营管理的强大力量。

日本企业的经营理念，大致可以归纳为四个方面：①经营理念是对企业使命的价值体现，它规范了企业作为特殊社会组织的责任，或者说规范了企业作为一种特殊社会组织的价值基准。从这一意义上讲，经营理念是企业经营的基本依据。②经营理念是企业发展目标的指南，它指明企业前进的道路和发展方向。③经营理念是企业经营决策的指导思想和思维方法。④经营理念是企业文化的重要组成部分，是企业经营的价值取向，是凝聚和统率员工行为的经营价值观。

中国国内对于"企业经营理念"的众多阐释，主要可以概括为广义和狭义两类。广义的企业经营理念泛指企业文化的理念层次，包括了企业目标、价值观、企业精神、企业道德、企业作风、企业管理模式等。与此相似，也有人把它理解为企业家文化或企业家精神。狭义的企业经营理念则一般是指在企业哲学和企业价值观导向下，企业为实现最高目标而确定的经营发展原则和经营思路等。

本节所指的企业经营理念用的是狭义的内涵。例如，四川华西集团的经营理念是"整合资源、巩固主业；结构集成、多元发展"。该经营理念是在华西集团"三大核心任务、一条产业价值链、六大业务板块"总体战略下的实施策略。

6.8.2　企业经营理念的设计方法

6.8.2.1　确定经营理念的表达范围和重点

企业经营理念的覆盖范围比较广泛，任何一个企业都难以面面俱到地把所有内容都加以阐述，因此，设计经营理念时必须先明确表达的重点。也就是说，企业首先必须确定经营理念的表达范围——是强调经营宗旨、经营发展原则，还是经营的政策方针？甚至都包括在内？一般来说，表达的内容越多、越全面，文字就越长，重点越不突出。

6.8.2.2　确定经营理念的表达结构

经营理念通常还存在一个表达结构的问题。所谓表达结构，分为外在和内在两个方面。

外在的经营理念表达方式主要是指企业的经营价值形象，又被称之为"经营姿势"——就是企业对外界的宣言，目的是让外界了解企业或企业经营者真正的价值观。由于企业存在的意义是抽象的，因而作为"经营姿势"的企业理念则应有较具体的表达，它显示企业实际运作的倾向性及企业的存在感和魅力。

内在的表达方式主要是指企业的经营行为规范，它是对企业经营理念的行为表达。应当指出的是，行为规范在经营理念表达结构中处于基础性地位。通俗地讲，如果企业员工没有一个经营理念统率下的行为规范，而且不能在功能、成本和价值上体现出竞争力，那么，再好的"经营姿势"也只是姿势而已。

可见，经营理念结构的外在部分是企业文化理念层的内容，而其内在部分则是制度行为层的内容。

6.8.2.3　确定经营理念的表达内容

如何表达企业经营理念，让社会和内部员工能够清楚地了解企业的经营宗旨、方针、政策等，是设计的关键。尽管经营理念因具体企业不同而千差万别，但是它仍有许多共同点，下面列举若干企业的经营理念，供参考。

优秀的企业经营理念的共性内容包括：

- 面向公众意识；

- 人本主义思想；

- 不断创新的精神；

- 珍惜信誉的思想；

- 服务导向思想。

➤ 企业经营理念示例

中国能源建设股份有限公司	诚信为先　品质为本
中国电力建设股份有限公司	诚实守诺　变革创新 科技领先　合作共赢
中国联合工程有限公司	与顾客共同创造价值
中国电建集团国际工程有限公司	合规　诚信　共赢
重庆建工投资控股有限责任公司	诚信铸就品牌　凝聚创造力量 竞合赢得市场　创新谋求发展

（来源：相关企业的网站）

6.9　企业管理理念设计

企业文化是管理文化，最能体现企业文化的管理属性的，就是企业的管理模式。管理模式是对企业管理规范的高度概括，是企业管理特色的集中反映。选择什么样的管理模式，是企业理念层设计的重要内容。

6.9.1　企业管理模式的类型

在管理实践中，企业形成了千差万别、带有各自不同特点的管理模式。管理学界一直重视对企业管理模式的研究，不同学派或不同学者在对大量企业管理特征进行综合研究的基础上，提出了许多管理模式的分类和概括。从企业管理理论的发展历史来看，大体可以分为经验管理模式、科学管理模式和文化管理模式；从企业管理的外在特征和领导方式出发，可以分为鲨鱼式管理模式、戛神鱼式管理模式以及海豚式管理模式；从管理职能及其关系的角度，可以分为 A 管理模式、C 管理模式；等等。

在关于管理模式的理论研究方面，最有影响的当属布莱克和莫顿的管理方格理论，他们提出了五种典型的领导方式即管理模式，如图 6-4 所示。

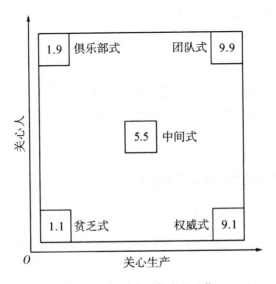

图 6-4 管理方格与企业文化

- 1.1 方式为贫乏式管理，即用最少的努力来完成任务和维持人际关系，对员工、对工作都不关心。

- 1.9 方式为俱乐部式的管理，即充分注意搞好人际关系，带来和谐的组织气氛，但工作任务得不到关心。

- 9.1 方式为权威式的管理，即只关心工作而不关心人。领导者有效地组织与安排生产和工作，将个人因素的干扰降到最低程度，以求得到效率。

- 9.9 方式为团队式管理，即对工作和人都极为关心，工作任务完成得很好，组织成员关系和谐，士气高涨，成员的利益与组织目标相互结合，大家齐心协力地完成任务。

● 5.5 方式为中间式管理，即对人和工作都予以适度的关心，保持工作与满足组织成员需要之间的平衡，既有一定的效率，又兼顾士气。

对于上述典型的领导风格，在现实中都不难找到大量实例。无论哪类企业，都有这样的负责人，他们只重视产量、产值、销售额、利润等生产经营指标，对员工的喜怒哀乐漠不关心，甚至把员工当作"活"机器，最"灵"的招数就是重奖重罚，显然可以将其归入权威式的行列。而有些国企负责人，看重头上的"乌纱帽"，信奉"多一事不如少一事"，不思进取，得过且过，对干部职工视而不见或敬而远之，可谓典型的贫乏式管理。也有的企业领导者热衷于当"好好先生"，搞"一团和气"，就颇有一点"俱乐部式"的味道。当然，也有不少企业家以满腔热情投入工作，同时又尽心竭力地关心爱护员工，他们的领导风格则接近于"中间式"或"团队式"。

6.9.2 管理模式的影响因素分析

不同的企业，之所以形成或者选择了不同的管理模式，主要在于它们在管理所涉及的许多方面存在着差别。这些影响企业管理模式的因素主要有：

（1）企业价值观。企业价值观是管理模式的灵魂，而管理模式则是企业价值观的外化。其中，工作价值观对管理模式的影响最为突出。当企业价值观（特别是工作价值观）更新时，必然带来企业管理模式的变革。

（2）工作形式和劳动结构。企业的增值活动都是员工劳动的结果，因此工作形式（作业方式、不同工作间的依赖程度以及不同作业方式的比重）和劳动结构（如脑力劳动和体力劳动的比重、创造性劳动的比重等），将直接导致管理模式的不同。

（3）员工的群体结构和差异性。员工群体的知识水平、能力素质、工作经历和经验等方面的整体情况，以及员工个体之间在这些方面的差异度，都会对管理模式产生较大的影响。其中，企业主要领导者的素质、能力、经验、作风等的影响尤为明显。

（4）企业的组织型式和一体化程度。组织型式具体涉及组织规模、组织结构类型和层次、组织的内部联系等。

（5）管理职能中控制职能的比重和方式。

（6）分配方式和报酬标准。

（7）冲突的宽容度。

（8）风险承受度。

（9）系统的开放度。

6.9.3 管理理念的设计原则

6.9.3.1 要能促进公司战略规划达成

企业建立的理念前提条件是围绕公司的战略规划的达成来设计的。围绕战略规划布局和运营，系统科学的管理均需要在此核心上运行。不脱离核心目标和方向，理念原则才有意义。

6.9.3.2 围绕经营管理活动展开

企业管理过程就是经营运转，创造价值。如果理念和经营管理活动不相关，这就会造成和实际工作的脱节，发挥不了理念的正向效果。公司的理念必须是围绕经营管理活动展开的。

6.9.3.3 有利于公司效率的提升

在市场竞争环境如此激烈的情况下，"快鱼吃慢鱼"是普遍存在的。企业运营中要击败竞争对手占取市场份额赢得高地，快狠准是被时代倒逼必须拥有的能力，尤其是在一些发展迭代速度非常快的行业。而企业内部的高效率则是企业的一项重要竞争力，企业管理理念最好有利于公司效率的提升。

6.9.3.4 易懂易记易接受

易接受就是指员工容易接受，社会容易接受。有的企业它的理念非常繁复，很多理念和企业不相关。这样的理念体系企业高层自己都说不清，记不住，更何况员工。大道至简，最简单的一定是最好的，公司是这样，管理也是这样。

➤ **企业管理理念示例**

四川华西集团　　　　　　　　规范　精细　高效　卓越

中国化学工程集团有限公司　　以人为本　创新机制

　　　　　　　　　　　　　　科学严谨　持续改进

四川省建设工程质量安全与监理协会　融合创新　追求卓越

（来源：相关企业的网站）

7 制度系统 SI 的设计方法

思维导图

7.1 制度系统设计的步骤

企业制度系统设计是企业文化建设的重要环节，也是非常难操作且容易被企业忽视的环节。因为繁杂和难操作，很多企业在文化建设中有意忽略这一环节，也有些企业认为已经拥有很多制度了，没有必要再进行制度系统的设计，使得原本提炼得到位的企业理念成为一纸空谈。结果导致整个企业文化建设工作失败，或不能达到预期的目的。

制度系统的设计主要有制度分析与分类、发现问题、契合理念、形成制度体系框架四个步骤，如图 7-1 所示。

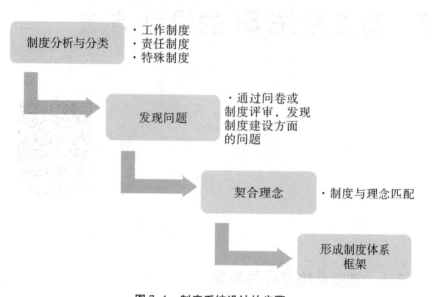

图 7-1 制度系统设计的步骤

表7-1是分析制度与理念是否匹配的工作表格。

表 7-1 制度与理念匹配工作表格

理念层	理念表述	制度名称	问题表现	制度新建或修改建议
企业价值观				
经营理念				
管理理念				
人才理念				
质量理念				
安全理念				
……				

➢ **案例：四川省建设工程质量安全与监理协会人力资源管理政策**

协会的人才理念是"尊重知识、崇德尚贤"。人力资源是协会发展的重要因素，协会在发展过程中要不断提高员工素质，拓宽员工发展空间，对员工的任用以德行为先。提高员工的积极性，发挥员工的主观能动性，是协会人力资源管理工作的中心之一，要将合适的人放在合适的岗位上，帮助员工实现个人价值。

（1）全体员工要遵守职业道德，强化责任意识和角色意识，努力提高自身素质和技能。协会内各层级管理者与员工都要形成相互尊重、融洽配合、协作高效的伙伴式的工作关系，不断提升工作效率。

（2）建立以能力为主线的人力资源开发体系。通过对协会工作职责的细化，确立岗位的任职资格和素质要求，对上岗人员提出具体要求，通过培训、轮岗等方式提升他们的能力。

（3）着力经营人才，提升员工绩效。员工的管理以绩效为导向，坚持贡献与发展机会一致性原则，为员工打通发展渠道和晋升通道。以劳动契约为基础，以心理契约为导向，构建协会与员工长期合作的利益共同体，实现员工与协会的共同成长。

（4）办公室作为员工与协会沟通的主要责任机构，为员工在工作满意度提升、劳动保障、职业生涯规划、申诉处理等方面提供帮助。

（5）人力资源管理的主要制度应包括《员工薪酬管理办法》《员工考勤、休假管理办法》《员工培训及发展管理办法》《员工劳动合同管理办法》《绩效管理办法》。

从以上案例可以发现，在企业文化体系中的制度系统，一是要与相关的理念契合，二是侧重于大的政策方向，而不是形成具体的制度细节。企业在制定具体的制度或标准时，应以相关的政策框架为指引。

7.2 制度文化设计的原则

制度文化的设计，要坚持以下原则：

（1）充分传达企业理念。做到符合国家法律；符合社会主义道德，有利于促进两个文明建设；充分体现"以人为本"的管理思想。

（2）立足企业实际需要。根据企业需要来决定制度体系的构成，根据本企业员工的具体情况来拟定各项制度的内容，把企业实践作为检验制度有效与否的唯一标准，注意充分反映本企业的管理特色。

（3）由主及次分类制定。使得企业制度体系做到系统性强，结构清晰，主次得当。

（4）相互兼顾整体协调。充分体现唯一性、一致性、顺向性、封闭性。唯一性是指每件事只能有一项制度来规范；一致性，指所有制度应该保持一致，不能互相矛盾；顺向性是指次要制度服从主要制度；封闭性则是指所有制度要尽量闭合，力求对每项工作都能予以约束。

7.3　工作制度设计

企业的一般制度包括企业工作制度和企业责任制度。

工作制度是指企业对各项工作运行程序的管理规定，是保证企业各项工作正常有序地开展的必要保证。工作制度具体有法人治理制度、计划制度、人力资源管理制度、生产管理制度、服务管理制度、技术工作及技术管理制度、设备管理制度、劳动管理制度、物资供应管理制度、产品销售管理制度、财务管理制度、生活福利工作管理制度、奖励惩罚制度等。

工作制度对于企业的正常运行具有十分重要的作用。但由于其涉及的具体制度种类繁多，不可能做一一叙述。设计工作制度时，应遵循以下原则：

（1）现代化原则。工作制度应该与现代企业制度相适应，体现科学管理的特征。对于股份公司，要建立规范的法人治理制度，包括规范的董事会制度、监事会制度和经理层制度。要建立规范的目标管理制度、财务管理制度、人力资源管理制度、技术管理制度、生产管理制度、购销管理制度等。

（2）个性化原则。企业的工作制度还应有鲜明的个性。国有企业应坚持党委会制度、职代会制度。工作制度应该体现出行业特点、地区特点、企业特点。这样的工作制度才具有活力。

（3）合理化原则。企业的工作制度应该切合企业实际，对企业现在的发展阶段而言，具有可行性、合理性。

（4）一致性原则。企业的工作制度应该相互配套，形成一个完整的制度体系。这些制度还应与企业核心价值观、管理模式、企业哲学相一致。

7.4 责任制度设计

企业责任制度是指企业内部各级组织、各类工作人员的权利及责任制度，其目的是使每名员工、每个部门都有明确的分工和职责，使这个企业能够分工协作、井然有序、高效运转。其包括部门与机构职责、职位说明书、领导干部目标责任制等。

责任制度的基本特点：按照责、权、利相结合的原则，将企业的目标体系以及保证企业目标得以实现的各项任务、措施、指标层层分解，落实到单位和个人。

企业责任制度设计时应遵循以下原则：

（1）责任分解要科学合理、公正公平。责任制度将员工的切身利益与企业目标任务的实现紧密地联系在一起，既有利于调动员工的积极性，又能够有效地增强企业内部的凝聚力。发挥这样的作用，前提是目标、任务、指标在分解到每个单位、部门、岗位和员工时，要坚持做到科学合理、公正公平。如果部门之间责任大小不同，员工之间任务多寡不一，则必然造成他们之间的不平衡，结果只能是激励了少数人，伤害了多数人。

（2）要发挥员工的主观能动性。如果一个人的所有行为都被严格地规定，容易限制其主观能动性，进面滋长被动、消极的观念。为防止这种情况的出现，企业在内部实行目标责任制，必须以员工的民主参与为前提，制定具体的指标，通过各种渠道，广泛征求员工意见。这样，员工就不会产生被"管、卡、压"的感觉，才会产生贯彻执行责任制度的主动性和积极性。

（3）正确处理责、权、利三者的关系。在责任制度中，"责"是核心和目的，"权"是确保尽责的条件，"利"是尽责的奖励。在企业执行各种责任制度的过程中，如果出现员工以"利"为中心考虑问题，甚至完全以"利"为追求的目标，利大大干，利小小干，无利不干。这种价值观不但与责任制度的目的不符，而且会把员工的需要导向低层次。

7.5　特殊制度设计

特殊制度是企业文化建设发展到一定程度的反映，是企业文化个性特色的体现。与工作制度、责任制度相比，特殊制度更能体现企业文化的理念层要素。不同企业在实践中形成了不同的特殊制度。

7.5.1　员工民主评议干部制度

这一制度不但在国外一些先进企业里有，而且是我国许多国有（控股）企业共有的特殊制度。具体做法是定期由员工对干部、下级对上级进行评议，评议结果作为衡量干部业绩、进行奖惩及今后升降任免的一项重要依据。

民主评议的内容主要包括工作态度、工作能力、工作作风、工作绩效等几方面。根据不同企业和干部岗位分工的实际，评议内容可以提出更明确具体的项目。民主评议一般采取访谈、座谈、问卷调查等形式，其中无记名的问卷形式较能准确客观地反映员工的真实看法。对于民主评议结果应认真分析，因为有些干部坚持原则、敢讲真话、敢于要求，往往因此得罪人而不能得到很好的评议结果。

干部接触最多的是下级干部和普通员工，民主评议的结果往往能比较全面反映一名干部的真实能力和表现。员工民主评议干部，是群众路线在企业管理工作中的集中体现。

7.5.2　干部"五必访"制度

"五必访"制度在一些企业里也叫作"四必访""六必访",指企业领导和各级管理人员在节假日和员工生日、结婚、生子、生病、退休、死亡时要访问员工家庭。

> **案例:"五必访五必谈"工作法**

某公司党支部施行了"五必访五必谈"工作法,即:员工伤病住院者必访、婚丧嫁娶者必访、生活困难者必访、成绩突出者必访、勇提建议者必访;新进员工和岗位调整变动者必谈、违章违纪者必谈、与同事闹矛盾者必谈、工作随便纪律松弛者必谈、受到董事长或总经理批评者必谈。

7.5.3　员工与干部对话制度

干部与员工之间通过对话制度,相互加强理解、沟通感情、反映问题、交换意见、增进信任,是企业领导和各级干部与员工之间平等相待的体现,也是直接了解基层情况、改善管理的有效措施。

在不同企业中,对话制度有不同的具体形式,常见的有:①企业领导干部定期与员工举行座谈会的制度;②经理接待日制度;③经理热线电话制度等。很多企业都在这方面采取了一定的措施,建立了必要的制度。如有的企业老总在每年年底都要亲自和每一位员工单独谈话一次,时间短则半小时、长则一两小时,分别听取员工一年的工作体会和对企业工作的意见和建议,并充分肯定每个人的优点,指出其不足和努力的方向。这样的交谈,缩短了员工与企业领导层的距离,大大增强了员工对企业的归属感,激发了员工更加努力上进、做好工作的内在动力。

7.5.4　其他特殊制度

以上只是介绍了一些常见的特殊制度。企业在自己的核心价值观和经营管理理念的指导下,可以设计出更多、更有效的特殊制度。海尔公司的

"日清日高"制度，也称为"OEC 法"，实际上是日考核制度。这个制度与众不同，却卓有成效，它确保了高质量、高效率，集中体现了海尔"追求卓越"的企业精神和"零缺欠"的质量理念。如今，"日清日高"制度成为海尔文化中最具特色的内容，也成为海尔核心竞争力的重要组成部分。

在设计特殊制度时，企业既要高屋建瓴，又要脚踏实地，这样才能收到实效。

7.6　企业风俗提炼

企业风俗是企业长期相沿、约定俗成的典礼、仪式、习惯、节日、特色活动等。由于企业风俗随企业的不同而有所不同，甚至有很大差异，因而成为区别不同企业的显著标志之一。尽管一些企业风俗并没有在企业形成明文规定，但在企业制度行为体系中占有很重要的地位，对员工和员工群体有很大的行为约束和引导作用，往往被称为"不成文的制度"。

7.6.1　企业风俗的类型及特点

根据不同分类标准，企业风俗可分为下列不同类型：

（1）按照载体和表现形式，企业风俗可以划分为风俗习惯和风俗活动。企业风俗习惯是指企业长期坚持的、带有风俗性质的布置、器物或是约定俗成的做法。例如，有一些企业每逢过年过节都要在工厂门口挂上灯笼或彩灯，贴上标语或对联，摆放花坛。风俗活动则指带有风俗色彩的群众性活动，如一年一度的团拜会、歌咏比赛、运动会、春游等。

（2）按照是否企业特有，企业风俗可以分为一般风俗和特殊风俗。一些企业由于行业、地域等关系而具有相同或相近的企业风俗，这些相同或相近的风俗就是一般风俗，如公司庆典、歌咏比赛就是许多企业共有的。特殊风俗是指企业独有的风俗，如某些企业每周一早晨在公司举行升旗仪式。

（3）按照风俗对企业的影响，企业风俗可以分为良好风俗、不良习俗和不相关风俗。良好风俗指有助于企业生产经营以及员工素质提高、人际和谐的企业风俗，前面提到的多数企业风俗都是良好风俗。不良习俗是指对企业或员工带来不好影响的风俗，如个别企业赌博盛行。不相关风俗对企业的生产经营和员工没有明显的好或不好的影响。正确区分以上三种类型，对于设计企业风俗是很重要的。

7.6.2　企业风俗的性质

了解企业风俗的性质，对于认识企业风俗的内涵，正确区分企业风俗与其他行为识别要素，如企业制度、标准或流程，进行企业风俗的改造和设计具有很重要的意义。

（1）非强制性。与企业正式制定的各种规章制度相比，企业风俗一般不带任何强制性的色彩，是不同于企业"官方"制度的"民间规则"。是否遵守企业风俗，主要取决于员工个人的兴趣和爱好，违反企业风俗也不会受到任何正式的处罚。企业风俗的形成和维持，完全依靠员工群体的习惯和偏好。

（2）偶发性。企业风俗的形成，往往出于偶然因素。例如，东北某企业每年都要搞冬泳比赛，全公司男女老少以及很多家属都参加，场面非常壮观，起因则是公司多年前有几位老病号尝试冬泳来健身祛病，后来越来越多的员工参与进来。偶发性特点使得一些风俗由于存在时间长，真正的起因往往被淡忘了。

（3）可塑性。可塑性有两层含义，一是指可以经过主观的策划和设计企业活动，年复一年逐渐演化为企业风俗；二是指对业已形成的企业风俗，可以按照企业的要求进行内容和程式的改造，使之向着企业期望的方向发展。可塑性使得企业能够主动设计和培育良好风俗，改造和消除不良习俗。

（4）包容性。企业风俗对人的思想观念和言行的影响，主要通过人们的舆论来实现。由于不同的人认识水平、思维习惯、观念固化程度不同，这使得他们对待企业风俗的态度和程度存在一定差别，从而决定人们的舆论往往并无刚性的明确尺度，而是有一定"频带宽度"的舆论方向。因此，维持企业风俗的群体习惯和偏好的上述特点决定了企业风俗的包容性。

（5）程式性。企业风俗一般有一些固定的规矩或惯例，如特定的程序、必要的仪式、器物的品种和样式、参与者的习惯着装等。这些因素使企业风俗造成一种特殊的环境心理定式，让参与者深受感染，在心理上产生认同。

7.6.3　企业风俗的作用

良好的企业风俗，有助于企业的发展，有助于企业文化的建设和企业形象的塑造。其具体作用体现如下：

（1）引导作用。良好的企业风俗是企业理念的重要载体。在风俗习惯形成的氛围中，或通过丰富多彩的风俗活动，员工可以加深对企业理念的理解和认同，并自觉地按照企业的预期做出努力。

（2）凝聚作用。企业风俗能够长期形成，必然受到多数员工的认同，是员工群体意识的反映，这种共性的观念意识无疑是企业凝聚力的来源之一。设计和建设企业风俗，对增强员工对企业的归属感，增强企业向心力和凝聚力有着很积极的作用。

（3）约束作用。企业风俗鼓励和强化与其相适应的行为习惯，排斥和抵制与之不相适应的行为习惯，因此对员工的意识、言行等起着无形的约束作用。在企业风俗的外在形式背后，深层次的内在力量是员工的群体意识和共同价值观，它们更是对员工的思想、意识、观念具有超越企业风俗外在形式的巨大影响。

（4）辐射作用。企业风俗虽然只是企业内部的行为识别活动，但常常通过传播媒介（特别是员工个体的社交活动等）传播出去，其外在形式与作为支撑的内在观念意识必然会给其他企业和社会带来或多或少的影响。这种影响就是企业风俗辐射作用的直接反映。

7.6.4　企业风俗的影响因素分析

企业风俗在萌芽和形成过程中，受到来自企业内外部的复杂因素影响。这些因素对不同企业的影响角度不一样，但都在不同程度地发挥着各自特有的作用。

（1）民俗因素。民俗因素是指企业所在地民间的风俗、习惯、传统等，它们在当地群众中具有广泛而深刻的影响。许多企业风俗都是来自民俗，或是受到民俗的启发。比如，一些北方企业在新年到来时给办公室、车间贴窗花。民俗有时还能够改变企业风俗，例如企业从一个地方搬迁到另一地方，就可能改变一些企业风俗以适应新地方的民俗。

（2）组织因素。企业风俗一般限在一家企业范围内，参与者又几乎以本企业员工为主，因此企业或企业上级组织对企业风俗有决定性的影响。组织因素可以促使一个新的企业风俗形成，也可以促使其改变，甚至促使其消亡。新中国成立以来，许多企业风俗都是在组织因素的作用下长期坚持而逐渐巩固，并最终形成。

（3）个人因素。企业领导者、英雄模范、非正式群体的"领袖"等人由于在企业生活中具有特殊的地位，他们的个人意识、习惯、爱好、情趣、态度常常对企业风俗有较大影响。其中，企业领导者的影响尤为显著，领导者的提倡和支持可以促进企业风俗的形成和发展，他们的反对或阻止可能导致企业风俗的消失，他们的干预则可以使企业风俗改变。因此，企业领导应在企业中倡导良好风俗、改造不良习俗，并努力把企业理念渗透其中。

7.6.5　优良企业风俗的设计和培育

在很多企业，要么还没有比较成熟的企业风俗，要么企业风俗并无明显的优劣高下之分。在此情况下，企业主动设计和培育优良风俗就显得特别重要。

7.6.5.1　优良企业风俗的目标模式

无论何种表现形式，优良的企业风俗都应该具有一些共同特点。具备下面这些共同点，是企业风俗目标模式的基本要求。

（1）体现企业文化的理念层内涵。理念层是制度层的灵魂，符合企业理念的风俗往往由先进的思想观念作为软支撑，有助于培养员工积极向上的追求和健康高雅的情趣。

（2）与企业文化制度行为层要素和谐一致。企业风俗是联系企业理念和员工意识观念行为习惯的桥梁，它与企业各种成文的制度一样，对员工起着一定的约束、规范、引导作用。这就要求企业风俗和企业的各项制度和谐一致，互为补充、互相强化，形成合力。

（3）与企业文化符号层相适应。无论企业风俗形式还是风俗活动，都必须建立在一定的物质基础上。符号层就是最基本的物质基础，对企业风俗的形成和发展具有很大影响。

7.6.5.2　培育良好企业风俗的原则

（1）循序渐进原则。在根据目标模式培育企业风俗的过程中，企业通过各种渠道可以对企业风俗的形成产生外加的巨大牵引和推动，但这种作用必须是在尊重企业风俗形成规律的前提下发挥。倘若拔苗助长，则必然"欲速则不达"，甚至给企业带来不必要的损失。

（2）方向性原则。企业风俗需要一个长期的形成过程，需要时间的积累，会不断受到来自企业内外各种积极的和消极的因素影响。这一特点决定了企业应该在风俗的形成过程中加强监督和引导，使之沿着企业所预期的目标方向发展。

（3）间接引导原则。企业风俗的形成，主要靠人们的习惯偏好等维持，因此企业管理者和管理部门在培育企业风俗时要注意发挥非正式组织的作用，宜宏观调控而非直接干预。

（4）适度原则。企业风俗固然对塑造企业形象和改变员工思想、观念、行为、习惯具有很积极的作用，但并不意味着企业风俗可以代替企业的规范管理和制度建设，更不是越多越好，必须紧紧把握好一个"度"。

如果企业风俗太多太滥，反而使员工把注意力集中到企业风俗的外在形式，以致忽视和冲淡了企业风俗深层次内涵的影响。因此，培育企业风俗既要做"加法"，也要做"减法"。

7.6.6　现有企业风俗的改造

一般而言，当企业领导者感受到企业风俗的存在、认识到它的作用时，它已经在企业中基本或完全形成。现有的企业风俗往往有优劣高下之分，既有积极面，又有消极面；同时，由于企业风俗往往是自发形成的，有其萌芽和发展形成的主客观条件，当企业环境变化时，企业风俗也会随之出现不能适应新环境的情况，包括内容或形式，甚至也可能整个企业风俗都不能再适应新的变化。因此，有必要主动进行企业风俗的改造，促进企业文化的建设。

对现有企业风俗进行改造，首先要对其进行科学全面的分析。缺乏分析的改造，是盲目外加的主观意志，不但难以促使不良风俗向优良风俗转变、企业风俗的消极因素向积极因素转化，而且可能适得其反。对现有企业风俗的分析，应坚持三个结合：一是结合企业风俗形成的历史，正确把握企业风俗的发展趋势和未来走向；二是结合企业发展需要，不仅考虑企业的现实需要，而且要结合企业的长远需要；三是结合社会环境，从社会的宏观高度来考察和认识企业风俗的社会价值和积极的社会意义。

改造企业风俗，关键在于保持和强化优良企业风俗及其积极因素，改造不良风俗及其消极因素。根据企业风俗中积极因素和消极因素构成的不同，主要有四种不同的方法。

（1）扬长避短法。扬长避短法指采取积极的态度影响和引导企业风俗扬长避短、不断完善。这种方法一般用于巩固和发展内外在统一、基本属于优良范围的企业风俗。

（2）立竿见影法。立竿见影法指运用企业正式组织力量对企业风俗进行强制性的干预，使之在短期内按照企业所预期的目标转化。这种方法一般用于对内在观念积极，但外在形式有缺乏或不足的企业风俗。

（3）潜移默化法。潜移默化法指在企业正式组织的倡导和舆论影响下，通过非正式组织的渠道对企业风俗进行渗透式的作用，经过一段较长的时间逐步达到企业预期的目标。这种方法一般用于外在形式完善、内在观念意识不够积极但尚不致对企业发展产生负面影响的企业风俗。

（4）脱胎换骨法。脱胎换骨法指运用企业的正式组织和非正式组织共同的力量，对企业风俗从外在形式到内在观念都进行彻底的改变或使之消除。这是对待给企业发展造成明显阻碍的、封建落后的恶劣习俗所必须采取的方法。

8 行为系统 BI 的设计方法

思维导图

8.1 行为规范的设计原则

在设计行为系统 BI 时，应充分考虑下列原则：

（1）一致性原则。第一，员工行为规范应与企业理念要素保持高度一致并充分反映企业理念，成为企业理念的有机载体；第二，行为规范要与企业各项规章制度充分保持一致，不得与企业制度相抵触；第三，行为规范的各项表述应和谐一致，不能自相矛盾。坚持一致性原则，能够使行为规范容易被员工认同和遵守，有利于形成企业文化的合力，塑造和谐统一的企业形象。

（2）针对性原则。这是指员工行为规范的各项内容及其要求的程度，必须从企业实际，特别是从员工的行为实际出发，从而对良好的行为习惯产生激励和正强化作用，对不良的行为习惯产生约束作用和进行负强化，使得实施行为规范能够达到企业预期的改造员工行为习惯的目的。"放之四海而皆准"的员工行为规范，即便能对员工的行为产生一定的约束，也必然十分空泛，对于塑造特色鲜明的企业行为形象几乎没有任何作用。

（3）合理性原则。员工行为规范的每一条款都必须符合国家法律和社会公德，即其存在要合情合理合法。一些企业的员工行为规范，个别条款或要求非常牵强，很难想象企业为什么会对员工提出这样不合理的要求，也就更难想象员工们怎么会用这样的条款来约束自己。坚持合理性原则，就是要对规范的内容认真研究审度，尽量避免那些看起来很重要但不合常理的要求。

（4）普遍性原则。员工行为规范的适用对象不但包括普通员工，而且包括企业各层级管理者，当然也涉及企业最高领导层，其适用范围应具有最大的普遍性。设计员工行为规范时，坚持这一原则主要体现在两方面：一是规范中最好不要有只针对少数员工的条款。二是规范内容必须是企业高层领导者与各层级管理者都能够做到的，如果管理者由于工作需要等原因很难做到的条款，应避免写入；或者在同一条款中用并列句"管理者应……普通员工应……"来体现各自相应的要求。

（5）可操作性原则。行为规范要便于全体员工遵守和对照执行，其规定应力求详细、具体。如果不注意坚持可操作性原则，规范中含有不少空洞的、泛泛的提倡或口号，不仅无法遵照执行或者在执行过程中走样，而且也会影响整个规范的严肃性，最终导致整个行为规范成为一纸空文。

（6）简洁性原则。尽管对员工行为习惯的要求很多，可以列入规范的内容也很多，但每个企业在制定员工行为规范时都不应面面俱到，而要选择最主要的、最有针对性的内容，做到整个规范特点鲜明、文字简洁，便于员工学习、理解和执行。如果一味追求"大而全"，连篇累牍，洋洋洒洒，反而不具实用价值。同时，在拟定文字的时候，也要用尽可能简短的语言来表达。

8.2　行为文化的构成

8.2.1　行为文化的分类

行为文化是企业的组织行为和员工的个体行为规范的总称。行为文化涉及企业的内部管理行为、外部经营行为和社会行为等多个领域，既涉及员工在企业经营管理活动中的工作行为，又涉及员工个人的非工作行为。行为文化是企业道德水准、经营哲学、管理风格、职业素养、精神风貌、人际关系、个性特征和自我管理的动态体现，也是企业精神、企业价值观的折射。

企业文化建设的"虚无"和"存在"的关键在于行为文化的有效性。无论多么优秀的企业经营管理理念和文化信仰，若不能转化为企业文化所倡导的"行为实践"，企业文化建设就永远只会停留在美好的"虚无"的层面上，难以对企业的发展和提升起到文化牵引力的作用。

人们通常把行为文化分为以下几个维度：

（1）按对象分类：组织行为和个人行为，如企业家行为、典范任务行为、员工行为。

（2）按约束性分类：组织约束行为和组织公民行为。

（3）按功能分类：礼仪行为、公共行为、职业行为、岗位行为等。

（4）按应用分类：经营行为、管理行为、营销行为、竞争行为、生产行为、服务行为、学习行为、安全行为和保健行为等。

行为文化的本质，就是行为规范。而行为规范就是对企业和成员的组织行为及组织公民行为提出与企业精神文化高度一致的"行为标准和行为约束"，并使这一行为标准和行为约束成为企业和个人普遍的行为自觉、行为自律和行为习惯。所谓"行为自觉"就是遵从精神文化的引导，依照行为标准去主动践行、自觉实践；"行为自律"就是主动按照行为规范和行为禁忌约束自我行为；而所谓的"行为习惯"就是将企业精神文化所要求的行为规范和行为倡导养成习惯，固化为组织及其成员的行为模式。

企业行为文化建设的好坏，直接关系到组织战略目标的达成，关系到企业竞争力，关系到职工工作积极性的发挥，关系到整个企业未来的发展方向和经营成败。这也就是许多企业渴望的"执行力"。所谓"赢在执行"，就是要求企业的行为执行能力满足组织发展和经营的需要。然而，企业行为文化建设是企业文化建设中的难点，尤其是企业行为系统的改善与提升，不可能一蹴而就。

8.2.2　两个重要的行为领域

在行为文化建设中，我们要重点关注两个行为领域：一是组织公民行为 OCB（非工作行为）；二是组织约束行为（工作行为），如图 8-1 所示。

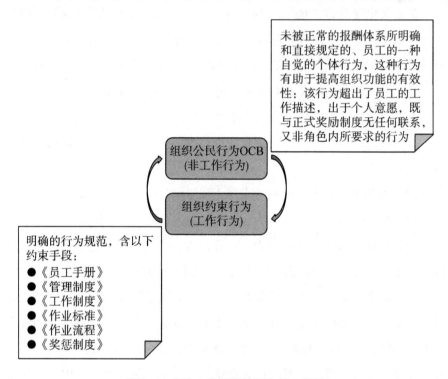

未被正常的报酬体系所明确和直接规定的、员工的一种自觉的个体行为，这种行为有助于提高组织功能的有效性：该行为超出了员工的工作描述，出于个人意愿，既与正式奖励制度无任何联系，又非角色内所要求的行为

组织公民行为OCB
(非工作行为)

组织约束行为
(工作行为)

明确的行为规范，含以下约束手段：
● 《员工手册》
● 《管理制度》
● 《工作制度》
● 《作业标准》
● 《作业流程》
● 《奖惩制度》

图 8-1　行为文化规划的两个行为领域

8.2.2.1　组织公民行为（OCB）

"组织公民行为"指未被正常的组织报酬体系所明确和直接规定的、员工的一种自觉的个体行为，这种行为有助于提高组织功能的有效性；该行为超出了员工的工作描述，出于个人意愿，是既与正式奖励制度无任何联系，又非角色内容所要求的行为。

在企业运营过程中，企业家的行为、企业模范人物的行为及企业全体员工的行为都应有一定的规范。在规范的制定和对规范的履行过程中，就会形成一定的企业行为文化。例如，在企业管理行为过程中，就会产生企业的社会责任，企业对消费者的责任、企业对内部成员的责任、企业经营者同企业所有者之间的责任，以及企业在各种具体经营中所必须承担的责任等。承担这些责任就必须有一定的行为规范加以保证和体现。

从评定角度来分，可以把 OCB 的评定分为三种，即上级评定法、同事评定法和自我评定法。三种评定方法各有千秋。上级评定法比较客观，能够更好地区分组织约束行为和组织公民行为，但不足之处在于上级所评价的只是那些引起他们注意的行为，而且，不同上级的评定标准也不同。同事评定法的优点在于，同事掌握的信息比较齐全，能够做出比较全面的评价，但也容易受到人际关系等因素的影响。

组织公民行为包括四个维度的衡量指标，如表 8-1 所示。

表 8-1　OCB 四个维度衡量指标

序号	指标维度	分解指标
1	社会维度	参与社会公益活动
2		自觉保护公司形象
3		遵守公民道德
4	组织维度	组织忠诚
5		组织遵从/认同
6		观点表达
7	自我维度	自我培训/发展
8		积极主动
9		保持工作场所整洁
10	群体维度	人际和谐
11		协助同事
12		不生事，不争利

组织公民行为不具备组织约束行为那样的"度量、监督、惩戒和刚性约束"的特征。对大多数企业而言，这样的度量技术和成本都很高。尤其

是在组织公民行为的"社会、组织、自我"三个维度，这种特性表现更为突出。比如，对于社会维度的"参与社会公益活动"，员工是否参加，企业未必知晓；比如，对于组织维度的"组织忠诚"，员工是否忠诚于组织，也难以被度量。假如，员工受贿或侵吞公司财物，通常会很隐蔽，难以被觉察，等到组织发现的时候，可能员工已经触犯了刑法，而企业现有的管理体系则难以及早觉察或发现。再比如，对于自我维度的"自我培训发展"，企业对其成员是否关注自我培训、是否经常自我学习、是否为了职业发展经常性地参加其他教育等均难以度量，准确地说，基本上无法度量大多数员工的行为。

（1）社会维度。通过在广大员工群体中开展公民道德教育，激发员工的道德感，强化员工对不道德的羞耻感，形成谴责的道德舆论氛围，以此来提升员工的道德水准；通过感恩教育，唤醒广大员工的社会责任感，使员工自愿、主动地参与社会公益活动；尤其要对员工在"自觉保护公司形象"方面从制度层面上设置激励要素，不断通过感恩教育、责任教育、舆论引导、激励导向来规范和提高员工在社会维度的组织公民行为素养。员工道德水准、社会责任感的提高，是企业打造优质产品和优质服务的源泉，一个没有责任感的人，是无法制造出有责任心的产品的。

（2）组织维度。通过对"组织忠诚、组织遵从认同"内涵的正确描述，向员工明确：什么样的行为是组织忠诚？什么样的行为是组织遵从认同？什么样的行为是不认同组织和不遵从组织？让抽象的行为要求具象化，将组织在这个维度的期望与要求准确地传递给员工，这是规范的前提；同时，将组织公民行为在组织维度上的行为规范和要求，与组织的人才观相结合，使员工真切地感受到遵从组织、认同组织、忠诚组织的人才会被提拔，才是组织真正需要的人才。当然，还要建立和规范组织内部员工合理化建议反馈的通道，鼓励员工主动发表个人观点。

（3）自我维度。通过提出组织在"自我维度"明确的行为倡导，建立鼓励员工进行"自我培训、自我发展、积极主动"的价值导向和制度体系，在组织内部形成"自我学习、自我培训、自我发展"的良好氛围，引导和影响员工在自我维度上的提升。同时，通过制度约束员工"保持工作场所清洁"的自律性，使员工养成自我管理、自我培训、自我约束、自我提升的良好行为习惯。

（4）群体维度。在管理中，倡导简单和谐的人际关系，旗帜鲜明地反对和禁止"拉帮结派、搞小团伙、企业政治"等现象，形成一个简单和谐的组织氛围；通过规章制度，禁止和约束"协作不畅、推诿扯皮"等负面行为，使组织内部协助他人和获得他人协助等成为组织的优良传统。这一点，在专业化分工越来越细化的现代企业里对组织活力和组织柔性的提升至关重要。要引导员工树立正确的"绩效观、名利观"，倡导"不生事、不争利"的和谐人际哲学，使员工自觉调整和约束自身的不和谐行为。

组织公民行为的规范不是孤立存在的，它既与企业的精神文化保持高度的统一，又与企业的制度文化密不可分。秉持"理念导向、全面思考、明确倡导、有机结合、激励约束"才是规范组织公民行为、提升行为文化建设的关键。

随着时间的推移，组织公民行为逐渐积累，便能够提高组织的绩效。其具体表现为：组织公民行为有利于形成一种积极向上的团队气氛，创造一个使人更加愉快和谐的工作环境，并能增强组织对环境变化的适应能力，创造组织的社会资本，进而提高员工的工作效率和组织的绩效。

组织公民行为的内涵主要有以下几个特色：第一，代表人们除了致力于实践组织的规定事项外，还会经常自动自发地付出额外心力，去从事一些直接或间接有利于组织的事情；第二，一种自我裁量的自动自发行为；第三，组织公民行为的出现与正式报酬并不直接相关；第四，组织公民行为对于组织长期效能及成功运作来说是关键性角色。

8.2.2.2　组织约束行为

人的行为普遍呈现出"复杂性、丰富性、多变性、习惯性、从众性"等基本特征，因此，任何一个企业都期望其成员的行为能满足组织发展与竞争的需要。当然，这一需要会随着组织所处的不同的发展阶段表现出不同的需求差异。如何使员工按照组织所期望的方式工作是一个颇具挑战性的、需要持续关注的管理难题。要达到这一点，一方面需要有效的激励，另一方面也要按照组织的规范对员工的行为进行有效的引导和约束。在这一过程中，企业的精神文化、制度文化和行为文化都将发挥出直接或间接的、持续的、极为重要的作用。

所谓"组织约束行为"，即企业明确规范、要求、约束的职务行为或企业虽未明确要求，但其所在行业的职业素养或岗位工作常识约定俗成地给出的行为边界均被视同组织约束行为。而组织约束行为的后果将与组织的报酬体系或奖惩激励体系直接挂钩，对于违背组织约束行为规定的行为规范的后果，组织将给予相应的惩处或干预。

任何人的行为都会受到其自身价值观的影响，同时也会受到企业文化和规章制度的引导与约束。企业通过其内部的惩处机制来保障对组织成员的行为约束力，同时达到引导、调节和激励员工行为的目的，使员工的工作行为、职业行为满足企业发展和参与外部竞争的客观需求。由此，我们不难看出，员工个人价值观与企业文化所倡导的价值观重叠的多少，将直接影响员工对企业文化认同程度的高低，影响着员工对企业规章制度遵从意愿的强弱，影响员工对企业所倡导的行为规范和行为约束的自觉性、自律性的程度。

可见，研究制度文化演变、企业文化建设与企业核心价值观整合的互动关系及其对行为文化影响的内在规律，有助于增强我们对组织行为规范需求和对员工行为引导与约束重要性的理解，以进行有效的组织行为文化建设，使那些有利于企业发展的积极行为固化为组织的群体性、普遍性行为习惯。

通常组织约束行为通过《员工手册》《管理制度》《工作制度》《作业标准》《作业流程》和《奖罚制度》的形式来诉求；通过在上述文件里明确提出在组织活动的相关领域中，员工该做什么，不该做什么，应该怎么做，做到什么程度，即行为规范和行为禁忌。对组织内部的员工行为进行必需的规范和约束，对禁忌行为提出明确的惩戒规定，这些规则就是行为引导和约束的契约规定。由于这些契约可分为成文的和不成文的两种形态，因而这些规则也分为正式规则——制度和非正式规则——文化，这两种规则对员工行为形成不同强度和方式的约束。

当然，并非所有的组织约束行为都会写进管理规章制度。企业管理水平的不断提高，员工道德水准和职业素养的不断提升，企业在不同时间段对组织行为客观需求的差异，都将对组织约束行为的诉求方式产生不同的影响。组织约束行为的内容不是千篇一律、一成不变的，它会随着企业不同的发展阶段和行为规范的客观需求的变化而变化。

组织约束行为多为个体在组织中、在岗位上具体的行为要素，具有"相关性、可见性、可度量、可反馈、可监督"等特征。如服务行为规范，当企业向消费者公布了窗口岗位的"服务信条、服务精神、服务规范、服务承诺"的具体内容之后，服务岗位的员工的服务行为就具备了被消费者"监督、反馈、评价、投诉"的可能性和渠道；又如管理行为规范，当企业向内部员工公布了管理者的管理行为规范时，管理者是否在日常管理过程中自觉遵守了行为规范？是否有管理行为禁忌？这些都将受到被管理者的监督和反馈，通过对被管理者的调查、对管理者的测评，均可获得管理行为规范的执行结果。因此，组织约束行为的规范具有"可度量、可监督、易惩戒"的刚性约束力，其规范也较容易实现。

8.3　行为文化体系的构建

8.3.1　行为文化构建的步骤与方法

构建行为文化体系可分为以下几个步骤：从分析企业理念层文化入手，进而确立行为准则，设计科学的行为模式，制定可行的行为规范，提出明确的行为禁忌，形成完善的保障制度，并辅以"典型或标杆"示范和行为强化，从而达到导向明确、行为规范、活力迸发、形象优良的效果，具体如图 8-2 所示。

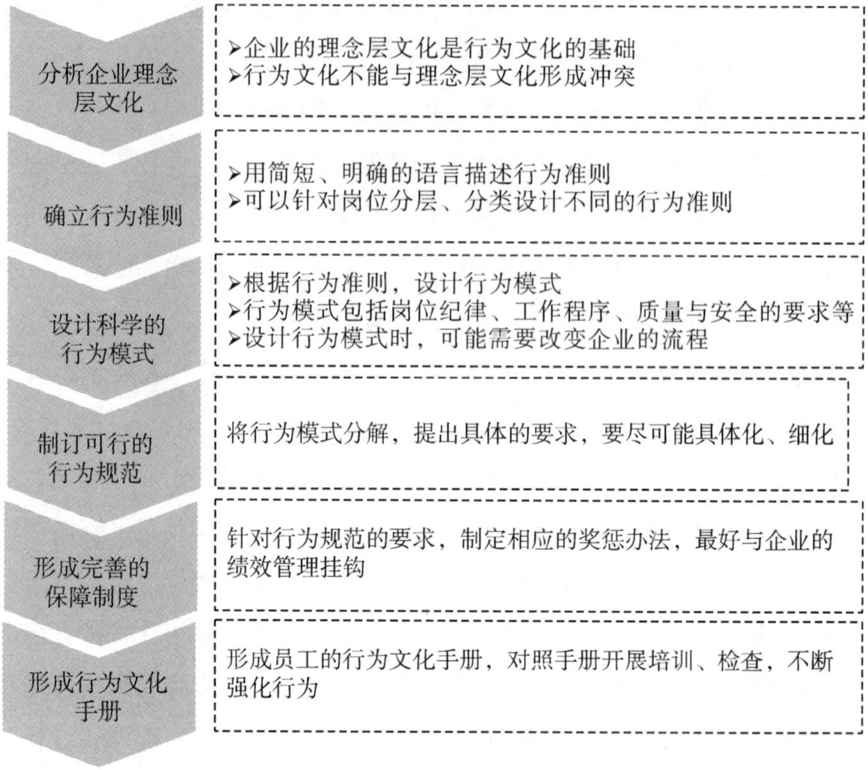

| 分析企业理念层文化 | ➤企业的理念层文化是行为文化的基础
➤行为文化不能与理念层文化形成冲突 |

| 确立行为准则 | ➤用简短、明确的语言描述行为准则
➤可以针对岗位分层、分类设计不同的行为准则 |

| 设计科学的行为模式 | ➤根据行为准则，设计行为模式
➤行为模式包括岗位纪律、工作程序、质量与安全的要求等
➤设计行为模式时，可能需要改变企业的流程 |

| 制订可行的行为规范 | 将行为模式分解，提出具体的要求，要尽可能具体化、细化 |

| 形成完善的保障制度 | 针对行为规范的要求，制定相应的奖惩办法，最好与企业的绩效管理挂钩 |

| 形成行为文化手册 | 形成员工的行为文化手册，对照手册开展培训、检查，不断强化行为 |

图 8-2　行为文化构建的步骤

（1）利用先进理念引导行为。

员工的价值观念是行为文化的核心内容，价值观念支配人的行为，决定着企业人的思维方式和行为方式。因此，构建行为文化体系的首要任务是从观念层面解决问题，形成正确的价值导向，并使这种思想观念得到全体员工的认知和认同。

企业文化建设的核心任务之一就是构建企业文化理念体系。先进的理念往往具有强大的牵引力、激励力和凝聚力，能够引导员工行为。当企业提炼出企业文化理念之后，企业往往还需要通过一系列的活动来宣贯这些文化理念，进而潜移默化地通过这些理念来引导和激发员工行为。

除此之外，要想使员工的这些行为深深扎根，还需要辅以必要的企业文化培训引导。企业对文化理念的培训和宣传应立足于员工的日常行为。

用理念引导行为，用行为诠释理念。

（2）领导者率先垂范，引领员工行为。

在一个企业中，领导不仅是决策者和执行者，同时也是行为文化的倡导者和引领者，以身作则和率先垂范是企业高层领导的使命。事实上，每个员工都会对自己的行为后果有一个预期，当公司提倡一种行为时，对于每个员工来讲，他是不敢或不愿去违背的，但如果他看到领导没有遵守这项规定的话，以后遇到某种情况，他也会尝试着去侵犯制度的权威，直至无所顾忌地去违反制度为止，因为从领导那里，他已经找到了可以违反制度的理由。例如，许多企业的考勤制度，对某一职级以上的管理者都设定了例外，换句话讲，这项规定只要求某一职级之下的员工遵守。领导者成了破坏规章制度的带头人，员工又何以会将制度视为"火线"？

（3）设计并推行标准化行为模式。

企业行为的设计必须结合企业运营的实际，围绕企业所倡导的价值观或企业精神来进行。标准化行为模式的设计一方面可以规范工作行为及工作流程，另一方面还可以提升员工的整体形象。一般情况下，标准化行为分为两大类：一类是基于运营、管理、业务流程的行为模式标准化；另一类是基于企业文化体系、企业形象体系、品牌形象体系所需要的具有显著个性特征的行为识别标准化。

（4）以行为规范化为重点，培养良好的行为习惯。

企业人的一举一动都代表着企业形象，彰显着企业文化的内涵。因此，企业可以以价值观为准则确立企业和企业人开展各项活动的行为准则，并将所提倡的行为制作成企业行为规范体系，然后在企业中推行，以规范化的行为要求来指引不同岗位员工的工作行为，进而达到规范员工行为的目的。

（5）以制度强化为保障来塑造行为文化建设的环境。

许多企业都认为，只要规章制度颁布了，员工就一定会理所当然地严格执行。若不能严格执行，就必将受到处罚。这种简单的想法，以"处罚"替代了"管理"，使员工对组织的制度产生了发自内心的抵触和排斥。

其原罪在于管理者的渎职，因此，如何通过制度约束来塑造行为规范，则彰显了管理者的智慧和艺术。

如果企业不能为先进精神文化与行为文化的实践提供一种可靠的、持久的、刚性的推动力，而只寄希望于员工个人的自觉与自律，那么，其企业文化建设和行为文化的效果一定难以落地、难以保障。

（6）树立不同岗位优秀模范典型，以榜样的力量引导员工行为。

榜样的力量是无穷的，它既能使员工体验到典范行为的真实性和可实践性，又能带动企业员工共同行为的发展。在建设企业行为文化的同时，也要充分重视榜样的作用。在企业不同岗位树立起优秀的典型模范，通过对模范事迹的宣传来激励员工，感染员工，推动员工的行为自律、行为自觉和行为改善，促进企业行为文化水准的快速提升。

总之，企业在进行企业文化建设过程中，切不可忽视行为文化的建设，切不可在行为文化建设上浮皮潦草、一带而过。企业行为文化建设是企业文化能否落地的关键所在。行为文化的建设主体可以采取内外双轨的办法进行，即聘请"外脑"和内部人员参与相结合，行为倡导与制度约束相结合，激励与惩戒相结合。同时在行为文化建设的过程中，要充分调动广大员工的积极性，让全体企业成员都参与进来，使行为文化的规范充分体现在企业的各个层次、各个方面，让员工随时随地感受到行为文化的存在和作用效果，随风潜入夜，润物细无声。持续有效的行为文化建设，将使企业文化如丝丝细雨，滋润企业的成长。

8.3.2 行为规范的具体内容

对于建设行业的企业，一般都需要从仪容仪表、岗位纪律、工作程序、待人接物、安全等几个方面来对员工提出规范的要求。

8.3.2.1 仪容仪表

仪容仪表是指对员工个人和群体外在形象方面的要求，可再具体分为服装、发型、化妆、配件等几方面。

有人会不以为然，认为仪容仪表纯属员工个人的事情，如果企业连这都要管，是不是太过分了呢？其实，很多企业之所以把对员工仪容仪表的要求列入行为规范，是有其充足的理由的：

（1）出于安全的需要，即根据法规政策对员工实行劳动保护，如建筑工人在工地上必须佩戴安全帽；

（2）出于质量的需要；

（3）出于企业形象的需要，员工良好的仪容仪表有利于树立具有特色的企业形象，增强企业的凝聚力。

实际上新员工在企业的成长变化是一个从"形似"（符合外在要求）到"神似"（具备内在品质）的过程。要把一名新员工培养成为企业群体的一员，最基础、最易达到的要求就是仪容仪表方面的规范。

➤ **案例：某企业的员工仪容仪表规范摘录**

（1）工作时间必须着统一的工装，保持洁静、平整；

（2）左胸前佩戴工作牌，工作牌一定要佩戴端正；

（3）头发必须清洁、整齐，男士不能留胡须，鬓角应修剪整齐，头发前不过眉、侧不过耳、后不过领；女士注意修饰化淡妆，不得浓妆艳抹，不得佩戴夸张饰品；

（4）手要保持干净，手指甲必须清洁并修剪整齐，不留长指甲，指甲长度应保持在 2 毫米以内；

（5）身体裸露处不得出现各种文身图案。

8.3.2.2 *岗位纪律*

岗位纪律是员工在工作中必须遵守的一些共性要求，目的是保证每个工作岗位的正常运转。严格合理的工作纪律是企业在严酷的市场竞争中不断取胜、发展壮大的根本保证。岗位纪律一般包括五个方面。

（1）作息制度。作息制度即上下班的时间规定与要求是企业最基本的纪律。有的企业作风涣散，往往就是因为没有严格的作息制度，或不能严格执行作息制度。

（2）请销假制度。这是根据国家规定，对病假、事假、旷工等进行区分，并就请假、销假做出规定以及对法定节假日的说明。

（3）保密制度。保守技术工艺、人事、财务等方面的企业秘密是企业的重要纪律之一。绝大多数企业都有严格规定，在涉及高新技术的企业，还需要对知识产权保护做出具体规定。

（4）工作状态要求。这是对员工在岗位工作中的规定，除肯定的提法"工作认真""以良好精神状态投入工作"等之外，一般用"不准""不得""严禁"的否定形式进行具体规范，如"严禁上班打游戏""不得在未经许可情况下将文件资料交与不相干人员"等。

（5）特殊纪律。这是根据企业特殊情况制定的有关纪律。例如，有一家企业的建筑工地上酒风盛行，该企业就在员工的行为规范中写上"工作日中午严禁喝酒"的规定。

➢ **案例：某企业岗位纪律规范摘录**

（1）工作时间。公司机关员工实行标准工时制，即：每周五天，每天工作8小时。上班时间为：9:00—12:00，13:00—17:00。野外施工人员及门卫实行不定时工作制。

（2）根据工作需要，员工在超出当日工作时间完成公司紧急工作任务后，可适当补休，星期六、星期日加班的，按换休处理。如果是工程项目或分公司安排加班的，根据实际情况协商处理。

（3）上班无故迟到、下班无故早退，超过10分钟的视为迟到或早退1次。

（4）上班无故迟到或下班无故早退1小时以上的均视为旷工，按相关奖惩条例予以惩戒。

（5）以请病假、事假为名，去年取其他经济收入或进行不正当活动；伪造病历，假造或涂改病假条，用不正当的手段骗取病、事假；未按规定办理请假手续而不上班者均按旷工处理。

（6）员工外出办事未征得上级主管同意擅离岗位的，可视为旷工。

（7）员工因病（事）假无法上班，需及时向部门负责人和公司主管领导请假，如未及时请假或未履行书面手续视为旷工。

8.3.2.3 工作程序

这是对员工与他人协调工作的程序性的行为规定，包括与上级同事和下属的协同和配合的具体要求。工作程序是把一个个独立的岗位进行关系整合，使企业成为和谐团结的统一体，保证企业内部的高效有序运转。工作程序一般分为以下几部分：

（1）接受上级命令。做一名合格的员工，首先应从正确接受上级指令开始。如果不能正确领会上级意图，就无法很好地加以执行。例如，某公司规定员工"复杂的命令应做记录"。"为避免出错，听完后最好把命令要点重复一遍"就是很实用的要求。

（2）执行上级命令。执行上级命令主要是要求员工迅速、准确、高效地加以执行，发现问题或出现困难时正确应对，执行结束后以口头或书面形式向上级复命。这些要求都不是可有可无的。

（3）独立工作。对员工独立承担的工作一般要做出明确的程序性规定，以保证每名员工的工作都能够成为企业总体工作的有机组成部分。

（4）召集和参加会议。企业内部的会议是沟通信息、协调利益、达成共识的重要形式，是企业管理工作的有机组成部分。对于召集会议，提前通知明确议题、限制时间是非常重要的，对于参加会议来说，事先准备、按时出席、缺席要请假等都是基本要求。

（5）配合工作。企业许多工作都需要不同岗位的多名员工配合完成，对此也应提出具体要求，以保证在共同工作中各司其职、各显其能，发挥"1+1>2"的作用。

（6）尊重与沟通。尊重是凝聚力的基础，沟通是凝聚力的保证。有许多企业工作中出现的矛盾和冲突，主要就是尊重和沟通方面存在问题。这方面的要求是建立高效有序的工作秩序的基本保证，特别是在一些科技含量较高的企业，更应强调尊重与沟通的必要性。

（7）报告和汇报。书面或口头报告汇报有关情况，是企业信息沟通、正常运转的重要途径。有些企业也因此把怎样进行报告作为行为规范加以明确。

➤ **案例：某企业工作程序相关的规范摘录**

（1）在工作过程中要遵守工作流程、各项管理制度和技术标准，对于不合理之处应及时提出。但在流程、制度、标准未做修改前，原则上应按规定运作。

（2）在工程项目施工期间，要保证通信畅通。

（3）对于上级交办的事项及时回复，对于同级提出的工作配合要求及时响应。

（4）在工作中主动承担责任，不推诿、不找借口、不拖沓，经过本人努力也无法完成工作时，要立即向上级主管请求支持。

（5）员工必须妥善保管公司机密文件及内部资料。机密文件和资料不得擅自复印、复制或通过网络传播、传送，未经特许，不得带出公司。

（6）具有消防安全意识和防盗意识，在工作中严格执行公司环境和职业健康安全管理体系的规定，遵守相关规章制度。

8.3.2.4　待人接物

对员工待人接物方面提出规范性要求，不仅是塑造企业形象的需要，而且是培养高素质员工的重要途径。待人接物规范涉及的内容比较多，主要包括礼貌用语、电话礼仪、接待客人、登门拜访等方面。

（1）礼貌用语。中国乃礼仪之邦，文明首先是语言文明，语言美是待人接物最起码的要求。在一个优秀的企业里，"您""请""谢谢""对不起""没关系"等应该成为员工的习惯用语。而脏话、粗话应该被禁止使用。

（2）基本礼节。待人接物的基本礼节包括坐、立、行姿态及表情、手势、握手、秩序等。于细微处见精神，员工在这些细节方面是否得体，将在很大程度上影响外界对企业的看法。

（3）电话礼仪。电话礼仪已经成为员工待人接物的重要方面。企业常常规定"电话铃响后应迅速接听""第一句话要说'您好，这里是某某公司'""电话用语要简洁明了""重要事情要做书面记录""遇到拨错号的电话要耐心解释"等。据有关研究，电话里可以听出对方表情，因此打电话时切忌向对方发火，最好保持微笑。有些企业深知电话礼仪的重要性，甚至在员工行为规范里单列为一大类。

（4）接待客人。这里的客人包括客户、相关单位人员和一般来访者。尽管其来意不同，对企业的重要性不同，但在接待上的要求却应该是一致的。热情礼貌是接待客人的基本要求，一些企业根据实际还做出了其他许多具体规定。

（5）登门拜访。拜访对象可能涉及用户、潜在用户和政府、社区等重要关系者。登门拜访，一是要提前预约，避免成为不速之客；二是要做充分准备，以保证在有限的时间内达到拜访的目的。

➤ **案例：某企业员工言行举止行为规范摘录**

（1）在交谈或接听电话时，应语音清晰，语气诚恳，语速适中，语调平和，语意明确简练。

（2）提倡讲普通话。

（3）与他人交谈要专心致志，面带微笑，不能心不在焉，反应冷漠。

（4）不随意打断别人的谈话。

（5）用谦虚态度倾听。

（6）严禁说脏话、忌语。

（7）使用"您好""谢谢""不客气""再见""不远送""您走好"等文明用语。

8.3.2.5 安全行为

安全需要是员工的基本需要，维护生产安全和员工生命安全是企业的重要任务。针对不同企业的情况，安全规范有很大的差别。对于建设行业来说，规范施工作业人员的施工行为，营造良好的安全生产施工环境尤其重要。

➢ **案例：某建筑施工企业脚手架及高空作业规范摘录**

（1）脚手架必须由专门人员搭建，搭建完毕后须经严格检查后方可使用。

（2）施工场所需要设立护栏的，立即搭建。

（3）因搬运大件物品需临时拆除护栏的，搬运结束后须立即恢复。

（4）高空作业正在进行时，通道口、楼梯口要设有明显的警示牌。

（5）在高空或房顶作业时，施工人员必须系好安全绳或安全带，否则属于严重违章行为。

8.4 企业员工手册设计

员工手册是员工日常工作生活相关制度的总和，也是员工了解企业文化、认识企业文化的重要手段之一。

8.4.1 员工手册的主要内容

（1）企业概况。企业概况即关于本企业的发展历程、基本现状、组织机构、业务领域等的简要介绍。

（2）企业文化。企业文化这一项主要是介绍和阐述企业理念以及企业文化的主要特点。

（3）员工行为规范。员工行为规范即企业对员工在仪容仪表、岗位纪律、工作程序、待人接物、质量与安全、环境保护等方面的要求。

（4）员工的权利与义务。员工的权利与义务体现对员工的尊重与约束，员工可以享有哪些权利，应该承担什么样的义务。

（5）与员工有关的其他各项政策、制度和规定。例如薪酬、劳保、福利、培训、职业发展等方面的规定就是手册中不可缺少的内容。

8.4.2　员工手册的设计要求

（1）反映企业文化。一名员工是否真正融入了企业，关键是否融入了该企业的文化。因此，必须把企业文化作为员工手册重要的内容之一，让每名员工从中了解和理解企业文化，并最终在言行上自觉融入企业文化。

（2）内容充实详细。员工手册可以说是员工在企业工作与生活的指南。因此，凡涉及全体员工的有关情况、规定和要求，都应尽可能收录其中。有的企业员工手册，多达数百页。员工与企业的关系是双向的，充实、详细的员工手册也是对员工知情权的尊重。

（3）方便携带查阅。一是指内容方面，要求编排结构清晰、叙述清楚简明、文字准确易懂；二是指形式方面，要求版式设计合理，装帧美观大方，印刷字迹清楚——即内容与形式相统一。有的企业用小开本（如 32 开）来制作员工手册，像口袋书，以方便员工随身携带。

（4）及时补充更新。任何企业的员工手册，编印工作都不可能一劳永逸。随着企业的发展，及时将新要求、新内容增加进去，将陈旧内容进行删除或更新，是十分必要的。

9　形象系统 VI 的设计方法

思维导图

9.1　企业标识设计

9.1.1　企业标志设计

企业标志（Logo）是企业的文字名称、图案或文字图案相结合的一种平面设计。标志是企业整体形象的浓缩和集中表现，是企业理念的载体。

企业标志的重要功能是传达企业信息，即通过企业标志让社会公众（包括员工、用户、供应商、合作者、传播媒介等）产生对企业的印象和认知。换句话说，当人们一见到某个企业标志时，就能联想到该企业及其产品、服务、规模等有关的内容。因此，企业标志一经设计确定，应该相对固定，而不应经常改变。

企业标志一般被用在企业广告、产品及其包装、旗帜、服装及各种公共关系用品中。企业标志出现的次数和频度影响社会公众的接受程度，因此，应尽可能多地加以使用。

9.1.1.1　企业标志设计的基本知识

企业标志设计无疑是企业的一件大事，因此企业的最高决策层应该了解标志的基本知识，对设计提出具体而明确的要求。其中，首先要了解标志的基本形式，这将有助于决策者提出设计思路、明确设计要求、评价设计方案、做出正确选择。一般而言，企业标志的基本形式分为下列三类：

第一类是表音形式，即由企业名称的关键文字或某些字母组合而成。这种形式的标志由于基本构成要素来自企业名称，因此容易使人把它与企业联系起来，起到很好的传达作用。例如，中国铁建股份有限公司标志的视觉中心是红色的中国铁建股份有限公司英文缩写 CRCC，该标志将"CRCC"艺术设计为一列高速列车形状，包含了以下四种含义：一是体现了公司的主营业务领域和主要的市场焦点是铁路建设市场；二是体现公司不断开拓、锐意进取、不畏艰险、勇往直前的企业精神；三是体现了公司紧跟世界潮流，在把公司建设成为全球最具竞争力的大型建设集团的道路上孜孜以求、勤奋探索、不断前进的形象；四是高昂的车头寓意公司光明的发展前景，给人一种奋发向上、勇于登攀的形象，充分展现了中国铁建人意气风发、志存高远的精神风貌。其标志如图 9-1 所示。

图 9-1　中国铁建股份有限公司标志

第二类是表形形式，即由比较简明的几何图形或象形图案构成。图形本身具有一定含义，而且由于经过平面设计处理，形象感很强。例如，四川华西集团的标志主体部分以"华西"名称英语拼音第一个字母"H"为原型，中间缝隙处增加了简单的锯齿图案，细微的变化使标志产生了一种神奇的透视效果和立体感。如果把目光停留在标志中间缝隙处凝视片刻，你会感觉有无数个"H"整齐排列，一直向远方延伸，而此时的"H"图形就像一座座整齐排列的摩天大厦，让人仿佛置身于都市繁华的大街。摩天大厦、街道，自然而然让人联想到建筑、城市等，华西的建筑行业属性由此得到彰显。"H"图形高大、雄伟、端庄、沉稳，折射出华西集团作为拥有 70 年悠久历史的国有大集团，实力强劲、管理规范、发展稳健、值得信赖的公众形象，见图 9-2。

图 9-2　四川华西集团标志

第三类是把上述两类结合起来，即音形形式。此类标志兼有前述两种类型的优点，又在一定程度上避免了它们各自的缺点，被很多企业所采用。例如，中国银行的标志，见图 9-3。

图 9-3　中国银行标志

9.1.1.2　企业标志设计原则

标志设计除遵循企业名称设计时提到的个性、民族性、简易等原则外，还应坚持下列原则：

（1）艺术性原则。企业标志要有艺术性，要有美感，应注意构图的均衡、轻重、动感，注意点、线、面的相互关系，以及色彩的选择和搭配，并注意细节处理。好的标志要美观、耐看，能使人获得美的享受，激发起对美的追求，从而建立起高品位的企业形象。

（2）持久性原则。企业标志一般应具有长期使用价值，不应单纯追逐时髦或流行，而要有那种超越时代的品质，这种"一百年不动摇"的要求实际上也反映了企业超越平凡、追求卓越的信念。

（3）适应性原则。标志代表企业形象，应该把单纯的平面图案符号与企业理念、行为等有机联系起来。这就决定了企业标志无论是形式还是内涵，都应适合于它经常出现的环境，既协调配合，又相对突出。

3. 企业标志设计步骤

设计企业标志，无论是单独进行，还是纳入 CI 策划，基本上需要四个步骤，如图 9-4 所示。

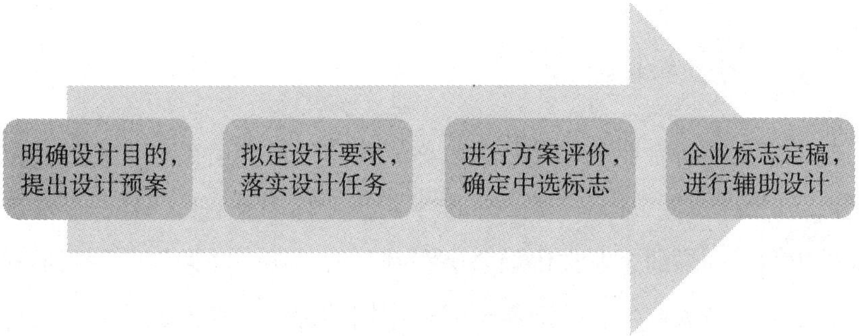

明确设计目的，提出设计预案　　拟定设计要求，落实设计任务　　进行方案评价，确定中选标志　　企业标志定稿，进行辅助设计

图 9-4　企业标志设计步骤

（1）明确设计目的，提出设计预案。为什么要设计企业标志？新建企业，有的立即系统地实施 CI 策划，有的只先设计一个企业标志，并通过它向公众传递企业的信息。而有些情况下，则是要用一个新标志代替现有的标志，就需要对现有标志进行客观估价。任何企业标志都有一定价值，如轻易放弃，有时反会带来无形资产流失，影响经营业绩。因此，首先应充分论证，明确设计目的。

（2）拟定设计要求，落实设计任务。在设计前最好要有鲜明的设计思想，或提出具体的设计要求，否则设计出的标志很难体现企业形象、浓缩企业理念。要求越明确、具体，设计出的标志越容易传达出企业的信息。

（3）进行方案评价，确定中选标志。不论谁来设计，都应有多种候选的标志方案，这就需要进行方案评价。有的企业由决策层直接决定，有的则由管理人员、员工代表、专业人员共同组成评审小组集体决定，有时还征求部分用户和其他相关利益者的意见。

（4）企业标志定稿，进行辅助设计。确定企业标志的中选方案后，一般还要请专业人员完成定稿设计，提交最终的标志效果图。这时一般要确定标准色及辅助色，标定尺寸比例，以便在不同场合、以不同大小反复使用。

设计企业标志，除依靠专业人员以外，发动企业员工和社会公众参与设计是一个很好的创意，这不但能集中群众智慧，而且使新标志比较容易深入人心。

9.1.2 企业标准字设计

标准字是指将企业名称或品牌名称经过特殊设计后确定下来的规范化的平面（乃至立体）表达形式。标准字与企业标志及商标一样，能够表达丰富的内涵。同样的企业文化理念层和制度行为层，如果借助不同形式的文字，就可能使人产生有差别甚至完全不同的理解，即形象差异。因此标准字一旦确定，企业不应随意改动，而要在各种场合和传播媒介中广泛使用，以树立持久、鲜明的企业形象。

9.1.2.1 字体及其视觉效果

中文汉字中，宋体、楷体、黑体、隶书、魏碑、仿宋等为常用字体。这些字体不但形成年代较早，而且在长期的历史发展过程中被我国人民普遍接受并广泛使用。

西文主要是指起源于拉丁文的英文、德文、俄文、法文等拼音文字，当然它们中最常用的是英文。西文都由一组字母组成（如英文有 26 个字母），有大写、小写之分。西文种类繁多，因此基本字体也非常多，最常用的有新罗马体（Times New Roman）等。

上述常用字体主要见之于印刷品中，因此又被称作印刷体或基本字体。无论中西文字体，在使用时都可以通过笔画加黑或变细、字形拉长或压扁以及倾斜等手法得到它们的变体。此外，美术字由于富有变化、生动活泼，受到专业人士欢迎，在广告、招贴画和其他公共关系用品中被大量使用。

研究早已表明：内容完全相同的文字，若采用不同的字体表达，会使人产生不同的联想和感受。有一则系列酒的电视广告，画面中心位置有一个字体不断变化的"酒"字，从篆书、隶书到宋体，使人觉得这一品牌的酒不但具有悠久历史，而且深具文化气息。这个例子说明字体具有时间上的含义。甲骨文、篆书（大篆、小篆）、隶书、魏碑等字体给人以历史久远之感；而宋体、仿宋体、黑体等则给人以现代、当代之感；有一些美术字则给人前卫的印象，代表流行、时髦或未来。从另一个角度看，不同字体的轻重感、质感等也不同。例如，隶书、魏碑、黑宋、琥珀等字体笔画较粗，给人以沉重、凝重的感觉；而楷体、宋体、细圆等字体则让人感觉比较轻巧。又如，甲骨文具有龟甲、骨头的粗朴质感，隶书带有羽毛、麻、竹等质感，魏碑体则有岩石的冷、重质感，行书、草书具备纸张、绢绸等轻、软质感。此外，因字形及笔画构成不同也存在正式与不正式的印象。宋体、黑体等让人感到比较正规、正式，而草书、行书、楷书则显得比较随意。字体的上述不同视觉感受甚至还导致不同的感情色彩。

9.1.2.2 标准字的设计原则

标准字设计，主要是确定它的书写形式。"写字"看似简单，但要"写"出反映企业特色和企业形象的标准字却并不容易。为此，应掌握下述四条主要原则：

（1）易辨性原则。字写出来是要给人看的，如果标准字设计出来，人们不认识或不容易看清楚，那就是一个失败的设计。易辨体现在三个方面：一是要选用公众普遍看得懂的字体，如果把长虹、联想的标准字换成甲骨文、小篆，恐怕不会有几个人认识；二是要避免与其他企业的标准字相似或雷同；三是字体结构清楚，线条明晰，放大很清楚，缩小也清晰。

（2）艺术性原则。对视觉要素设计来说，艺术性都是很重要的，标准字也不例外。只有比例适当、结构合理、线条美观的文字，才能让人看起来觉得比较舒服。

（3）协调性原则。标准字的字体要与企业的产品、包装等相适应，与企业产品或服务本身的特点相一致，也要与经常伴随出现的企业标志、商标等相协调。

（4）传达性原则。企业标准字是承载企业理念的载体，要能在一定程度上传达企业理念。不能把设计工作作为一项孤立的内容，单纯去追求某种形式上的东西。无论如何，熟悉和吃透企业理念，对于标准字设计都是有益的。

9.1.2.3 标准字设计步骤

设计企业标准字，一般有三个步骤，如图 9-5 所示。

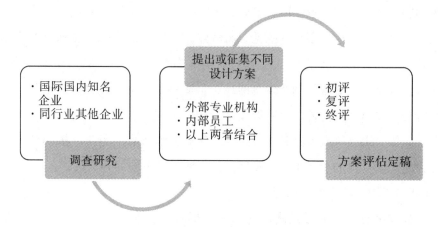

图 9-5　企业标准字设计步骤

第一步，调查研究。调查的目的是避免与其他企业的标准字雷同，以确定标准字的基本特点。这一步常常是在进行整个 CI 策划的前期调查中进行的，而无须单独开展，以节省调研费用。标准字调查主要针对国际国内知名企业和同行业的其他企业。

第二步，提出或征集不同的设计方案。标准字设计几乎都是与企业标志、商标、标准色设计一起进行的，这样可以保证设计的总体效果。如果委托专门机构设计，则最多只有三五种方案；如果面向全体员工或社会公开征集，有时会收到成百上千种方案。

第三步，方案评估定稿。这是最关键的步骤。评估的标准除了上述四条原则以外，有时还有企业自身的一些特殊要求。当设计方案数量较多时，需要经过初评、复评、终评等好几个回合。经过终评的 2~5 种方案再提交企业最高层拍板，选定一个中选方案。有时对中选方案还需要做个别细部修改，以便更加完善。

可见，企业标准字设计并不复杂，一般总是与其他视觉要素的设计同步进行。

企业标志、商标、标准字等最后选中的设计方案，除了效果图以外，通常要设计出放样图，或称坐标图，以便今后制作。如四川省建设工程质量安全与监理协会的标准字，见图9-6。

图9-6 四川省建设工程质量安全与监理协会标准字设计

9.1.3 企业标准色设计

企业标准色是指经过设计后被选定的代表企业形象的特定色彩。标准色一般是一种或多种颜色的组合，常常与企业标志、标准字等配合使用，被广泛应用于企业广告、包装、建筑、服饰及其他公共关系用品中。

9.1.3.1 色彩的基本特点

（1）色彩三要素。在五彩缤纷的世界里，人们看到的色彩首先可分为彩色与无彩色两类。前者有红、黄、蓝等色，后者则指黑、白、灰色。认识和区别不同色彩，就必须了解色相、明度和彩度这三个基本的色彩要素。

色相就是色彩的相貌。它是一种色彩区别于另一种色彩的名称，既有红、黄、蓝等原色，又有橙、绿、紫等混合色。

明度指色彩的明暗程度。明暗是色彩的性质之一，表示色彩所受光度的强弱，光度强的明度高，光度弱的明度低。无彩色中，白色明度最高，黑色最低，中间是各种灰色；彩色中，以绿色为例，明绿、中绿、暗绿的明度由高到低。

彩度是指色彩的纯度，或浓度、饱和度。三棱镜分解阳光得到的光谱中呈现的红、橙、黄、绿、蓝、靛、紫等各种色相就是彩度最高的纯色（或称饱和色）。纯色加白色，变为较淡的清色；纯色加黑色，变为较暗的暗色；纯色加灰色，就成为浊色。与纯色相比，清色、暗色、浊色的彩度都要低。

（2）色彩的感觉。调查研究表明，色彩具有冷暖、胀缩、轻重、进退、兴奋与沉静等不同感觉。

冷暖感，即色彩带给人冷热的感受。令人感到温暖的色彩为暖色，如红色、橙色、黄色等色彩。使人感到寒冷的色彩为冷色，如绿青、青绿、青色等。介于暖色和冷色之间的是中性色，如绿色、紫色、黄绿色等。

胀缩感，即不同色彩带给人膨胀或收缩的感觉。一般说来，凡是明度较高的色彩看起来有膨胀感，而明度较低的色彩则有收缩感。

轻重感，即色彩给人以轻或重的感觉。同样大小面积或体积的东西，明度高的看起来较轻，明度低的看起来较重。

进退感，即色彩带给人前进或后退的感觉。暖色和明度高的色彩有前进的感觉，反之冷色和暗色则有后退的感觉。

兴奋感与沉静感，即有的色彩让人感到兴奋，如红、橙、紫红色等被称为兴奋色；有的色彩则让人有沉静的感觉，如黄绿、绿、蓝色等被称为沉静色。既不属于兴奋色，又不属于沉静色的黄、青、紫色等则是中性色，它们使人的情绪平淡、安定。

在上述研究的基础上，学者们进一步发现，色彩还与人的味觉、嗅觉以及物体形状之间存在某些特殊联系，如表9-1所示。这对企业文化符号层设计具有一定价值。

表 9-1　色彩与味觉、嗅觉、物体形状的关系

感　觉		色　彩
味觉	酸	从带黄色的绿到带绿色的黄等一系列色彩
	甜	从橘黄到带橙色的红色和从粉红到红色的系列色彩
	苦	褐色、橄榄绿、紫色、蓝色等色彩
	咸	灰色、白色、淡蓝、淡绿等色彩
嗅觉	香	紫色、淡紫、橙黄等类似香水或花卉具有的色彩
	辛香辣	橙色、绿色等
	芳香	高明度的、高纯度的色彩
	恶臭	暗的、不明朗及暧昧色彩
形状	固体、硬物	暗褐色、深蓝色、金属色等普通发暗的色彩
	液体	寒绿、青绿等色彩
	浓乳液	粉红色、乳白色等
	粉状物	黄色、土黄、浅褐色等

（资料来源：张德，吴剑平. 企业文化与 CI 策划［M］. 4 版. 北京：清华大学出版社，2013.）

（3）色彩的心理效应。由于色彩的不同感觉，它不但会使人产生各种不同的感情，而且可能影响从精神、情绪到行为的变化，如表 9-2 所示。

表 9-2　色彩的心理效应

色彩	感情倾向
红色	生命、热烈、喜悦、兴奋、忠诚，斗争、危险、烦恼、残暴、红火
橙色	温馨、活泼、渴望、华美、成熟、自由、疑惑、妒忌、不安
黄色	新生、单纯、成熟、庄严、高贵、惊讶、和平、俗气、放荡、嫉妒
绿色	生长、胜利、和平、青春、活力、新鲜、安全、冷漠、苦涩、悲伤、环保
蓝色	希望、高远、温馨、和谐、安详、寂静、清高、深邃、孤独、神秘、阴郁
青色	神圣、理智、信仰、积极、深远、寂寞、怜惜
紫色	高贵、典雅、圣洁、温厚、诚恳、嫉妒
金色	华美、富丽、高贵、气派、收获、富足、庸俗
银色	冷静、优雅、高贵、神秘

表9-2(续)

色彩	感情倾向
白色	纯洁、清白、干净、和平、神圣、廉洁、朴素、光明、积极
黑色	庄重、深沉、坚毅、神秘、稳定、消极、伤感、过失、死亡、悔恨
灰色	谦逊、冷静、寂寞、失落、凄凉、烦恼

(资料来源:张德,吴剑平. 企业文化与 CI 策划〔M〕. 4 版. 北京:清华大学出版社,2013.)

(4) 色彩的民族特性。不同的国家和地区,由于受各自不同历史文化传统的影响,对色彩的象征意义有不同理解,因而喜好、禁忌也各不一样。了解色彩的这种民族特性,选择有利于本企业的色彩,对于树立良好企业形象、参与国际竞争有很大好处,如表 9-3 所示。

表 9-3　部分国家和地区对色彩的喜爱和禁忌

国家/地区	喜　爱	禁　忌
德国	南部喜欢鲜艳的色彩	茶色、深蓝色、黑色的衫和红色的领带
爱尔兰	绿色及鲜明色彩	红、白、蓝色
西班牙	黑色	
意大利	绿色和黄、红砖色	
保加利亚	较沉着的绿色和茶色	鲜明色彩,鲜明绿
瑞士	彩色相间、浓淡相间色组	黑色
荷兰	橙色、蓝色	
法国	东部男孩爱蓝色服装,少女爱穿粉红色服装	墨绿色
土耳其	绯红、白色、绿色等鲜明色彩	
巴基斯坦	鲜明色、翠绿色	黄色
伊拉克	红色、蓝色	黑色、橄榄绿色
中国港、澳地区	红色、绿色	群青、蓝、白色
缅甸	鲜明色彩	
泰国	鲜明色彩	黑色（表示丧色）

表9-3（续）

国家/地区	喜　爱	禁　忌
日本	红色、绿色	
叙利亚	青蓝、绿、红色	黄色
埃及	绿色	蓝色
巴西		紫色、黄色、暗茶色
委内瑞拉	黄色	红、绿、茶、黑、白表示五大党，不宜用于包装
古巴	鲜明色彩	
墨西哥	红、白、绿色组	
巴拉圭	明朗色彩	红、深蓝、绿等不宜用作包装
秘鲁		紫色（十月举行宗教仪式除外）

（资料来源：张德，吴剑平. 企业文化与 CI 策划 ［M］. 4 版. 北京：清华大学出版社，2013.）

9.1.3.2　标准色的设计原则

（1）充分反映企业理念。符号层各要素都必须围绕企业理念这个核心，充分反映企业理念的内涵，标准色也不例外。由于色彩引起的视觉效果最为敏感，因此标准色对于传达企业理念、展示企业形象具有更加突出的作用。例如，四川华西集团的 LOGO 中，"H" 形标志主体为绿色，此颜色的色标代码为固定数值，称为 "华西绿"。"华西绿" 也是华西整个视觉识别系统的主体色调，在整个系统中使用最为广泛。绿色象征着生命、环保，体现了华西强烈的环保意识，与华西环保理念 "绿色建筑，绿色华西" 相互印证，紧紧相扣。

（2）具有显著的个性特点。色彩无论千变万化，人眼可视范围无非赤、橙、黄、绿、青、蓝、紫和黑、白这几种，因而企业标准色的重复率或相似率是极高的。为此，必须考虑如何体现企业的个性，既反映企业理念内涵、产品和服务特色，又避免与同行业重复或混淆。可以考虑采用多种颜色做标准色，如新奥集团就是采用红、蓝二色。当然，标准色一般不超过两种，再多就可以采用下面将提到的辅助色。

（3）符合社会公众心理。这主要是考虑色彩的感觉、心理效应、民族特性以及公众的习惯偏好等因素。首先要避免采用禁忌色，使公众普遍接受；其次是尽量选择公众比较喜爱的色彩。

9.2　企业环境设计

9.2.1　办公环境设计

对于企业管理、行政、技术人员而言，办公室是主要工作场所。办公室环境对人们从生理到心理都有一定影响，并在一定程度上影响到企业决策、管理效果和工作效率。

办公室设计主要包括规划、装修、办公用品及装饰品的配备和摆设等内容。设计时有三个相联系的目标：一是经济实用，二是美观大方，三是独具品位。办公室是企业文化的物质载体，要努力体现企业文化特色，反映企业形象，对员工产生积极、和谐的影响。因此，办公室设计应努力做到四点，如图 9-7 所示。

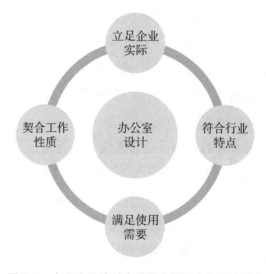

图 9-7　办公室设计时应尽量满足四个方面的要求

在办公环境设计中，要完整地体现企业理念、形象，全面考虑平面布局、空间分隔、办公室家具、照明、空调及标牌的形式和设计风格，尤其要设计好门厅、接待台、企业形象墙、会议室、展示室及主要领导人办公室等与外界联系较多的部分和空间。门厅与接待处是企业的重要窗口，要精心凸显企业的标志、名称、理念和口号，还要设计好配套的座椅、绿化与小品等。

高层领导办公室的设计，要表现出企业的综合实力，更要有特色、有品位，并与企业形象设计的总体思路相一致。会议室是企业中重要的公共场所，往往也是展示企业成就的地方，可以像设计入口那样展现企业的标志、名称、经营理念和口号，同时还要通过照片、书法、获奖资料等丰富和强化企业的形象。有的会议室将企业的标志做在天花板上，不仅个性鲜明，还能起到画龙点睛的作用。

9.2.2　工程项目施工现场环境设计

工程施工企业与其他生产经营性企业相比，有其自身的突出特点：一是大都为高空、野外或危险作业；二是流动性和分散性很强；三是施工和生活条件比较艰苦，劳动强度大。在这种条件下，只有培养高尚的企业精神，塑造优秀的企业文化，才会使企业形成一股合力迎接挑战，确保安全施工，质量达标。

项目部是工程施工企业最基本的工作单元，是企业文化建设的窗口，是全体员工艰苦奋斗、全力拼搏、实现人生价值的舞台，也是展现施工企业形象的前沿阵地。因此，施工企业文化建设的着力点和落脚点都要放在施工项目上，把企业文化建设融入项目管理中，把主要精力放到施工现场。

规范项目驻地和施工现场建设，要按照企业 VI 标识，开展专业样板创建，实现工程项目硬件设施的标准化和软件管理的规范化，全面促进现场文化建设。项目部、安全科、材料科等企业职能部门要通过提前介入、前期策划、全程参与等方式，在新建项目进场作业初期，就做好项目驻地和施工现场建设的规划和宣传，帮助项目部从建设初期就提高对驻地建设和现场文明建设的重视程度，形成良好的宣传习惯。项目部在整体规划部署的同时要充分重视细节宣传，把工地"四牌三标"、学习栏、宣传栏、现场横幅条幅等作为宣传阵地，积极宣传企业理念识别系统，基本做到目之所及、随处可见，从意识形态上促进管理、质量、安全、效益、学习、环保等建设管理理念深入人心，对员工的行为形成无言的约束。

企业形象是社会大众和企业员工对企业的整体印象、整体感受与评价，是企业文化构成的综合反映，是企业通过各种实践、多种方式在社会上塑造起来的知名度和美誉度。树立良好的企业形象，有利于企业吸纳社会上的优秀人才，同时可以提高员工工作热情，激励员工士气，增强企业团队的凝聚力。例如四川华西集团一直注重塑造良好的企业形象，通过各种公关、广告、培训等方式广泛宣传和大力弘扬"秉德从道、善建天下"的企业精神，每个项目部都必须严格按照《企业视觉识别系统管理手册》和《四川华西集团企业文化手册》的要求，统一使用企业理念识别、视觉识别和行为识别三大系统，让"善建者·华西"满布社会，家喻户晓。通过加强标准化工地和文明工地建设，积极开展华西形象宣传，树立了良好的企业形象，提高了华西集团的知名度和影响力。

9.3 标识应用设计

9.3.1 企业旗帜设计

企业旗帜，通常指一家企业专用的旗帜，又俗称厂旗、司旗。就像国旗是一个国家的象征一样，企业旗帜也是企业的象征。松下公司在每天朝会升公司旗帜，表示新的工作日开始。随着旗帜冉冉升起，员工对公司的希望和对未来的追求也同时在心中升起。

企业旗帜有多种用途：一是用于企业参加对外活动或者组织内部集体

活动时，作为引导、展示、宣传，这是最主要的用途；二是作为企业的象征，用于企业广场、大门等重要场所每天悬挂，或者在公司内部的重要场所、办公室日常悬挂；三是印制在员工的工作衣帽上当作标志用；四是其他需要的场合。

企业旗帜设计要突出企业文化个性，注意以下几个方面：

（1）企业旗帜的形状设计。

多数企业旗帜是长方形，长宽比例通常按照黄金分割比。此外，三角形、凸五边形和凹五边形等也被一些企业采用，比长方形要更能体现企业个性。或者以一种形状（如长方形）为主，在不同场合有不同的变形。如正式场合使用长方形，而把三角形或四五边形的小旗作为企业对外的纪念品。旗帜还可采用其他形状，但切忌过于奇特而有失庄重。

（2）企业旗帜的布局设计。

最简单的办法，是把企业标志或标准字，或者同时把两者按一定比例放在旗帜几何形状的适当位置。如果企业标志比较复杂，或名称字数较多，则不宜采用这种做法。也有采用其他图案、线条配合企业标志和名称的。

图案和文字的大小比例要适中。横向还是纵向布局，则视具体情况而定。以长方形旗帜为例，图案和文字通常位于旗帜的左上方或中间。

（3）企业旗帜的色彩设计。

一般而言，企业旗帜的色彩应尽量采用标准色以及辅助色。例如，四川省建设工程质量安全与监理协会的会旗就以深蓝色与白色作为标准色，不仅干净、和谐，而且十分醒目。

（4）企业旗帜的规格和用料设计。

企业旗帜的规格设计，就是平常说的确定尺寸大小。对企业而言，往往不是只有一种规格的旗帜，而是由多种规格（尺寸）构成一个或多个系列。

企业旗帜的用料设计，就是确定旗帜使用何种材料来制作。随着纺织技术的发展，有许多新型的化纤布料可以用来印制旗帜。旗帜图案和文字的制作工艺，如染印工艺，也是企业旗帜设计可以考虑的。

（5）企业旗帜悬挂方式的设计。

作为企业的重要象征物，对企业旗帜的尊重也是对企业的尊重，因此除了设计和制作之外，对企业旗帜的悬挂方式做规定也是其设计全过程中不可缺少的环节。

企业旗帜的悬挂虽然不像国旗的悬挂规定那么严格，但通常也需要对悬挂和使用的场合、悬挂的方式、旗帜的规格提出必要的要求。企业旗帜与国旗同时悬挂时，不仅高度应低于国旗，规格也应比国旗稍小，以表示对国家的尊重。当然，前提条件是不能违背《中华人民共和国国旗法》。

9.3.2　企业之歌设计

企业之歌，是指一个企业专有的，反映企业目标、追求、精神、作风等的歌曲。企业之歌是企业文化个性的又一鲜明体现。它通常是合唱歌曲，通过集体歌唱不但能增强员工的自豪感和归属感，增强企业的凝聚力和向心力，而且能够激发员工的上进心和责任感，鼓舞他们积极进取、开拓创新。因此，企业之歌设计，也是企业文化符号层设计的内容。

9.3.2.1　企业之歌的创作原则

很多企业没有专门从事音乐创作的人员，设计企业之歌需要外请专业人士负责或参与。因此，首先需要企业和创作者双方都明确一些基本的原则。

（1）反映企业文化。企业之歌对企业文化的反映不需要面面俱到，而应突出企业的核心价值观等企业理念。例如，四川华西集团建设的是"善建"文化，其企业之歌就取名为《善建者之歌》。

（2）易学易唱。这是企业之歌的生命力所在。只有在广泛、反复的歌唱中，企业之歌才能真正被广大员工掌握和喜爱，成为企业文化的一道亮丽风景。因此，企业之歌往往采用歌词简洁的进行曲。

（3）昂扬向上。无论是歌词内容，还是音乐旋律，企业之歌都应该渲染一种积极健康、奋发向上的情绪，而不能过于软绵绵，更不能无病呻吟。

9.3.2.2　企业之歌的创作方法

企业之歌通常的做法是先确定歌词，再请人谱曲。也可以先有曲，如选择社会上广为流传的某段音乐（或者某首歌的曲调）再填词。确定歌词是企业之歌创作的关键，有些企业的主要领导十分重视企业之歌的作用，亲自撰写歌词。确定歌词后，可邀请专业的音乐人士谱曲。

企业之歌的创作者不仅要对企业有全面、完整的了解和对企业文化的深刻理解，还需要有一定的音乐艺术与文化修养。同时，在企业之歌的雏形出来后，要广泛征求企业员工的意见，反复打磨，最终定稿。图 9-8 为四川华西集团的《华西之歌》（《善建者之歌》），歌曲的创作过程如案例所述。

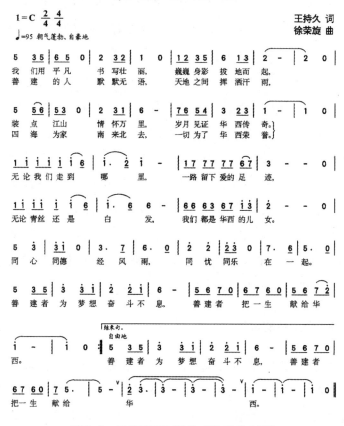

图 9-8　四川华西集团的《善建者之歌》

> ➤ **案例：四川华西集团《善建者之歌》的创作历程**

2014 年年初，四川华西集团将创作《善建者之歌》作为当年企业文化建设规划的一项重要内容。前期经过集团领导与王持久、徐荣旋两位艺术家的多番接洽，5 月，集团企业文化领导小组办公室成员在集团领导的高度重视和关心下，与王持久、徐荣旋历经多番会谈，初步确定了创作《善建者之歌》的采风之行。

6 月，集团邀请徐荣旋和王持久两位艺术家先后走访了航空广场项目、省安司风洞项目、场道公司重庆机场项目、中华西公司深圳发展银行项目等一大批华西集团精品建筑工程和集团多家下属单位，对华西集团进行了比较深入的了解。在歌曲创作过程中，有超过 100 名不同单位、不同层面的华西人与徐荣旋、王持久两位艺术家进行了深入交流，分享了自身的华西情怀，并对歌曲创作提出了建议。《善建者之歌》的创作历程比较顺利，7 月中旬，华西之歌的创作初具雏形。

7 月下旬到 8 月上旬，企业文化领导小组办公室多次试听《善建者之歌》，广泛听取并收集意见，与两位艺术家不断交流，对歌曲的创作提出了大量的意见和建议。

两位艺术家因深受华西集团"秉德从道、善建天下"的精神感染，有感而发，成型很快。但要在自己的作品上再做修改，进度就比较缓慢了。企业文化领导小组办公室保持和两位艺术家的联系，提供大量资料，为两位艺术家创造良好的创作氛围。经过两个月对歌曲的精心打磨，反复修改，10 月下旬，完成了《善建者之歌》的创作并得到华西集团领导班子和广大华西职工的一致好评。

9.3.3 企业赋的设计

赋是我国古代的一种有韵文体，介于诗和散文之间，类似于后世的散文诗。它讲求文采、韵律，兼具诗歌和散文的性质。赋的发展经历了几个阶段：最早出现于诸子散文中，叫"短赋"；以屈原为代表的"骚体"是诗向赋的过渡，叫"骚赋"；汉代正式确立了赋的体例，称为"辞赋"；魏晋以后，日益向骈对方向发展，叫作"骈赋"；唐代又由骈体转入律体叫"律赋"；宋代以散文形式写赋，称为"文赋"。著名的赋有：杜牧的《阿房宫赋》、曹植的《洛神赋》、欧阳修的《秋声赋》、苏轼的《前赤壁赋》、庾信的《哀江南赋》等。

赋的特点有四个：一是语句上以四、六字句为主，句式错落有致并追求骈偶；二是语音上要求声律协调；三是文辞上讲究藻饰和用典；四是内容上侧重于写景，借景抒情。

企业赋能够以高度凝练的方式表达企业的发展历程和企业的独特精神，呈现企业特有的文化底蕴。例如四川华西集团的《华西赋》就体现了华西厚重的历史、快速发展的现实以及华西独特的历史文化。《华西赋》以善建理念为纲，以历史脉络为线，以"功""德""言""行"为本，四论华西，仅仅千字就全面展示了华西 70 年的厚重历史和"天下之伟丈夫"的气魄与精神。

企业赋的创作过程比较漫长，既需要了解企业的发展历史，又需要有深厚的文学功底。例如《华西赋》由中国当代"辞赋三大家"之一、四川省作家协会名誉副主席何开四先生执笔创作，四川省作家协会名誉主席、书法家马识途先生书写而成。《华西赋》文字和书法均出自当代名家，其文学和艺术价值不言而喻。正因如此，《华西赋》以及《华西赋》所承载的厚重历史和所体现的华西精神，必将成为华西世代相传的宝贵精神财富。图 9-9 为华西赋的部分内容，其全文见案例《华西赋》。

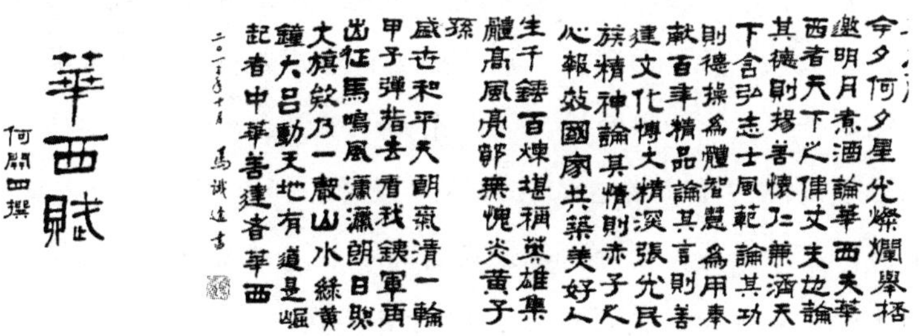

图 9-9 《华西赋》的部分内容

➤ 案例：《华西赋》全文

泱泱神州，八万里尧邦禹甸；鼎鼎华西，六十载风雨沧桑。铁军铠鞳，华西与时代同行；丰碑高矗，华西为国史增光。天地风景线，最美华西绿；居高声自远，卓立五百强。金杯灿然，长传鲁班魂魄；四海称誉，交响建筑华章。

犹忆建国之初，百废待举，三路大军，集聚天府。挥师南北，征战东西；宵衣旰食，风雨兼程。长春日暖，光照一汽磅礴；龙江潮涨，浪涌一重恢弘。金碧辉煌大会堂，浩浩华夏大国风。风云激荡，三线建设，顶天立地，是为先锋。红旗辉耀日月，篝火点燃星光；汗水共热血挥洒，山风与机声齐鸣。国防军工，锻造大国利器；空气动力，狂飙中华雄风。卫星巡天八万里，看我华西上太空。

伟哉，改革开放，大潮奔涌；南粤论剑，峨眉神功。扶摇九天云气，笑傲四海群雄。大厦巍峨凌空起，华西三天一层楼。发唱惊梃，彰显深圳速度；舍我其谁，嚆矢改革风流。探索企业发展之路，敢辟前人未辟之境。秉德从道，善建天下；真诚服务，打造精品。体育场馆飞机场，电视高塔科学城；东风夜放花千树，高楼鳞次薄青云。塔吊千寻，心系万家安乐；片瓦尺椽，情连天下苍生。君不见，八级地震天地裂，难撼华西栋与梁。华西乃安全，华西乃质量，华西乃诚信，华西乃担当。

嗟乎，灾害靡常，汶川地震；国之有难，华西请缨。万众精兵强将，星夜驰援，耿耿铁肩担道义；十里钢铁洪流，术业专攻，肃肃救灾排头兵。雪原莽莽，三江溶溶，石渠重建，临危受命。峰峦嶙峋，肩挑背磨扎营盘；高原缺氧，风狂雨骤抢工期。哈达如雪映新屋，三江春水三江情。

世纪嘉年华，华西辟新境。任尔东西南北风，咬定发展不放松。高瞻周览，运筹帷幄，抓住战略机遇；品牌经营，开拓创新，明晰跨越路径。华西集团，盎然出焉；股份公司，华丽转身。善建文化，独标一帜，铸造华西风骨；核心理念，高蹈超拔，践行百年愿景。结构集成，多元发展，大时代呼唤大手笔；整合资源，巩固主业，大手笔楮墨大文章。壮矣哉，挺秀神州，百年老店春长在；辐射四海，一流建设集成商。

今夕何夕，星光灿烂；举杯邀明月，煮酒论华西。若夫华西者，天下之伟丈夫也。论其德则扬善怀仁，兼济天下，含弘志士风范；论其功则德操为体，智慧为用，奉献百年精品；论其言则善建文化，博大精深，张光民族精神；论其情则赤子之心，报效国家，共筑美好人生。千锤百炼，堪称英雄集体；高风亮节，无愧炎黄子孙。

盛世和平，天朗气清；一轮甲子弹指去，看我铁军再出征。马鸣风潇潇，朗日照大旗；欸乃一声山水绿，黄钟大吕动天地：有道是，崛起者中华；善建者华西！

9.3.4 企业服装设计

企业服装设计，有狭义和广义之分。狭义仅指对某种特定用途企业服装的款式设计，它属于服装设计师的工作。广义则是从企业文化角度，指对企业服装的整体规划、设计与管理。具体包含下列设计工作：

（1）总体设计。总体设计是指确定企业服装的性质、功能、分类和设计的总体原则。例如，M 企业规定，企业服装分工作服、休闲服、礼服三类，工作服每年发两次，即秋季长袖、夏季短袖；休闲服每两年发一次，礼服每五年发一次。这个规定实际上就是对企业服装的总体设计。

（2）方案设计。方案设计是指根据总体设计，确定企业服装的序列、规格、款式、价格范围及预算、管理规定和发放的具体原则。仍以 M 企业为例，确定工作服为长袖、短袖两个序列、五种规格型号，采用传统的卡克式。

（3）款式设计。款式设计既可以请专业的制衣企业定制，也可以在市场选择已有款式。一般情况下，由于需要将企业的 Logo 印制在衣服上，或者需要使用企业 VI 系统中规定的色彩，更多的是采用定制的方式。

9.3.5 企业文化用品设计

企业文化用品主要指对外公务活动中经常使用的办公用品。企业名片、信笺、信封、画册、纪念品等等，都是常见的文化用品。它们是企业文化向外界辐射的渠道，是 VI 应用中非常重要的一部分。

9.3.5.1 企业名片设计

名片是现代社交场合的必需品。初次见面互换名片，表示彼此尊重；反之，有时会被认为是没有礼貌。因此，名片设计不单是员工个人行为，也是企业文化设计的一个要素。

（1）名片的三要素。

名片持有者的姓名、职务、联系方式，是名片不可缺少的内容。

①姓名。原则上必须是持有者本人的真实姓名，与身份证一致。除个别知名人士采用笔名、艺名，切忌使用虚假姓名。

②职务。如果本人在企业没有职务或职务较低，也可以只写企业名称而不写职务，原则上不要在企业名片上同时印上与岗位工作不相干的其他身份。有些名片印长长一串头衔，结果看不出持有者到底以何种身份在与人交往，反而给人留下虚荣、浅薄的印象。

随着我国尊重知识、尊重人才之风日盛，受教育程度成为个人身份的重要标志。因此，可以写上持有者获得的学位，如"哲学博士""法学硕士""MBA"。值得注意的是，"博士后"不是学位，在名片上只能标注最高学位"博士"。

③联系方式。联系方式指与企业工作有关的联络信息，如企业地址、邮政编码、办公电话、传真机号码、电子邮箱。企业有网站（主页）或公众号二维码，也应写上。经常不在固定地点办公的员工，如销售员、采购员，最好写上手机号码。

（2）名片的其他常识。

①名片的规格。名片的规格即名片的大小尺寸，常见约为 9 厘米×5.5 厘米。有的采用折叠名片，如图 9-10 所示，折起来与普通名片大小一样，既方便保存，又可以增加信息量。

（a）折叠状态　　　　　　　　（b）展开状态

图 9-10　折叠式名片及其展开效果（样例）

②名片的材质。选取不同材质的材料来制作名片，不仅是持有者的个人喜好，而且反映了企业的某种理念。国外一些著名企业家，把用过的纸张翻过来，用背面打印或者书写名片，这是表示节约、支持环保。

③名片的色彩。名片的色彩一般采用白色或其他浅色的底色，黑色和其他深色的文字。如果使用彩色或两种以上颜色，则要注意搭配，颜色要协调，否则会显得杂乱和不庄重。

④名片的文字。除手书的名片外，文字一般采用印刷体。如果交往对象都是华人，可以只印中文；如果有涉外的交往，应同时使用中文、英文或其他外文。

⑤名片的布局。一般来说，名片的版式要美观大方，不宜挤得满满当当。

（3）企业名片的设计原则。

①统一版式。从董事长、总裁到企业所有员工，原则上应该使用同样布局和风格的名片，如图 9-11，以形成统一的企业对外形象。

图 9-11　不同职位员工使用同样版式的名片（样例）

（2）突出企业标志和标准字，尽量采用企业标准色。标志和标准字应在名片的醒目位置。

（3）可以附加内容。除以上内容外，名片还可附加其他内容，如公司目标、价值观、宗旨等企业文化内容，以及企业主要业务范围等。这些一般在背面或内侧，切忌把名片完全变成公司广告。

9.3.5.2　企业画册设计

企业画册一般以图文并茂的形式全面展示企业情况，是企业文化的基本载体，在企业对外交往中具有重要作用。因此，企业画册又经常被称为企业宣传册。

（1）企业画册的设计步骤。

企业画册的设计有五个步骤，如图9-12所示。

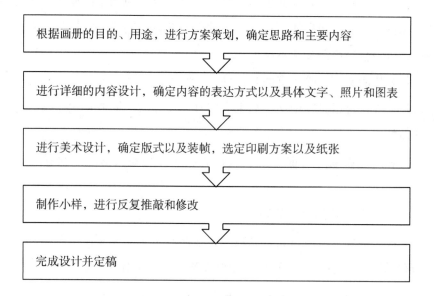

根据画册的目的、用途，进行方案策划，确定思路和主要内容

进行详细的内容设计，确定内容的表达方式以及具体文字、照片和图表

进行美术设计，确定版式以及装帧，选定印刷方案以及纸张

制作小样，进行反复推敲和修改

完成设计并定稿

图 9-12　企业画册的设计步骤

（2）企业画册的内容设计。

企业画册一般包含这些内容：主要负责人致辞，企业概况及历史沿革，企业文化理念层表述，企业发展战略，企业组织情况，业务领域，主要产品和服务项目等。在内容设计时应根据企业实际需要进行增减，突出

企业最希望翻阅画册者了解的部分，而不必面面俱到。能够用照片和图表表达的内容，最好不要使用文字；必须用文字的，也尽量使用最少的文字。无论文字还是图表，均应力求准确。

（3）企业画册的美术设计。

美术设计是对画册版面和装帧的具体设计。内页宜采用相同版式，并与封面、封底风格一致。版式设计应与所反映的内容一致，且庄重大方、简洁明快，体现企业的文化品位，如图 9-13 所示。出色的美术设计，往往是美术人员与内容设计人员反复沟通的结果。

图 9-13　企业画册封面（样例）

9.3.5.3　企业纪念品设计

企业纪念品是具有一定使用价值和纪念意义的公共关系用品。设计与企业文化符号层一致的纪念品，充分发挥文化辐射作用，有助于对外传达企业理念，塑造统一的企业形象。纪念品设计应力求美观大方，纪念性与实用性相结合。同时，要遵守廉洁规定，其价格或价值应符合相关法律、规章、政策的规定。

常见的企业纪念品有纪念章、领带、丝巾、笔、钥匙扣、T 恤、手表、纪念牌、手提袋、水杯、U 盘等。

（1）纪念章设计。

设计企业纪念章，需要确定其几何形状、文字或者图案、材质等。其形状可以是一些较为复杂的组合图形，上面有时只有企业标志，而不再出现文字。

（2）领带和领带夹设计。

领带设计，主要是设计款式、色彩、材质和图案。作为纪念品时，为方便客人使用，领带可以印制企业标志而不是企业名称。同时，最好选用企业标准色和辅助色，再配以辅助图案（辅助字）。

视企业对外交往的需要，还可单独设计制作有企业标志的领带夹，配合领带一起赠送。领带夹设计应简约精致，要选择工艺水平较高的厂家制作，切勿一味追求廉价。

（3）纪念笔设计。

很多企业选择钢笔、签字笔、圆珠笔等作为纪念品，既实用又具有文化品位。企业通常到制造商家选择某种品牌的笔，在上面印制本企业的标志和名称。

（4）钥匙牌（扣）、U 盘等设计。

钥匙牌、钥匙扣以及 U 盘、移动硬盘甚至平板电脑也是常见的企业纪念品。设计这类用品较为简单，关键是处理好印制在上面的企业标志及标准字的大小比例。

（5）T 恤设计。

T 恤价廉物美、方便穿着，不但被广泛用作企业纪念品，而且经常作为员工的休闲服。T 恤设计主要是把企业标志、名称、理念表述等以适当比例加以安排，文字不宜太多，占用面积不可太大。可只在 T 恤正面胸口处印制企业标志（及标准字），既美观大方又降低成本。如果一定要在背面印刷，也应注意内容选择，或在前胸处和背后分别印制企业标志和企业核心理念，见图 9-14。

正面　　　　　　　　　　背面

图 9-14　企业 T 恤（样例）

（6）纪念牌设计。

企业纪念牌也是使用较多的一种企业礼品。它除了装饰性和纪念意义外，没有任何实用功能，是一种纯粹的纪念品。纪念牌有方形、长方形、圆形、椭圆形等形状，正面为含有企业标志、标准字等的图案，背面配有可折叠的支架，以方便摆放，如图 9-15 所示。

图 9-15　企业纪念牌（样例）

（7）手提袋设计。

企业专用的手提袋可以用来装文件和产品，因制作成本较低，在传播企业文化、扩大企业影响方面用途广泛。企业手提袋一般用纸（如牛皮纸、塑光纸、薄纸板纸）、塑料薄膜制作，上面印刷企业标志、名称、企业理念及业务介绍等，如图 9-16 所示。

图 9-16　企业手提袋（样例）

9.3.5.4　企业日常用品的设计

企业日常用品主要有工作证、文件夹、档案（文件）袋、记事本、及时贴、标签、灯箱、指示牌、路牌等。设计和制作与企业文化符号层基本要素具有相同风格的上述办公和工作用品，有利于促进员工在日常工作中不断增强对企业的认同感。

（1）工作证设计。

工作时间佩戴工作证，已成为很多企业加强员工管理、促进员工沟通交流的一种措施。工作证的一般规格与名片相似，尺寸都是 9 厘米×5.5 厘米，要注明单位或部门、职务、姓名，还要有照片和编号，见图 9-17。在一些规模较大或有保密要求的企业，还要设计制作出入证，设计方法和要求与工作证类似。

图 9-17　企业工作证（样例）

随着信息化的加速发展，采用 IC 卡、智能卡来制作工作证、出入证已经成为一种习惯做法。这时，条形码、二维码（或其他编码）就成为工作证的一个要素。

（2）文件夹（档案袋）设计。

视企业需要，可以设计制作专用的文件夹、档案袋、公文袋等，如图9-18 所示。

图 9-18　企业档案袋、资料袋（样例）

（3）记事本设计。

设计和制作专用的记事本以及笔记本是企业文化 VI 设计中比较常见的一个项目。通常可以在记事本的封二或扉页等处印上企业理念、员工行为守则等企业文化内容，以时刻提醒员工。样例如图 9-19 所示。

图 9-19　企业笔记本（样例）

（4）及时贴、标签设计。

有些企业需要设计制作专用的及时贴和标签、价签等，如图 9-20 所示。

图 9-20　企业及时贴、标签（样例）

（5）灯箱、路牌、指示牌设计。

灯箱、路牌、指示牌等也是企业常用的物品，在设计时也需要与企业标识及符号层的各个部分协调考虑，以反映独特的企业文化。

（6）其他常用物品设计。

有些企业根据工作需要，还会定制会标、安全警示横幅、工具箱等用品，对这些用品和工具适当设计，突出企业标识，也是十分必要的。

9.3.6　企业文化传播网络设计

企业文化传播网络与符号层的其他载体相比，具有更突出的传播功能。传播网络主要有两种形式：一种是正式网络，如企业创办的报刊、闭路电视、宣传栏、网站、公众号、企业微信、企业微博等；另一种是非正式网络，如企业内部非正式团体的交流、小道消息。全面的企业文化传播网络设计，包括对前者的建立和维护，以及对后者的调控和引导。

下面，主要介绍企业文化正式传播网络的设计要求和方法。

9.3.6.1　企业报刊设计

企业报刊是企业自行创办的内部报纸或刊物。企业报刊一般不是公开出版物，发行范围主要限于企业内部，少数也发送给公共关系者（如顾客、合作者、政府、新闻界），因此也称内刊。

（1）企业报刊分类。

按照报刊形式分，企业报刊可分为期刊和报纸两种类型。如中国五冶集团的《新坐标》和《五冶报》就分属这两类。按照内容分，企业报刊可分为综合性报刊和专门性报刊，如四川华西集团的《华西建筑》、长虹集团的内刊《长虹》为前者，而联想集团的《超越》以企业文化为主要内容，就属于后者。

按照出版时间分，企业报刊可分为定期报刊和不定期报刊，定期的报刊具有固定编印发行周期，按周期长短又可分为日刊、周刊、半月刊、月刊、双月刊、季刊等。

按照批准创办的机关不同分，企业报刊可分为内部正式报刊和非正式报刊。经过新闻主管机关批准、有内部报刊准印证的为正式报刊，如《华西建筑》；而非正式报刊未经新闻主管机关批准，无内部报刊准印证。

（2）企业报刊的内容设计。

文以载道。企业报刊的类型、形式、出版周期、印刷质量等固然重要，但内容更加重要。内容是企业报刊的质量，特色是企业报刊的生命。

企业报刊内容应坚持做到以下几个方面：

①符合党和国家的路线、方针、政策，遵守法律法规；

②充分反映企业理念的要求，努力服从和服务于企业经营管理这一中心工作，体现企业个性和特色；

③坚持群众办报办刊原则，立足广大员工，照顾不同员工的素质和需要，做到引导员工与满足员工相统一。为此，企业报刊不但需要熟悉报刊业务的编辑人员，而且应吸收普通员工担任兼职记者、通讯员，扩大稿源。

报纸与刊物在内容组织上有不同特点，报纸及时性强，但容量小，因此文章应短小精悍；而刊物虽然周期较长，但容量大，适合刊登一些有深度的文章。综合性报刊通常包含以下内容：

①企业生产经营管理的重大事件，企业重要政策、方针、决定，以及企业主要领导的重要讲话；

②企业各方面、各部门工作的报道和介绍；

③企业人物报道和专访；

④与企业有关的信息、经验、资料；

⑤员工的工作体会、心得及作品；

⑥企业公共关系活动。

（3）企业报刊的版式设计。

版式设计即报刊的版面安排、栏目设置。要坚持形式服从内容，坚持从企业实际出发，以更好地服务经营管理工作，服务员工需要，服务企业文化建设。在一段时间内，版式一般应保持相同风格，如图9-21和图9-22所示。

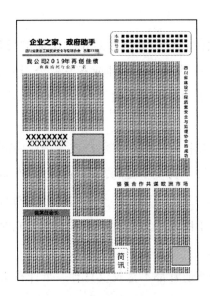

图 9-21　企业报刊第一版　　　图 9-22　企业报刊内页

（样例）　　　　　　　　　　（样例）

9.3.6.2　企业网站设计

随着互联网的广泛应用，许多企业建立了自己的网站，使企业文化传播网络家族增添了一名新成员。

（1）企业网站的作用。

企业网站可以只供内部使用，又可面向企业外部的所有网络用户。

企业网站不但可以分别实现企业报刊、广播、电视、宣传栏、广告牌等传统传播网络的全部功能，而且可以克服它们的缺陷，综合其优点。例如，视频新闻就是把闭路电视新闻节目转换为数字信号通过网站在计算机上播出，其图像、音响效果都不比电视逊色，并且可随时观看。同时，通过网站不但可以开办企业网络刊物，还可以通过办公信息自动化系统开设聊天室、公告栏、广告牌、通知栏、建议邮箱等。

网站具有信息传播快、不受时空限制、信息容量大、交互式、节省纸张等优点，因此有越来越多的中国企业开始重视这一新的企业文化传播形式，以代替部分或全部的传统传播形式。

（2）企业网站的设计方法。

设计企业网站，首先是内容层面的设计，其次才是技术层面的设计。技术层面的设计和制作，通常委托专门的网络工程师或者专业公司完成。相比之下，网站内容的设计和维护则更为关键。下面重点介绍网站内容的设计。

①界定网站的主要功能。网站主要针对外部网络用户或者企业内部用户抑或两者兼顾。以企业宣传和形象展示为主要目的，还是以介绍产品和服务为主要目的抑或以员工交流沟通为主要目的？这些问题都是在网站内容设计之前应首先确定的。只有确定了网站的主要功能和对象，才能确定其主要内容。

②设计网站的系统结构。企业网站通常都不是仅仅只有一个计算机显示页面，而是有很多内容。要便于用户浏览，就要使内容在网站上显示得有条不紊，这就要求确定系统结构。设计网站的系统结构，就像画树状图一样绘制网络结构图，并把不同内容定位在相应层级，并确定它们之间的逻辑联系，使网络工程师可以清楚无误地进行制作。

③确定网站的具体内容。在前述工作基础上，需要进一步详细确定各项具体内容。通常各部分内容由相关部门先提交草稿，再由企业领导层及其授权的部门和人员逐一审查定稿。健康合法，当然是对网站内容的基本要求。同时还应图文并茂，切忌全是密密麻麻的文字。

④提出网站的制作要求。这是网络工程师进行技术设计和制作的重要依据，也是网站内容设计的最后一道工序。例如安全、显示、链接、兼容、维护、动画等要求，如不事先加以明确，待到网站制作完成以后，再进行修改既费时又费工。

（3）企业网站设计的注意事项。

企业网站设计，有两点需要十分注意。

一是网络安全。国际互联网上有不计其数的网络病毒，而且有愈演愈烈的趋势，它们往往会对企业网站造成很大的破坏。网上另一个防不胜防的就是黑客，它们随时都可以对企业网站的安全构成巨大威胁。由于科学家还没有找到对付病毒和黑客的有效办法，因此在设计制作面向互联网公众的企业网站时，必须高度重视网络安全问题。为降低病毒和黑客破坏造成的损失，建议企业商业机密尽量不要与网站链接，而且各种资料也要随时进行备份。

二是网络维护。网络的特点就是信息传递速度快，而有些企业网站不重视维护，数据、资料陈旧，大大削弱了网站的价值。为此，企业除了要指定部门和专人进行网站维护、更新外，在设计时就应充分考虑维护的要求，使有关人员可以方便地进行维护操作。

（4）企业微博、微信的开设与应用。

微博（Weibo）是微型博客（MicroBlog）的简称，意思是一句话博客，它是一种通过关注机制分享简短实时信息的广播式社交网络平台。微博用户可通过 WEB、WAP 等各种客户端组建个人社区，以不超过一定字数（含标点符号）更新信息，并实现即时分享。

推特网（Twitter）在世界上最早推出微博。在中国，微博从 2007 年开始推出，并在 2010 年以后迎来大发展，特别是手机微博用户快速增加。其中，新浪微博 2013 年 3 月注册用户数就突破 5 亿人。

企业微博是指企业在微博中开设的"官方"账号。例如，Twitter 开设了"品牌频道"，供企业在其中构建品牌页面并组建各种小组，向用户发送各种促销和活动信息。由于具有信息发布及时、互动性强等特点，企业微博不仅拓展了网络营销的新渠道，而且成为传播企业文化的新途径。

在快速发展的信息化进程中，开通和维护企业微博成为重要趋势。开设企业微博，可以利用现有的网络平台，并指定相关部门和专人进行维护，严格依法依规进行管理，保证企业信息和文化理念及时更新，有效传播。

2011 年，腾讯推出微信（Wechat）这一社交信息平台，2013 年 11 月注册用户数已突破 6 亿，成为亚洲拥有最大用户群体的移动即时通信软件。随着微信支付、微信商场的开发，用户只要通过微信平台，就可以享受到商品查询、选购、体验、互动、订购与支付的线上线下一体化服务。由于快速发展，微信引起了一些企业的关注，并有可能成为继微博之后信息化条件下企业文化传播的新的重要载体。

9.3.6.3 企业广播电视设计

企业的广播电视是指按照有关规定或经上级主管部门批准，企业自行开办的有线广播、闭路电视。它们是企业正式文化传播网络的重要渠道，与报刊相比，信息传播及时、内容更加丰富，但办好的难度也更大，因此一般适用于大型企业。

（1）有线广播和闭路电视的技术特点。

企业广播按照信号传输方式，可分为有线广播和无线广播。有线广播技术要求低、投入少、见效快。按照节目制作方式，可分为录播和直播两类。直播对设备和播音人员的要求均较高。按照播出时间，还可分为定时广播和不定时广播等。

企业电视目前都是闭路有限电视节目。开办电视节目，从技术设备、编播制作人员、经费投入等方面都远远超过其他文化网络类型，而且办出优秀节目十分不易。

（2）有线广播和闭路电视的内容设计。

企业广播、电视的节目一般分为两大板块：一个板块是娱乐节目，例如企业广播站在员工休息时播出的音乐，闭路电视播放的影视剧等。另一个板块是新闻板块，主要是报道、播发企业内外的新闻、人物介绍、事件追踪等。从企业文化和企业形象的角度来看，新闻板块是直接的文化传播途径，而娱乐节目是企业文化的间接传播途径。无论是什么节目，企业都坚持以高尚精神鼓舞人、以科学理论武装人、以正确舆论引导人、以优秀典型鼓舞人。

> **案例：四川华西集团不断加强品牌传播和维护管理**

1. 统一华西品牌展示系统

一是制定品牌宣贯三年实施规划，明确 2012 年是学习培训年，2013 年是传播融入年，2014 年是完善提高年，用工作规划的方式统一品牌宣传力量。

二是建立内训制度，统一品牌形象宣传口径。华西集团不断加大内训力度，开展内训 36 场，培训各单位班子成员、企业文化建设和品牌推广骨干 1 300 人次。各基层单位开展专题培训、宣讲和学习 642 场次。同时把培训与人才的培养结合起来，充分发挥各类人才在品牌推广中的骨干带头作用。通过内训，使广大干部职工加深对华西品牌的认识了解，增强认同感，自觉加入品牌推广传播行列，形成品牌在企业内部的统一形象。

三是运用品牌识别体系展现品牌形象。按照品牌建设的要求，华西集团迅速制定完成规范的 CI 手册，并以此为基础统一办公场所和施工现场的整体形象，规范全集团工作服饰、行为规范、工作流程和基础管理，在各单位办公场所、项目现场以文字、图牌、色彩和符号向社会规范统一地深刻诠释和传达华西集团的整体形象，形成声势浩大的华西印象。

2. 加大品牌宣传推广力度

一是注重推广运用。强力推进品牌价值转化为企业发展动力。首先在内部全面运用的基础上，积极向社会各界推介华西品牌。2012 年，先后在全国建筑行业政研会和四川省企业联合会上做华西品牌核心内涵——华西"善建"企业文化建设专题发言，向与会者赠送华西集团企业文化 CI 全套手册和华西品牌建设的背景资料，引起强烈反响，华西品牌得到与会者广泛认同和高度评价。

二是注重形象宣传。本着务实高效原则，华西集团专门邀请峨影历时大半年拍摄、制作完成了华西集团企业形象展示片，并针对不同业主、客户对象分别制作成了片长 8 分钟、12 分钟的中英文版本，充分展示华西品牌形象。制作时长 30 秒的企业广告，在仁和春天液晶电子屏等大型户外媒体上进行反复展播，为华西品牌塑形。

3. 有效维护品牌整体形象

一是制定品牌日常管理制度。先后制定华西品牌保护制度，品牌运营管理制度，品牌建设工作评估制度，广告服务机构库动态管理制度，基础设施投入制度，品牌运营经费预决算制度，合作项目中华西品牌的使用管理制度，禁止使用华西品牌的几种情况等多项制度措施，确保华西品牌日常管理不断提高质量，确保华西"善建"文化始终成为华西品牌活的灵魂和精神内核，推动华西品牌不断发展、创新和延伸。

二是加强日常监督检查力度。明确由集团文化建设领导小组办公室负责制定、调整品牌战略规划，抓好华西品牌建设的宏观管理工作。集团党政主要领导坚持带头抓品牌建设监督检查，确保了集团统一推广运用华西品牌的一整套规章制度和符号语言。集团文化建设领导小组办公室主动肩负起监控华西品牌资产状况和内部品牌管理的日常工作，负责内部员工品牌知识培训，品牌数据库管理，确保华西品牌得以正确贯彻执行。

三是落实品牌建设维护措施。对品牌建设中形成的新鲜成果及时进行工商登记注册。对社会上一些侵权行为，特别是盗用、仿冒、假冒华西品牌的侵权行为，积极寻求法律保护，用法律的手段解决企业侵权民事纠纷，有效保护业主、用户的利益，维护华西品牌的形象、信誉和实力。

落地篇

10 企业文化管理中的角色定位

思维导图

10.1 高层领导

10.1.1 企业家精神与企业家的市场角色

企业家，不但是市场舞台上的主角和企业掌舵人，而且在建设企业文化中具有突出的地位与作用，是企业文化管理的"旗手"。

10.1.1.1 企业家精神的内涵

企业家精神内涵主要包括以下几点：

（1）独具慧眼的创新精神。创新是运用创造性思维，对旧事物的否定和对新事物的探索。企业家的创新精神主要表现在对市场的敏锐观察和突破、对技术和产品的开发、对企业组织和管理的改造等方面。它是企业活力的源泉，也是企业实现快速发展的原动力。

（2）敢担风险的探索精神。冒险精神是企业家的内在品质。在科技迅猛发展、市场激烈竞争的环境里，企业时刻都面临风险，如投资风险、财务风险、市场开发风险、产品研发风险等。企业家靠冒险精神驱动，敢于面对和承担各种风险，善于在风险中寻找机会，开拓前进。

（3）敢于拼搏的进取精神。永不满足现状，总是以高昂士气开拓进取，向更高目标挑战，这是所有成功企业家的共同特质。若缺乏或失去这种精神，必然安于现状，在困难面前畏首畏尾，不敢拼搏。久而久之，必然屡失良机，直至危及企业生存。对于刚刚在市场中学习"游泳"的企业家而言，敢于拼搏的进取精神是最为可贵的。

（4）科学理性的实效精神。企业家在经营过程中，尊重科学，实事求是，讲求实效，追求效益和效率最大化。如果缺乏实效精神，只追求轰动效应，光讲投入不计产出，违背规律，必遭市场惩罚，企业家也就失去了其应有的理性特质。

（5）尊重人才的宽容精神。企业家具有强烈的人本观，尊重人、相信人，以宽容的精神及真诚、友善的态度对待顾客和公众的挑剔，对待下属的缺点和失误。企业家的宽容精神是企业汇聚良才、增强内聚力的重要因素，也是企业赢得社会信赖、不断走向成功的重要条件。

（6）面向世界的竞争精神。企业家在市场上敢于竞争，勇于超越他人。在全球化环境里，企业资源配置和产品销售远远冲破国别界限，进而转向区域化或全球化。优秀的企业家能以特有的世界目光，积极开辟国际市场，扬长避短，在全球化中赢得优势。

（7）热爱祖国的奉献精神。企业家具有强烈的社会责任感和爱国情结，并能把它转化成一种奉献精神。企业家的这种奉献精神，引导企业合法、诚实经营，正确处理企业与国家关系，注重环境保护，热心公益事业，促进文化进步。奉献精神是企业家精神的最高境界。

10.1.1.2 发扬企业家精神的重要性

任何一个社会阶层都有自己的精神，企业家阶层也有自己的精神。企业家精神是建立在企业家对市场本质的把握和对企业价值的理解基础上的，反映了企业家在创业和经营活动中的价值观念、事业追求和工作准则。企业家精神的本质是冒险和创新，这种精神是市场经济和社会商业文化的主调，是最珍贵的文化资源。

从微观上说，企业家精神对企业文化的形成有直接影响。哈佛大学著名经济学家熊·彼特认为，企业家精神表现为"不墨守成规、不死守经济循环轨道，常常是创造性地变更其轨道"。现代管理学之父、美国著名管理学家德鲁克认为，企业家精神是"在寻找变化，对变化做出反应，并把变化作为一个可供开发利用的机会"。企业家精神中这种创新、进取、敢冒风险的文化取向，构成企业文化的核心内容。企业家在经营实践中，以职务权力和人格感召力把这种精神传导给组织成员，通过自身的"英雄"形象和强者形象，使其产生对创新、进取与冒险精神的认同，从而为企业文化注入活力。当然，企业家精神不是企业文化的全部，它主要体现企业在经营创新和事业开拓方面的指导思想和哲学。

10.1.1.3 企业家的市场角色

企业家在现代社会经济发展中具有重要的地位和作用。放眼世界，凡是经济发达的国家，都是企业家辈出并作为经济发展主角活跃于市场舞台的。二战后，日本经济腾飞的重要原因之一，就是战后很快形成了一个庞大的企业家阶层，产生了像士光敏夫、松下幸之助、涩泽荣一那样一批"经营之神"。美国200多年的经济发展史，亨利·福特、洛克菲勒、斯隆、亚科卡、韦尔奇、盖茨这样一代代企业家在其中起到了巨大的推动作用。

现代企业的经营需要企业家。现代企业不同于作坊、小店，它面对激烈竞争的市场和复杂的社会政治经济环境，需要对企业发展方向和经营战略问题做出决策；需要处理同社会公众复杂的经济、社会关系以及内部分工协作关系。如果没有一个能执掌全局，具有远见卓识和高超组织指挥才能的企业家——董事长、总裁、CEO 或总经理对企业进行创造性经营和科学管理，企业正常运营和发展是难以想象的。企业家的市场角色十分清晰，即市场的领导者、冒险家和创新家。

10.1.2 企业家的文化角色

10.1.2.1 企业精神的人格化代表

张瑞敏在对媒体谈到他个人在海尔的角色时说：第一是设计师，第二是牧师。实际上这就是企业家在企业中的文化角色，即引领价值，不断布道，充当企业精神的人格化代表，是企业文化管理的旗手和核心力量。

10.1.2.2 具体文化角色

（1）企业文化的积极倡导者。企业家的理想、主张、领导风格和领导艺术引导着企业文化的方向和特色。任何一个企业，如果没有具有超前文化意识的企业家，就不会有先进企业文化的产生；同样，几乎没有哪一个企业拥有的主流文化不是经过企业家倡导和培育的。作为企业家，四川最大的国有建筑集团、四川华西集团董事长杨斌不但一直主导着华西的"善建文化"建设工作，而且在"善建文化"体系完成后，明确提出"善建文化"落地的十字方针：认准、喜爱、叫响、牢记、提高。也正因为有这样重视企业文化的高层领导者，使得华西集团的企业文化内涵不断丰富，不断发展，引领企业达到新的高度。

（2）企业文化的精心培育者。企业家好比园丁，精心培育，勤劳耕作，才使得企业文化之花在企业的沃土上盛开。企业家在培育企业文化的时候，一般均充当着"医生"的角色，从问题入手，因地制宜地推进企业文化管理。

（3）企业文化管理方案的设计者。企业文化管理是一个涉及战略制定、理念定格、内外传播、制度渗透和推广践行以及整合创新等一系列工作的系统工程。在其中，企业家是灵魂性人物，起着总设计师的作用。

（4）优秀企业文化的身体力行者。企业文化管理关键在于落地生根和开花结果。企业家在积极倡导、培育企业文化的同时，率先垂范，身体力行，用自己正确的言行、良好的工作作风和崭新的精神面貌影响企业员工的思想和行为，担负起引导企业文化方向的重任。

（5）企业文化建设的激励者。企业家是企业文化的激励者，通过对员工从个人价值、荣誉和物质这些方面进行奖励，让员工明白如何工作才能对自己有利、对企业有利。坚持这种思维方式久而久之就形成了一种习惯，并且随着时间的流逝成为自然行为，变成一种固定的价值观念或行为模式，甚至也对身边的其他人产生潜移默化的影响。

（5）企业文化转换和革新的推动者。企业家作为生产力的直接组织者，在带领员工应用先进科学技术进行创新性经营的过程中，会成为新的价值观念、思维方式和行为方式的实践者和创造者。企业家的市场角色和在经营中的地位，使其容易发现企业现有文化存在的弊端和冲突。因此，他们就成为向旧文化挑战，推进新文化，转换企业文化形态的关键人物。

10.2　中层管理者

中层管理者既是企业的核心成员，又是企业中的一个特殊群体。他们自身职责和权限所在，决定了他们在企业中既不同于高层领导又不同于一般员工的角色定位与作用。中层管理者在企业中，一方面起到将高层决策向基层推行的作用；另一方面，也负有将基层管理者在实施过程中发现的问题向高层管理者反馈的职责。中层管理者不仅要严格地执行和组织实施企业高层的决策方案，还要发挥其作为一位领导人的影响力，通过有效的战术决策，立足于企业和自己负责部门的全局实施领导行为，从而有效地达成企业的目标。在企业文化建设中，中层管理者是企业文化落地的执行者、企业文化管理的推动者、企业文化变革的先行者。

10.2.1　企业文化落地的执行者

执行是中层管理者的主要工作，企业执行力的强弱主要取决于中层管理者执行能力的强弱。对个人而言执行力就是办事能力，对团队而言执行力就是战斗力，对企业而言执行力就是经营能力。而衡量执行力的标准，对个人而言是按时按质按量完成自己的工作任务；对企业而言就是在预定的时间内完成企业的战略目标。

在完成企业文化纲要制定后，就应当转入有效的落地实施，这时，企业的中层管理者发挥着重要作用。一方面，中层管理者要把企业文化纲要设计的精神文化、制度文化、行为文化与形象文化落实到日常的管理实践中，发挥承上启下的作用；另一方面，中层管理者也需要带头执行企业文化建设的各项规定与要求。

10.2.2　企业文化管理的推动者

中层管理者是企业文化管理的推动者，发挥着以身作则，积极指导下属员工的作用。作为企业文化建设的推动者，中层管理者应"以人为本"，即把人作为企业管理的根本出发点，把做人的工作，充分调动人的积极性作为企业文化建设的重要任务。一是激发员工的积极性，立足企业文化，将管理的重心转移到调动员工的积极性上来，增强员工的主动精神，使企业形成一种人人关心经营，为经营尽职尽责；人人关心文化，为文化建设尽心尽力的局面。二是为员工创造良好的工作条件和发挥个人才能、实现个人抱负的条件，帮助员工进行个人职业生涯设计，帮助员工解决一些物质和精神上出现的问题。三是重视企业员工素质的培养与提高，使企业文化的主体成为有高度素养的文化人，成为关注自身与社会双重价值的现代企业人。

10.2.3　企业文化变革的先行者

中层管理者最能深刻感知环境变化，真正做到知行合一，需要新的价值观念、思维方式和行为方式来推动企业文化的变革，不断保持创新与进步。当管理者发现环境的变化要求企业需要新的价值观念、思维方式和行为方式时，必须积极地推动企业文化的变革，使企业文化不断得到创新与发展，确保企业文化与外部环境要求以及自身发展要求保持一致。

10.3　企业员工

员工作为企业生产经营活动的主体，决定了员工成为企业文化的创造者、推动者、传播者、实践者和受益者。

10.3.1　员工是企业文化建设的主体

企业文化是企业领导者提出和倡导的，经全体成员在生产经营活动中不断总结、提炼所形成的，并得到员工认可的一种文化。企业文化不是领导者一个人的文化，也不是哪一个专家设计出来的文化，而是领导者和全体成员共同思考、实践和培育的结晶，体现的是大家共同认同的思想观念、价值追求、行为习惯、经营风格等，员工本身就是企业文化的创造者。企业文化建设过程本质上就是企业员工在生产经营活动中不断创造、不断实践的过程，是全体成员共同培育企业文化的过程。尤其是企业中的优秀模范人物，他们身上所体现出来的先进思想、理念、行为习惯和工作方法等，是企业文化的集中体现，并丰富了企业文化。

10.3.2　员工是企业制度文化建设的"载体"

企业文化的管理制度最终要落实到对人的管理上，企业制度文化建设的最终目的是要极大地激发员工的积极性，并约束规范员工行为，使员工成为企业制度文化的维护者、执行者和建设者。其一，企业制度只有得到员工理解、内心认可和自觉遵守，才能将企业文化由一种书面文字转化为员工的行为方式、行为习惯和做事风格；其二，通过制度的激励作用，将企业文化转化为员工积极向上的工作态度，爱岗敬业、奋发有为的工作激情，生产出更多、更好的产品和服务，为企业创造最大化的经济效益；其三，不同层级、不同岗位的员工承担着不同的管理职责，企业制度要靠员工去落实、监督和沟通反馈，共同推进制度的执行，并在实践中得到不断的完善。

10.3.3　员工是企业形象文化的创造者

企业形象文化主要指企业生产经营所创造的物化成果，即产品，它是企业形象文化的主要内容。此外还包括与之相适应的企业环境、企业建筑、企业广告以及企业产品包装设计等。产品是企业文化的物质载体，社会公众对企业的认同，主要表现在对其提供的产品或服务的认同上。人们理解和接受企业文化，首先是从产品或服务上感知的，可以说产品是企业文化建设的核心体现。企业文化建设的目的，就是要把丰富的企业文化内涵注入产品之中，设计生产出满足消费者物质、文化需要的产品和服务，形成独特风格和标志的品牌文化。员工作为企业生产经营的主力军，是将企业精神文化转化为产品文化的直接实践者，企业财富的源泉蕴藏在企业员工的创新创造精神之中，员工作为形象文化的创造者，通过将企业文化内涵内化为自己的思想、思维、观念和行为，提升个人知识、技能、素质水平和追求真、善、美的境界，从而转化为在生产经营中的创新创造能力，并通过个人能力的发挥创造出体现企业精神文化和社会发展需要的形象文化。

10.3.4 员工是企业文化的传播者

企业员工是体现企业文化的直接代表。企业的精神文化是由员工思想、精神、理念所表现出来的，企业的外在形象是由员工的工作作风、日常行为、服务水平以及日常生活规范等表现出来的，一个员工就是一个企业文化的宣传员，他们的行为代表的是企业。不同的企业员工，一定有不同的内在和外在的差别，这个差别所表现出来的是企业之间的文化差别。员工作为企业文化的宣传员和企业文化形象大使，即使离开了所在的企业，但她或他所认同的这个企业的文化将深深地扎根于思想深处并表现在行为上，起到一个传播者的作用。

10.3.5 员工是企业文化建设的受益者

文化对人的最主要作用在于"塑造人"，一个具有先进企业文化并注重企业文化建设的组织就是一所学校，能对员工个人职业发展起到积极的促进作用。其一，提升员工职业技能。企业产品包括两个方面的内涵，即技术层面和文化层面。例如一件家具的设计，要满足消费者实用需求、心理需求和视觉需求，其设计既包括木材处理、结构构造、用漆等，也包括设计理念、风格等。通过理解企业文化，把企业文化转化为自己的思维和创新创造能力，从而提高个人生产技艺。其二，培养员工日常行为规范。体现企业文化的行为规范，不仅体现了企业特有的要求，更体现了现代社会做人做事的共同准则。学习、理解、认同和遵守企业行为规范，能够提升个人职业道德、社会公德和行为习惯水准。其三，提升员工个人综合职业素养。丰富的企业文化内涵与实践活动，为员工提供了更多的学习内容和交流机会，使其个人综合品质得到不断升华。同时，这些知识的学习和实践将终身受益，即便是离开了这个企业，无论走到哪里，优秀的企业文化同样对一个人今后的人生有积极的作用。他们中的一些人或许在经过几年企业务工实践之后选择自主创业，他们会把所在企业的先进文化带入自己所创办的企业，这是员工最大的收益。

10.4　企业先进典范

10.4.1　企业先进典范的作用

企业先进典范是企业先进文化的体现者。企业先进典范是在企业生产经营活动中，涌现出来的一批具有较高思想水平、业务技能、优秀业绩、群众尊重的劳动模范、先进工作者或英雄人物。企业先进典范是企业价值观的化身，他们将企业的价值观"人格化"，为广大员工提供了学习和效法的模范。他们在企业文化建设和经济发展过程中，发挥着不可替代的作用。企业先进典范对企业文化的形成和发展起着重要作用。企业先进典范是振奋人心、鼓舞士气的导师，是人人仰慕的对象。他们在企业中也许不担任任何管理职务，也许算不上高技术人才，但他们德高望重，备受人们敬重，在他们身上体现出的企业价值真谛，处于企业文化的中心位置。先进典范在人们心目中是崇敬的偶像和有形的精神支柱，如果没有他们，企业文化就会由于缺乏凝聚力而涣散和支离破碎。只有懂得这种企业文化妙用的企业领导人，才能很好地利用员工这种心理塑造企业先进典范，促进企业文化的发展。通过企业先进典范，能够生动形象地将理念具象化，可以感染人、鼓舞人、带动人，将优秀品质人格化、具体化、形象化，把文化理念转化为可触摸、可感知、可学习的鲜活样本，更能让人以此为镜，反复检视自己、透视自己，从中查找自身的不足。先进典范在企业文化形成中的具体作用体现在以下几个方面：

10.4.1.1 榜样作用

企业先进典范具有时代特点，体现现实文化的主导精神。他们能以其优秀的品德、模范的言行、生动感人的现实文化形象感染人们。他们的为人和功绩是一般员工直接体验的，容易使大家产生感情共鸣，因而乐意去仿效。

10.4.1.2 聚合作用

企业先进典范产生于群众之中，他们的理想、信念、追求具有广泛的群众基础，易于为群众所认同和敬佩，并产生独特的魅力，吸引着周围的员工，使整个组织同心同德，形成整体力量。

10.4.1.3 舆论导向作用

在一个良好的组织文化环境中，企业先进典范的公正主张和远见卓识，能够控制舆论导向，能够起到引导员工言行、强化企业价值观的作用。

10.4.1.4 调和作用

企业先进典范以自身在企业中的地位和优势，在解决企业内部的各类矛盾、冲突时起着调和作用。如以公正的态度提出调停条件，判定是非，充分诠释企业处理冲突的立场、原则和手段，化解冲突。

10.4.1.5 创新作用

企业先进典范着迷于把自己的幻想变成现实，其观念、言行常常突破惯例。他们"就像古典文学作品中的英雄，每个英雄都有一条龙在等着他去搏斗，或是有些障碍需要他们去克服"。因此，企业先进典范的创新之举，往往代表着积极的企业文化倾向，他们把这种文化倾向传递给企业其他成员，点燃大家的创新激情，带动着整个企业的创新。

10.4.2 培养企业先进典范

事实上，企业先进典范如凤毛麟角，并不多见。现代企业又比以往任何时候都更需要先进典范，如果先进典范不能随企业一起诞生的话，就必须因势利导来造就先进典范。先进人物之所以能成为典范，是因为他们体现该企业文化成功的伦理。企业中必定有众多的候选先进典范，关键在于如何去发现和培养他们。有一些人在企业里表现得很特别，他们性情"古怪"、行为"出格"、见解独特，常常不为常人所理解。而这些人的独特个性恰恰与公司的价值观相得益彰，尊重他们的个性，挖掘他们的创意，把他们放在具有创造性的工作岗位上，在他们中间往往能冒出一些新锐的先进典范。

美国一家公司有一位年轻的发明家，他不喜欢在人声嘈杂的环境中工作，有时候带着各种工具搬到能避开人群的小房间里偷偷干，有时却在工作时间溜回家里躺在床上冥思苦想，到了晚上他又和伙伴们悄悄溜进厂里"偷"零件。这种怪僻行为令一般人嗤之以鼻，但他所在的公司能包容出格人物、反常举动，公司主管尽力满足他的各种"不正常"的要求。结果，四年之后在公司所生产出的新产品中，有一半以上是他研制出来的，他也因此成为这家公司培育、造就的先进典范。

企业先进典范是在企业实践中逐步成长起来的，但最后真正成为为人所景仰的先进典范又需要企业的精心培育，是典型人物良好的内在条件与"天时、地利、人和"的客观环境的催化力共同作用的结果。

造就企业先进典范主要应做好以下三个方面的工作：

（1）发现先进典范的"原型"。

先进典范在成长初期往往没有惊人事迹，但是他的价值取向和信仰往往是进步的。企业中高层管理者应善于深入群众，通过人们的言行了解群众，以便及时发现具有先进典范特征的"原型"。对先进典范"原型"不要求其各方面都先进，而是要善于发现其"亮点"。

（2）培养先进典范。

一旦发现先进典范"原型"，就要为他们的顺利成长创造必要条件，增长其知识，开阔其视野，扩展其活动领域，为其提供更多参与文化活动的机会，使其增强对企业环境的适应性，深刻理解企业文化的价值主张。培养先进典范切忌脱离群众，应该使先进典范具有广泛的群众基础。

（3）塑造先进典范。

通过对先进典范"原型"给予必要的指导，使他们在企业各种活动中担任实际角色或象征角色，使其得到锻炼。当先进典范基本定型，为部分员工所拥护以后，应认真总结他们的经验并积极传播，提高其知名度和感染力，最终使之为企业绝大多数员工所认同。在对先进典范进行宣传时绝不能"拔高"。一些企业喜欢过分地宣扬、吹捧这些先进典范，把他们渲染成超凡入圣的人物，这样做有害无益。企业在发挥先进典范作用时应给予关心和爱护，使其能够在良好的环境中健康成长。对不具备管理能力的先进典范，不宜硬性"提拔"到管理或领导岗位。

培育、造就企业先进典范的过程，是不断增强员工信心、鼓励员工成长，使其超越自我创造非凡的过程。

10.5　工会的特殊作用

10.5.1　工会的引导作用

工会在企业中的定位是"职工之家"，而职工是企业文化建设的主体，因此，工会聚集着全体职工，理所当然成为企业文化具体实践者，引导职工对企业构建的精神文化、行为规范等积极地理解和接受，以便促使其归属感和自豪感得到增强，推动职工更加努力工作。在工会开展工作的实践中，应当更加积极主动地与广大职工群众达成共鸣，及时了解和总结职工的思想愿望，协助企业管理者及各个部门制定一系列的措施，形成一个系统性的制度来推广企业文化，使职工在企业的归属感持续增强，将企业当成自己的家，激发起强烈的工作热情和创新积极性，促使企业不断提升业绩。工会通过开展多种多样的活动对职工进行正向引导与思想教育，将职工的个人价值观念与企业文化结合起来，使职工有强烈的归属感，这种归属感能够转化成为一种动力，从而创造和谐的劳动关系环境，有效地将企业的宗旨与"职工之家"的角色定位有机融合起来。发挥工会在企业文化建设中的引领作用，利用工会进行企业制度建设，可以提高企业经营管理水平，建立良好的社会形象，传播企业核心价值观。

10.5.2　工会的凝聚作用

根据《中华人民共和国工会法》规定，工会承担着组织职工广泛参与企业民主管理、在企业开展民主监督的重要责任，作为企业工会，更应当切实履行职责。可以灵活采取符合企业实际情况的民主管理形式引导职工主动参与企业管理和民主监督，提高其参政议政的主动性，这样他们就能够自然而然产生对企业生产发展的责任感。营造出一个职工倾尽全力、努力拼搏、发挥特长、共同促进企业又好又快发展的良好氛围。企业文化是一个企业在生存和发展道路上的灵魂，是一个企业是否具有凝聚力和向心力，是一个企业是否具有市场竞争力和活力的标志。对于企业而言，更是如此。企业在深化改革中如果能够不断与时俱进，不断调整产业结构，优化产业结构和经济模式的情况下，能够保持良好的企业文化并保持不断提升优化，对企业的发展，具有积极有益的作用。

工会在举办各类文体活动时，要丰富形式及内容，让职工在参加有意义的活动的同时感受到企业文化，寓教于乐，教育引导就可以做到润物细无声。工会干部应该增强沟通能力和倾听职工诉求的责任感，在职工有沟通欲望的时候仔细聆听他们的真情实感，把企业的愿景和共同目标在交流的时候传达给他们，增强企业职工的凝聚力，以促进企业生产经营目标的有效达成。

10.5.3 工会的激励作用

工会是在中国共产党领导下，职工自愿参与的群众组织，是广大职工的代表，在党联系群众中起到了桥梁和纽带作用。工会组织通过帮助职工维护合法权益、帮扶困难职工、"冬送温暖、夏送清凉"等品牌活动来为职工办实事。通过开展劳动技能竞赛、征集"金点子"和职工代表优秀提案、"五小"创新（小发明、小创造、小革新、小设计、小建议）等活动培养职工对于所从事工作的全新认知，提高劳动生产率和管理水平，并通过这些活动，总结出有利于企业发展的好经验和好做法，融入企业文化建设中，丰富企业文化的内涵，打造企业发展的核心价值观，以此帮助企业达到提质、增效、创收的目的。

要实现对企业职工的激励，借助企业文化所呈现出的文化氛围和价值导向是一种不错的办法。开发人力资源，最大限度地发挥出每个人的价值不仅是企业文化建设的目的之一，更应当是工会大有可为之处。企业文化的力量在于不断激活和激发职工的巨大潜能。工会在宣传和引导中，要借助先进典范的榜样力量，培育职工与企业的核心价值观契合。通过对表现出先进性的团队和个人进行评优和表彰，让他们的事迹在全体职工范围内传播，从而使他们所体现的企业精神不断固化和深化，培养职工良好的集体意识和道德准则。

10.5.4 工会的主阵地作用

工会可以在提高职工素质中发挥主阵地作用，营造和谐发展的浓厚氛围。企业文化是一种高度统一的企业人格，具有深厚的文化底蕴和内涵，是职工取之不尽的精神动力。工会在开展各种活动中引入企业文化，可以帮助企业职工树立良好的职业道德和热爱岗位、职业、诚实守信的风尚，积极为企业和社会做出贡献。具体表现为：一是在党组织的领导下，把加强职工职业道德修养的目的转化成各种形式的宣传，融入社会主义核心价值观，不断提高他们的爱岗敬业等个人素质；二是以提高职工的职业技能和劳动效率为立足点，开展多种形式和多种内容的培训教育，以此实现职工业务素质与工作能力的稳步提升。三是通过开展劳动技能比武、征集合理化建议等活动，鼓励职工在自己的岗位上勇于创造，充分调动他们的积极性和创造性。

> **案例：四川华西集团工会在"善建"文化中的作用**

（1）"善建"企业文化建设与工会的"党政所需、职工所盼、工会所能"的职能定位高度契合。集团党委坚持把企业文化建设作为党建思想政治工作的重要载体和延伸；集团行政将企业文化建设作为企业管理的重要手段和动力；工会则将"党政所需、职工所盼、工会所能"作为自己的职能定位。因此，坚持自觉主动接受和服从党的思想、政治指挥和组织领导，从行政的实际工作出发，利用报刊、海报及各类新媒体，把"善建"企业文化价值观转化为生动活泼、特色鲜明、富有成效的群众性实践。同时，工会组织积极配合行政，把企业经营的各种理念融入企业各项规章制度、作业标准和岗位职责之中，成为职工的自觉行为，与党政共同打造健康文明、昂扬向上的职工文化。

（2）工会组织优势是"善建"文化落地的保障。华西集团工会建设自上而下为：集团工会→各分子公司工会→分子公司所属各单位工会→项目工会或片区联合工会等以及完善的各项管理制度，如《华西集团工会工作文件汇编》《华西集团工会工作手册》等，从组织上制度上确保"善建"企业文化建设的各项措施落实到项目一线、落实到个人，吸引职工广泛参与。

（3）工会是"善建"企业文化铸魂的导向者。工会所具有的群众组织性质决定了工会是"善建"企业文化培育和传播的理想平台。"善建"企业文化是符合企业文化建设的基本理论，符合华西集团实际，是职工认同的。被职工认同的文化更易于转化为生产力。通过工会这一群众性平台传播"善建"企业文化理念，既可以对宣传起到事半功倍的作用，又容易引导全体职工共同认可、共同遵守。

（4）工会是"善建"企业文化聚力的凝聚者。工会之所以具有凝聚职工的作用，这源于工会代表的是职工这一群体，是能够维护职工权益的组织，能够真实反映职工现实需求、思想动态，能够全面了解职工，能够号召职工凝聚成一股绳，共同推动"善建"企业文化朝预期方向发展。同时，工会作为"善建"企业文化的推动者，在促进"善建"企业文化建设的同时，又能调动职工工作积极性，促进企业经济的发展。

（5）工会是"善建"企业文化育人的推动者。开展"善建"企业文化建设不能单靠理论上的说教，应该通过灵活多样、群众乐于接受的形式才能收到较好的效果，这方面工会具有独特的不可替代的优势。首先，工会具有健全的组织体系、工作制度和活动制度，经常组织职工开展各种活动，与职工保持着密切的联系，有利于动员和组织职工投入"善建"企业文化建设中去。其次，工会拥有多种活动载体，也是"善建"企业文化建设的重要平台。充分运用好这些载体，开展符合企业实际、贴近职工的寓教于乐的活动，对教育职工、弘扬"善建"企业文化具有重要作用。

（6）工会是"善建"企业文化弘扬的传播者。"善建"企业文化的传播主要采取了静态塑造、动态塑造和综合塑造三种方式对职工的思想和行为产生影响，从而取代职工个体意识，形成集体意识，发挥先进文化管理的作用。首先，工会可通过文化、宣传、教育多个阵地，塑造华西"善建"企业文化物质和精神所构成的浓烈文化氛围和群体心理，实现静态塑造，让华西职工受到强烈的指引、暗示、感染、召唤、熏陶、影响，在企业文化所包含的文化指令下，产生价值理念和行为方式的模仿、服从、认同和内化，实现客体企业文化向职工主体价值的转移。其次，工会可通过培训、宣传、娱乐活动以及文化体育活动等多种方式，以动态塑造的方式对企业文化物质、精神和行为广泛传播，促进职工对企业文化的沟通和理解。最后，工会健全的组织网络优势、明确的隶属关系可建立畅通的企业文化沟通渠道和有效的传播途径，形成动静结合的传播方式，达到对职工全覆盖的文化传递与塑造。

（7）工会是"善建"企业文化阵地的打造者。"善建"企业文化传播包含传播途径和传播对象的多元化。第一，传播媒介的多元化，即通过产品形式、服务形式、形象展示形式、参观形式、仪式典礼形式等多种形式传播"善建"企业文化。第二，传播方式的多元化，即可通过内部传播、外部传播、内外结合传播；单向、双向、多向式传播；也可通过沟通式、灌输式等传播方式传播"善建"企业文化。第三，传播载体的多元化，即通过故事、歌曲、影视作品、戏剧、仪式、榜样、文体活动等载体传播"善建"企业文化。第四，传播手段的多元化，即可以使用阐释、培训、宣传、渗透、倡导、强化、实践等。传播对象的多元化包含内传播中的普通职工、核心职工、高层管理者等企业全员以及外传播中的客户、政府、媒体、社区、供货及服务商等与华西集团有着直接或间接联系的各种外部人员。工会阵地的多元化，如学习型组织、职工书屋、职工之家等；工会组织载体的多元化以及活动形式的多元化，如文化体育活动、劳动竞赛、主题活动、风采展示等，充分利用好工会阵地建设，能促进"善建"企业文化有序发展。

总之，工会在企业中的天然优势造就了工会在企业文化建设中的独特地位和特殊作用。企业中的工会组织要抓住这一契机，利用这一优势，充分发挥好特殊作用，推动企业文化建设进而推动企业转型升级，提质增效。

10.6　全员参与文化管理的方法

企业文化建设的重要途径之一，就是要引导员工参与文化建设，通过全体成员的共同努力来实现企业的发展目标。

10.6.1　提高对员工参与企业文化建设的认识

对员工在企业文化建设中的作用认识包括两个方面：一是企业管理层的认识，即企业管理层对员工在企业文化建设中的地位和作用形成共识；

二是员工自我认识，即员工明确意识到个人对企业文化建设以及企业文化对自身职业发展重要意义的认识。让全体员工认识到，员工参与企业文化建设，不仅能对企业文化起到推动作用，而且能对员工个人素质的提升及职业发展起到积极的促进作用。

10.6.2　强化员工企业文化互动

一是重视企业文化培训教育活动，尤其是对新员工，更要把企业文化列为入职培训的重点内容；二是发挥宣传阵地作用，以板报、内部报刊为载体，讲解企业文化内容，宣传实践企业文化典型案例；三是推进企业文化实践活动，让员工在实践活动中贴近文化，加深对企业文化的理解；四是开展企业文化学习交流活动，可以是个人心得交流、先进人物报告会等。通过多种形式的文化互动，让每一个员工学习、理解、实践企业文化，将企业文化内化为个人素质、技能，体现在生产经营活动中。

10.6.3　建立员工参与企业文化建设的工作机制

工作机制是员工参与文化建设得以落实的保证。一是搭建员工参与企业文化建设的平台，成立职工群众参与文化建设联络部门，畅通意见建议的收集、反馈渠道，建立奖励机制，鼓励员工对企业文化的塑造提出自己的看法和建议；二是建立对先进模范人物的奖励机制，包括对先进人物个人精神和物质的奖励、对先进人物体现出来的优秀品质的提炼总结，如铁人精神是对王进喜崇高思想和优良品德的高度概括，也集中体现了我国石油工人的精神风貌。一个企业、一个组织在文化建设方面，应该注重对先进模范人物的发现、挖掘、总结和提炼，形成集中代表企业文化，有鲜明特征和可学习推广的思想、品德、方法、行为等。

10.6.4　丰富员工参与企业文化建设活动的形式

企业文化活动是体现企业精神文化，传播企业文化的有效途径。通过组织一些丰富多彩的文化活动，不仅可以丰富员工的业余生活，更能让员工在参与活动中找到自己的位置，受到文化的熏陶。一是形成多渠道、多途径、多形式便于全员参与企业文化建设。如建立员工参与企业文化建设发表意见建议的渠道、员工对有悖企业文化建设行为的群众监督机制等。二是开展丰富多彩的企业文化主题活动，培育员工的文化素养。如提高企业员工素质和技能，培养员工的创造性和成就感，开展学习培训和技术创新活动等；为丰富企业员工的精神生活及陶冶员工情操开展的文体活动；为使员工树立起主人翁意识开展的思想性活动；外出参观、学习交流活动等。

10.6.5 突出体现以人为本的管理理念

先进的企业文化一定是时时处处体现出以人为本，即对员工的人文关怀。要将企业精神文化贯彻到对员工的尊重、关心、爱护、培养等措施和活动上。例如在企业制度的制定时，要能切实听取员工的意见和代表员工利益；尊重、鼓励员工的创新创造以及对成果的承认和奖励；企业管理做到思想政治工作的"柔"性管理和按制度执行的"刚"性管理有机结合；注重员工工作环境的舒适性设计；对员工生活的人性化关爱等，在这方面还有很多工作可做。通过以人为本的管理活动，让员工切实感受到企业文化与自身的密切关系，增强参与企业文化塑造的主动性。

11 企业文化落地的方法

思维导图

11.1 建立企业文化落地支撑体系

　　企业文化落地就是让企业员工认知，并接受企业的优秀文化理念和行为规范，继而自觉践行。要形成企业文化落地的保障机制，就需要建立企业文化落地的管理与支撑体系；建立高层领导的主导与推动机制；促使管理者转换角色认知；为企业文化落地提供企业文化形象与环境视觉传播保障；建立各级管理者行为规范检视与评价机制；建立企业文化建设与落地管理的考核评估机制等。企业文化落地支撑体系如图11-1所示。

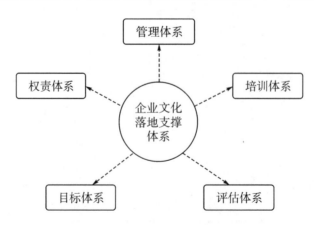

图11-1　企业文化落地支撑体系

11.1.1　权责体系

（1）建立清晰匹配的岗位权责体系。在企业文化落地支撑体系中，应当在实现岗位隔离、有效防止利益冲突的基础上，贯彻"有权必有责，权责必对等"的管理理念，制定详细的岗位手册，巩固规范问责基础。

（2）保证权、责、利对等。明确相关部门与岗位的工作职责与权限是制度有效执行的基础。在此基础之上形成集责任、权限、考核、奖惩于一体的管理机制。例如，企业提倡学习的文化，那么，就要设置相应的岗位长期负责管理"学习"，根据实际需要安排不同类型的学习活动（注意，不是简单的常规培训），并形成对学习成果共享的监督与考评，最后落实到具体的奖惩上；如果只是监督，没有考评，没有奖惩，那么文化就难以落地。

11.1.2　管理体系

建立科学的企业文化管理体系是企业文化管理常态化、职能化、目标化的基本保障。通常，需要围绕企业文化建设的两大任务：一是企业文化体系的形成；二是企业文化落地与转化来构建企业文化管理的基本体系，包括组织体系、职能体系、制度体系、目标体系、培训体系、环境传播体系和考核评价体系。当然，仍需引入现代企业管理的其他有效的管理工具，来突破企业文化管理过程中的障碍，为企业文化的有效落地提供科学的体系保障、制度保障和工具保障。

11.1.3　培训体系

企业文化培训与企业的各种专业培训一样，也包括需求分析、培训计划制定、培训课程体系设计、培训实施、培训效果评估等环节。对于课程体系，应尽可能地结合企业文化建设的典型案例、先进典范，围绕企业目标实现的需求开发课程，以企业内部培训为主。同时，应在企业内部打造企业文化的内训师队伍，依靠内训师发现企业文化管理中的亮点，开发适用于企业各个发展阶段的课程体系。

11.1.4 目标体系

企业文化管理要切实推进价值体系的落地转化工作。加强企业文化管理，归根结底，就是要找准企业文化管理的突破口，要实现企业文化落地转化的目标，确保企业科学发展。对此，企业要健全组织保障、健全工作机制和监督激励机制。只有上下高度重视，管理者与员工共同努力，企业才能实现企业文化落地转化的工作目标，才能保障企业科学发展，并实现更高质量的跨越发展。

企业目标体系的一个重要特点是企业文化内容的集中化，即一个简单的企业目标集中体现着企业文化各个侧面的内容和要求，并具有对企业全部经营活动、各种生产行为的导向功能，因而，它就必然是一个具有若干层次的体系。

从总体上看，企业有共同的企业文化目标，又有不同行业（或地区）的企业目标，还有更下一层次的不同企业的企业目标。

从企业长期、战略发展上看，企业目标可以划分为十年以上的企业文化发展战略目标、五年左右的中期的文化发展战略目标和当年实施的计划目标。

从内容上划分，企业目标可划分为三个层次目标：一是企业环境层——体现社会整体利益和全局需要的企业文化目标；二是企业组织层——体现企业全体成员共同利益和需要的企业文化目标；三是企业个人层——体现职工主人翁地位和满足个人需要的企业文化目标。

从企业内部来说，企业目标也可划分为三个层次：企业整体文化建设目标、部门（或下属单位）文化建设目标以及班组、项目或团队的文化建设目标。

11.1.5 评估体系

企业文化评估体系是企业文化建设的重要组成部分，是对企业文化建设的过程分析、成果鉴定和工作流程的检验体系，是企业文化建设系统的策略和方法。

企业文化评估体系是一个由相互联系、相互依赖、相互作用的部分和层次构成的有机整体，它的设立要涉及企业的各个方面。因此，在这一体系的构建中要保持其完整性和协调性，从企业文化的功能、内部结构及相互关联的方面综合评价和分析。

建立企业文化落地机制，必须要有企业文化建设考核评估机制的保障。企业文化建设考核评估是为了更好地建立、提高科学的评价机制，并根据评价结果进行文化调整和提升，这样才能使文化建设逐步走向深入，才能确保企业文化与企业发展相吻合，企业文化才能真正落地。

11.2　形成企业文化养成的长效机制

企业文化的养成是长期的，既需要让大家都知道企业的宗旨、愿景、企业精神、各种理念是什么样的，又需要让大家知道为什么是这样的，而不是那样的。同时，企业文化的养成也是一种积淀，对于全体员工来说有一个由知道、理解、践行、习惯最终深入骨髓的过程。企业的文化养成机制如图 11-2 所示。

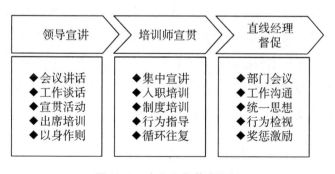

图 11-2　企业文化养成机制

11.2.1 领导宣讲

通过领导宣讲，往往能起到极好的效果。企业高层领导人在企业文化传播中，就是扛旗者的角色，是一个布道者，其重要性不言而喻。

企业高层领导人在公司会议上的讲话、工作过程中的谈话、参加企业文化宣贯活动、积极出席企业文化培训，在这些活动中，企业领导人宣传企业文化理念，亲自垂范，以身作则，其言行要与企业文化一致，给员工以印证，表明企业推广企业文化的决心。

11.2.2 培训师宣贯

为了让员工知道并且理解企业文化，需要建立企业文化内部培训体系，培养自己的企业文化内部培训师。这是因为，每个企业在发展过程当中，都会积累一些非常独特又非常适合本企业文化运用的经验，这些经验是外部培训师无法了解到的。企业文化内部培训师能非常有效地组织起这些经验，并将这些经验传授给更多的员工。

内部培训师宣贯，主要是集中宣讲、入职培训、制度培训、行为指导、循环落地。企业文化内部培训师重点宣讲企业文化建设项目从启动到成果初步形成的过程，概述项目组在公司原有企业文化的基础上，经过深入调研、评估诊断，经过系统化、专业化的梳理整合、总结提炼和反复修改完善，最终如何形成企业文化手册、员工手册等。讲解企业文化的主要特点、企业精神文化的内涵、员工行为规范的具体要求，对于仪态仪表等内容，可以通过示范展示；讲解企业标识的内涵以及企业标识的正确应用方式；讲解企业文化建设实施计划等。使员工对企业文化有全面的了解，大力营造企业文化氛围，使优秀的企业文化理念转化为员工的日常行为。

11.2.3 直线经理督促

直线经理泛指部门负责人、项目经理、项目班组长等。直线经理通过在部门和项目部会议中讲解、在工作中沟通、统一员工的文化思想、纠正员工行为、实施企业文化考评奖惩激励等方式，引导员工的行为，使企业文化管理落实，形成企业文化力。

> **案例：中国五冶文化管理的价值传递方法**

多年来，中国五冶已经逐步形成了完善的企业文化管理制度，拥有体系化的文化管理机构和一批专业的文化建设工作队伍，形成了文化理念、品牌打造与新闻宣传三位一体的工作机制。可以说，他们找到并且形成了一些行之有效的企业文化管理方式。

抓教育，让员工感受文化。企业文化建设的核心是员工认同。员工认同企业文化，并将之转化为自觉行为，身体力行地体现出来，企业文化才能落地生根。如果得不到员工的认同，再好的理念也不过是一纸空文。认同的前提是认知，就是要让员工清楚地知道我们的企业文化是什么、如何解释、究竟如何做才能符合企业属性，这就需要从教育入手。

第一，让员工"看得见"。以醒目的形式将文化理念展现在工作场所及公司网站、报纸、杂志、新媒体，甚至展现在机关员工食堂的餐桌牌上；将文化理念编入员工手册，发到每一位员工手上；按《中国五冶集团文化手册》CIS识别系统的标准展示企业形象。营造强烈的文化氛围，让员工耳濡目染，清楚地知道五冶的文化是什么。

第二，让员工"感受到"。抓文化理念的宣贯，每年都以集中和分散相结合的方式，分层分类开展文化宣贯活动，解读文化理念的内涵和外延。尤其是针对中层管理人员和新入职员工进行系统培训。开展文化培训精心一课，由各分子公司经理书记结合本单位实际为员工宣讲解读主流文化，内容更有针对性，易于理解接受。充分利用内部媒体，反映公司各个方面践行企业文化取得的成果，引导员工深入理解五冶文化。将文化理念渗透到各项制度之中，让员工在执行制度时能够深刻感悟到五冶文化。

抓践行，用文化规范行为。企业文化通过员工价值观与企业价值观的高度统一，通过企业独特的管理制度体系和行为规范的建立，可以使管理效率大幅提高，使企业得以飞速发展。因此，面对企业中存在大量的文化因素，可以用管理的手段进行疏通、引导、集中、凝练，通过管理的手段对员工精神生活、价值目标、行为方式进行疏导、整合，从而形成共识。通过这种共有的价值观念的内化，使全体员工以此为准则，调整、约束、监督自己的行为，达到自我管理、自我控制、自我激励，完成由他律到自律的心理和行为模式的转换。

首先，抓践行的责任体系。将践行企业文化作为五冶队伍建设的一个重要组成部分，通过队伍建设的网格化责任体系，实现了文化教育、培训的全覆盖，在企业每一个组织、每一个员工中生根开花，落实践行。

其次，用严格执行制度来保障企业文化落地。企业文化理念能否落实，关键还表现在执行企业的规章制度中，使员工的行为能够体现出企业理念的要求。因此，中国五冶在管理体系中赋予了企业文化的灵魂和内涵，在文化建设中赋予了制度的规范性和严肃性，建立起文化与制度水乳交融的文化管理体系。同时注重通过对执行制度的检查、督促和考核，落实企业文化思想理念。

第三，用榜样引领队伍。大张旗鼓地选树、表彰、宣传为企业做出突出贡献的集体和个人，比如设置"栋梁奖""台柱子奖"，评选各级劳动模范、先进工作者、优秀共产党员、领军人才、岗位能手等，表彰重奖践行责任文化的佼佼者，弘扬榜样精神，传递榜样力量。

抓活动，用文化凝聚人心。各种活动是宣贯文化、传递文化的有效载体。活动的方式灵活多样，直观、寓教于乐，可以广泛吸引员工投身其中，发挥自己的主观能动性，共同完成活动内容。活动中，员工能够主动接受企业文化的熏陶，自然而然地融入，产生共鸣，形成共识，这是一个润物细无声的过程。

五冶总是善于创新活动方式，传递文化理念。他们的活动载体是有特色的，大活动、小活动相结合，常规活动与主题活动相结合，丰富有序。比如：每一个阶段都提出文化主题词，围绕主题词开展活动，包括专题报告、座谈交流、演讲比赛、员工会演、户外拓展、征文比赛、撰写心得等，广泛吸引员工参加。

以"我身边的榜样"等为主题，组织员工去观察自己身边的先进典型，用自己的镜头和文字记录他们的先进事迹，展示和宣传他们爱岗敬业、勤勉奋斗的优秀品质。

2018年10月是五冶建厂70周年纪念，他们开展了厂史厂情教育系列活动。广泛发动员工积极参与，先后制作了反映公司70年发展历程的大型历史书画《铿锵足音》、电视纪录片《征途》《新坐标》特刊，还组织了两台共有两千多员工参加的厂史教育情景讲述晚会。晚会节目由五冶自创自编自演，通过员工的广泛参与和高度关注，将企业核心价值观、核心理念、企业精神、五大主流文化进行了系统化的深入宣贯，在员工情感深处产生了强烈共鸣，增强了归属感、自豪感。

从中我们看到，中国五冶抓活动不流于形式，而是精心策划，重在传递文化精髓。这些大大小小的活动，具有经常性、参与广等特征，不失为传递文化价值的有效途径。

抓传播，提升企业品牌形象。品牌作为企业文化的一部分，也是异常重要的核心竞争力。企业不仅要有品牌意识，更需要大力推进品牌塑造。

在长期的发展过程中，中国五冶始终致力于充分利用各种资源，不断加强和创新文化品牌建设，内强企业素质，外塑企业形象，提升企业内在优势，真正实现企业品牌与企业文化的统一，企业文化与发展战略的统一，企业发展与社会发展的统一，进而彰显"大户人家"的企业形象。

就品牌本身而言，让中国五冶品牌为全体员工所认同，为客户及社会所认可，让其具有超强的凝聚力、影响力、渗透力、竞争力。就企业内部可利用资源而言，进一步明确相关品牌建设的重要意义和工作要求，使品牌建设在全体员工中真正内化于心、外化于行；以项目为窗口，以产品为口碑，充分展示企业实力和品牌影响力。就企业外部可利用资源而言，充分利用外部媒体、交流活动等各种平台，宣传企业的软硬实力。近两年，五冶的项目各种观摩、调研、交流活动不断，中央电视台、人民日报、新华网、中新网、北京电视台、《四川日报》、重庆电视台等多家权威主流媒体都进行了多次宣传报道，进一步擦亮了中国五冶品牌，扩大了推广传播，提升了企业美誉度和社会影响力。

（摘自《法商融合——中国五冶管理模式》，李锦、李宁著）

11.3 推进企业文化与业务融合

在企业文化落地过程中，除了要把企业文化融入员工行为之中，还要解决文化与业务融合的问题，以业务活动为切入点，推进企业文化建设与业务经营活动的互相促进。以"软"文化配合"硬"制度，弘扬企业倡导的思想与行为，约束企业反对的思想与行为，达到思想所指、行动所致的效果。

企业文化是企业在生产经营过程中逐渐形成的、固化的，并经过筛选、沉淀而形成的企业精神和经营理念，若不将其与业务融合，逐渐地就会使这些精神与理念失去生命力，使企业文化成为一个没有灵魂的空壳。

➤ **案例：华西集团在经营活动中树立品牌形象**

华西集团经营工作始终散发出"善建"文化之美，在行业中、在市场中树立"善建者·华西"的大企业大集团形象。

一是市场开拓上做到"善"。华西集团秉持"秉德从道 善建天下"的企业精神，在开拓市场上努力做到"善"。对经过深入研究、全面论证、认为可以介入的市场，就大胆抢占。如先后拓展的西安、内蒙古、新疆、重庆、西藏等国内市场和南亚老挝的琅勃拉邦机场、南美委内瑞拉的房地产项目等海外市场就是在充分论证可行的基础上获得的。对研究论证认为不可介入的市场，勇敢放弃。如天津环渤海经济圈，由于市场饱和度高，地域政策浓，华西集团主动撤出该地区，只保留留守力量，以图时机成熟再进入。在非洲、中亚阿拉伯地区由于一些国家战事频繁，局势动荡，华西集团也进行大量收缩，做好清算，主动撤出。对研究论证为情况不明朗的市场，慎重进入，逐步发展。如，BT、BOT项目以及合作联营项目，华西集团既保持介入，但不盲目，注重加强管控，降低风险。

二是充分体现行为之"善"。切实践行"责任 诚信 合作 创新"的企业价值观，始终重合同、守信用，信守承诺，充分体现行为之善。在"5·12"汶川特大地震后，先后在北川、石渠、都江堰等 18 个市（州）县承接灾后重建工程 300 余个，建筑面积 280 万平方米。华西集团以不惜一切代价，建"震不垮的房、震不断的桥"的气度和决心，全面完成了灾后重建任务。尤其是在都江堰、彭州、什邡、绵竹、绵阳等承接的 89 所中小学灾后重建任务，全部实现 9 月 1 日前交付使用的铿锵诺言。北川新县城、石渠灾后民房重建等项目也先后获得中央、省委领导同志的充分肯定和高度评价，充分体现了华西集团作为国有大企业大集团的担当和责任。如重庆江北机场项目，在前期条件不好的情况下，华西集团创新工作，创造了不停航施工作业技术典范；善于合作，帮助业主协调处理与周边群众的关系，项目书记亲自为群众赶猪修圈，得到群众的充分认可，使机场项目进展十分顺利，直接获得业主二期项目，实现了共赢、多赢。

三是充分体现服务之"善"。华西集团坚持"真诚服务 超越期待"的服务理念，勇于对社会和业主负责。如每年坚持大力开展"华西杯"和工程质量回访活动，用敢于担责的态度、主动担责的方式保障业主和住户利益。由于"华西杯"新规则采取比省级荣誉更为严格的标准要求，因此得到很多业主的赞同。如田森·奥林春天项目业主曾明确向项目表示，如果项目能获得"华西杯"，工程结算总价将上浮 3 个百分点。工程质量回访采取定期回访和业主邀请回访的方式进行，每年回访项目近 1 000 个，帮助业主、用户及时解决使用过程中出现的问题，赢得业主一致好评。

注重向客户展示华西品牌精神风貌，营造让人满意的氛围，以优质服务，获得经营发展，吸引了一大批客户长期与华西集团合作。如长虹、九洲、沃尔玛等大企业集团和资阳、内江、自贡等市政府分别与集团签订了战略合作协议。举世关注的风洞群工程如 9290 风洞、099 结冰风洞等华西集团一直独领风骚，广州美领馆项目（是美国政府第一次在中国选用承包商作为总包方的工程）华西集团也是一举中得。这些经营成果都是华西品牌得到认可的结果。

11.4 讲好文化故事

通过故事能够生动形象地将抽象的文化理念具体化，让人更好理解。通过讲故事，能够传播企业理念，塑造企业品牌，提升企业形象，弘扬企业精神。因此，故事是企业文化深植落地的重要载体，只有挖掘、提炼并传播好企业文化故事，才能让企业文化入脑入心、落地生根，增强员工对企业的认同感、归属感和使命感，增强企业的凝聚力、向心力和战斗力。

11.4.1 企业文化故事的分类

企业文化故事的分类主要包括以下几种：

（1）创业类。创业类故事主要讲述创始人在创业时的经历，遇到的各种各样的艰难困苦，体现创始人的敏锐洞察能力，百折不挠、敢于攀登的创业精神，如何通过奋斗使企业生存、发展壮大等，体现企业从创业初期到后续发展的文化积淀。

（2）经营类。经营类故事主要讲述企业在经营过程中经历的风风雨雨，如何抢抓机遇、如何规避风险、如何占领市场、如何赢得客户信赖、如何通过质量取胜、如何想客户所想急客户所急，以及在经营中涌现出了哪些先进典范等。

（3）变革类。变革类故事主要讲述企业在面对新形势、新环境、新技术以及企业内部各种矛盾和问题时，如何变革图强、改革创新；如何通过战略转型获得新的发展机遇以及在变革中涌现出来哪些优秀事迹等。

（4）管理类。管理类故事主要讲述企业在具体的管理过程中，如何与时俱进、加强管理、提档升级、提高企业综合管理水平；企业文化如何促进人力资源管理、财务管理、安全管理、质量管理、服务管理等。

11. 4. 2　企业文化故事集编撰的步骤

企业文化故集编撰的步骤包括征集、整理、甄别筛选、提炼升华四个过程，如图 11-3 所示。

图 11-3　企业文化故事集编撰的步骤

（1）征集。面向全体员工广泛征集企业文化故事，是开发企业文化资源的有效方法。一是征集，下发征集故事通知，可以采取有奖征集形式，提高员工积极性；二是收集，由工作人员收集企业高层管理者的优秀案例故事，可从历年重要会议记录、讲话稿及外部新闻媒体的报道等渠道收集；三是座谈采访，可采访企业高管、老员工、企业劳模和先进员工、外部客户等，寻找故事线索。

（2）整理。企业应组织专人深入基层，一是核对所征集到的故事的真实性，对故事发生的时间、地点和相关情节进行细致采访，掌握更翔实的资料；二是针对收集到的资料进行处理、摘编；三是将寻找到的文化故事线索，进一步梳理成文。

（3）甄别筛选。企业文化故事的筛选标准为：故事本身及其主人公蕴涵的思想必须契合本企业所倡导的企业文化理念，并且具有典型意义、教育意义。

（4）提炼升华。一个原生态企业文化故事，其理念的针对性和艺术的生动性未必合乎要求，必须进行提炼、升华和深刻诠释，实现"故事理念化，理念故事化"。

11.5　构建企业文化管理评价与改进机制

考核评估机制，是企业文化管理实效的有力保障，是企业文化管理不断改进、持续提升的重要抓手。有效的企业文化建设需要依靠企业文化管理的考核评估机制约束，依据企业文化建设的客观规律，在企业文化建设的三个主要阶段设立考核评估指标，对柔性的企业文化建设进行刚性的考核评估。借助机制的激励、导向、驱动、约束功能确保企业文化建设的有效性、可控性、可达成性是企业文化管理体系的一个主要思想。

11.5.1　企业文化管理考核评估机制的意义

企业文化管理的考核评估机制，既是控制过程的前提，又是其实现形式。其通过依据文化建设的目标管理体系和一般规律所设定的考评标准，判断企业文化管理是否符合目标管理要求，是否符合企业文化管理的一般规律，发现存在的问题和差距，以考评标准为尺度矫正企业文化管理工作，促进良好企业文化的形成。换句话说，考评能为企业文化管理工作起到导向作用。

构建企业文化管理评估机制是企业文化管理中的重要步骤。在建立企业文化管理评估机制的过程中，通过文化建设战略规划评估、文化管理职能尽责评估、文化形象效果评估、管理者个人尽责效果评估和制度文化审计效果评估，来保障企业文化管理向着健康、科学的方向发展，从而使企业文化管理成为提升企业竞争力的一个支撑点。

11.5.2　企业文化管理考核

对于企业文化管理考核机制，首先我们必须明确一个最为基本的问题，那就是企业文化管理考核的目的。企业文化管理考核的目的有三点：一是帮助组织把愿景管理做好，即把组织的愿景、使命和战略等转化为具体的日常工作目标，以帮助组织实现既定愿景；二是帮助组织做好价值观管理，即让组织上下就已达成共识的价值取向问题做好向组织行为和个人行为的转变工作，使公司上下都能围绕为公司创造价值的因素——价值驱动要素展开工作，而不必浪费太多的时间去做有损公司价值创造的活动；三是促使企业文化管理工作持续改进，使文化深入人心，深入各项实际工作中。

企业文化管理考核评价维度主要包括两个方面：一是愿景管理的具体情况，二是价值观管理的具体情况。一个组织（或企业）要获得最终目标的达成，持续创造价值，首先必须使顾客满意，使顾客忠诚于组织；使员工尽职，让员工对组织产生信赖。要使顾客满意，要使员工尽职，就要优化内部价值创造过程，通过学习，提高员工个人能力。因此，企业文化管理考核在跟踪财务成果的同时，要着眼于未来增长所必需的无形资产的获取和企业能力的培育过程，这也就在很大程度上解决了最终结果和结果实现过程的双方面监控。

从价值观管理的角度看，保证公司创造价值过程的合理性和有效性；从内部过程角度看，企业行为及员工的个人行为是否严格遵循公司的价值取向？从学习和成长角度看，企业能否持续创造价值，能否培养适应公司未来战略需求的组织能力？

由此，在企业文化管理考核中，指标应主要包括以下几类指标：

（1）结果类指标和驱动类指标。

结果类指标用以说明企业文化管理的结果，一般属于"滞后指标"，它告诉管理者，员工发生了什么，已经产生了什么结果。驱动类指标属于"超前指标"，它揭示企业文化管理过程中，企业实现愿景的关键领域进展，并用以影响组织行为和个人行为。

（2）内部和外部指标。

以下所列的是某公司企业文化管理考核指标，共有 19 个相应指标，如图 11-4 所示。

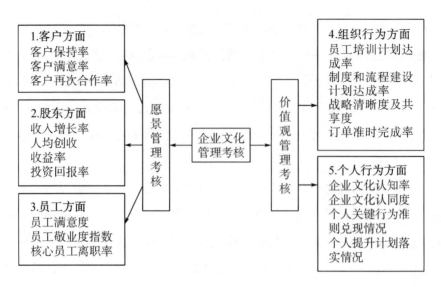

图11-4 某公司企业文化管理考核指标

从上述19个企业文化管理指标能够看清该公司的愿景和竞争战略。愿景、战略清晰了，价值观明确了，企业文化管理考核的指标也就开发出来了。这也就是说，企业文化一定有各企业的个性，不同的企业具有不同的文化，所以也就有不同的企业文化考核指标。每个企业要清楚，不同的愿景、不同的战略规划必然要求有不同的战略重点，不同的价值取向必然规定了我们不同的组织行为和个人行为，会有不同的关键行为，这也就要求企业文化管理考核一定要符合企业的具体情况。

在设定指标后，需要对相应考核指标设立目标值。目标值的设立：一是要充分考虑愿景和战略目标的分解；二是一定要综合企业历史的具体情况设立合理的目标值；三是需要通过相应的测评来获得合理的历史数据，以此来设立指标的目标值。

确定了企业的企业文化考核指标以后，必须把这些目标逐层分解，落实到各个部门。部门根据企业的企业文化管理考核设定部门企业文化管理考核指标，每位员工再根据部门的企业文化考核指标设定自己的企业文化实践行动计划，从而达到充分利用企业文化管理的思路，帮助企业所有员工清楚企业目前的状态，清楚企业的未来，清楚企业的关键价值驱动要素，并激发实现企业既定目标的积极性，明确提升的方向。

企业文化管理考核是一个管理系统，而非只是一个考核系统，它使组织能清晰地规划愿景和战略，并落实成具体的行动计划；使组织的所有成员认同公司的价值取向，并身体力行地去践行这些价值观在思想和行为上符合组织发展的战略需求。它既为内部业务流程又为外部客户提供及时的反馈，以持续改进战略绩效和成果。

11.6　企业文化落地的提升机制

11.6.1　企业文化落地 PDCA 循环模型是什么

企业文化落地 PDCA 循环模型，是蕴含着企业文化科学实践论的一种企业文化管理手段，是一套卓有实效的文化实践与落地的作业程序与方法，它同时具备"有效推动企业文化实践和企业文化管理"的强大功能。

在企业文化落地 PDCA 循环模型中，P 为计划、D 为执行、C 为检查、A 为改善，这四个阶段的企业文化管理与实践过程，确保了企业文化实践过程中的执行力和持续检视；PDCA 循环机制并不是运行一个循环或周期就终止了，而是通过每一个 PDCA 周而复始地循环，通过企业文化管理使企业文化获得螺旋式的提升与发展。一个 PDCA 循环结束了，解决了一部分的问题，可能还有其他的问题尚未得到解决，或者循环过程中又出现了新的问题，再进行下一次循环继续改善。

11.6.2　为什么需要 PDCA 循环模型推动文化落地

建设企业文化应有科学的方法做指导。在具体的方法上，可以运用 PDCA 循环模型来指导企业文化建设工作的整体动作过程，以提高企业文化建设的工作效率。优秀的企业文化不可能一蹴而就，企业文化建设与落地本身所具备的客观规律——艰巨性、复杂性、广泛性、长期性、连续性和艺术性，决定了企业文化落地将是在企业文化建设战略总规划领导下的一项艰巨而长期的任务，需要组织全体员工广泛参与，需要设置企业文化建设目标、建立组织文化建设的计划、实施文化的主动践行、开展企业文化审计。

企业文化管理活动是一个不断运动、不断循环的动态过程，是运用现代管理理念、方法和工具开展企业文化建设和落地的过程，以及各种企业文化建设资源和要素进行全面管理的过程。正如戴明先生提出的PDCA循环一样，这个企业文化管理过程以对未来的计划为起点，经过对各种要素的组织和对文化管理活动的指挥，使企业文化建设计划付诸实施。再通过检查，了解计划的执行和企业文化目标的实现情况，使企业文化管理过程中的经验、教训及时得到总结和提炼。在总结过程中，发现问题，查找原因，制定下一步改进的目标和对策，再进入下一个PDCA循环。

由此可见，企业文化管理不仅是一项企业高级管理活动，而且它也符合企业管理活动的一般客观规律。因此，在企业文化管理工作中，我们可以通过导入PDCA循环模型指导企业文化建设工作和企业文化落地实践工作。

在应用PDCA循环模型的过程中，恰当地使用各种技术方法，可大大提高企业文化管理工作效率，保障企业文化落地与实践的效果。遵守"熟悉、领悟、遵从、认同和内化"的规律，让企业文化的理念在各部门人员的工作、学习中如影随形，落地生根，取得实效。

11.6.3 企业文化落地 PDCA 循环模型的具体内容

虽然PDCA戴明循环工具是基于班组改善产品质量而研究的一个现代管理工具，但其本身就是一种发现问题、分析问题和解决问题的思维模式、逻辑模式和行为模式。结合现代管理的其他思想，如计划管理、目标管理、绩效管理、组织行为学和心理学等，PDCA循环可以很好地用以推动和管理企业那些总体的、宏大的目标的实现。将那些宏大的目标分解到部门，分解到班组，分解到年度，分解到季度，通过启动PDCA机制，才能确保组织严格的执行，才能确保企业文化的实践和落地被有效地推动。

PDCA循环模型的具体内容如图11-5所示。

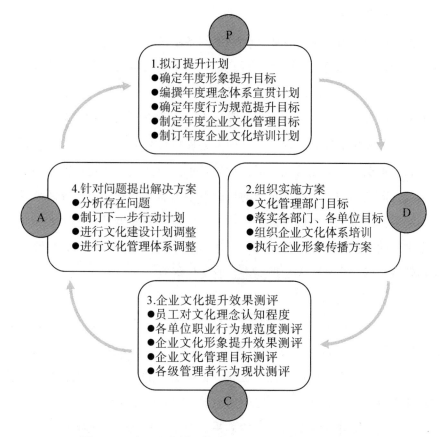

图 11-5　企业文化循环落地 PDCA 循环模型的主要内容

企业文化落地 PDCA 循环模型，主要具有如下特点：

（1）拟订企业文化落地的计划（P）。

企业文化建设是一个漫长渐进的过程，要真正使企业文化融入企业的经营管理类实践和企业发展中，融入员工的血液中，就需要制订出长期的企业文化发展战略规划和企业文化落地实施方案。有了一个详尽的计划做指导，企业文化的建设工作才能够做到有的放矢。

企业文化落地计划主要包括确定企业年度文化形象提升目标、编撰年度理念体系宣贯计划、确定年度行为规范提升目标、制定年度企业文化管理目标、制订年度企业文化培训计划等。

（2）组织实施（D）。

依照计划，组织实施企业文化落地的各项工作。企业文化落地的成败就在于能否把计划落实，能否执行到位。其主要内容有：企业文化职能管理部门目标；落实各部门、各单位目标；组织企业文化培训；实施企业文化形象传播方案；推行企业文化实践与落地；提升企业文化软实力等。

在企业文化落地的过程中，必须大力抓好计划的实施和落实。高层领导要高度重视企业文化落地。把目标放长远，虽然企业文化不能直接创造出利润，但是，却对于提高企业的核心竞争力有重要作用。领导还要亲自行动起来，给员工起到模范带头作用，基层员工要积极投身到企业文化实践中来。同时，要加强宣传和引导，培养员工的企业文化观念，使企业文化不致流于形式，从而成功地促进企业文化落地。

（3）效果测评（C）。

对于一个企业来说，最重要的是如何落地，让企业文化真正融入企业管理中的每一步，这就要求管理者了解员工对企业文化的接受与认同程度。要准确测评当前企业文化的现状，把握员工的主流价值观，测评企业战略建设目标与企业文化状态之间的差异，就显得尤为重要。

通过企业文化建设效果、落地效果、改善与提升效果的测评，可以检查 PDCA 循环周期内企业文化落地计划的具体落实情况，检查各目标的完成情况，发现问题和差距。

（4）提出解决方案（A）。

针对检查和测评中发现的问题，提出解决方案的流程，包括分析存在的问题、制订下一步行动计划、进行文化建设计划调整、进行文化管理体系调整。

针对企业文化落地效果中存在的问题应及时处置，分析存在的问题，进行修正和反馈，通过这些办法来不断地完善企业文化落地，以确保达到理想的效果。通过对反馈问题的分析、研究，总结得失，对既定的计划方案进行完善和调整。同时，把未解决或新出现的问题转入下一个 PDCA 循环。

以上是一个 PDCA 循环模型的实操过程。看得出来，把企业文化落地的各项工作有机地联系起来，才能做到总体把握，相互促进。通过科学地运用 PDCA 循环模型，认真做好每一个环节，才能有效地落实企业文化的理念、行为规范，使其在企业的管理中发挥出最大的作用。

11.6.4　企业文化落地 PDCA 循环的八个步骤

PDCA 循环就像攀爬楼梯一样，一个循环运转结束，企业文化落地效果就会提升一步。然后再制定下一个循环，再运转，再提升，不断前进，不断提高。

企业文化落地的 PDCA 循环过程分为八个步骤，如表 11-1 所示。

表 11-1　企业文化落地 PDCA 循环步骤

阶段	步骤	工具
P	1. 分析企业文化落地现状，找出问题	排列图、直方图、控制图
	2. 分析各种影响因素或原因	因果图
	3. 找出影响企业文化落地的主要因素	排列图，相关图
	4. 针对主要原因，制订措施与计划	回答 "5W1H" • 为什么制定该措施（why） • 达到什么目标（what） • 在何处执行（where） • 由谁负责完成（who） • 什么时间完成（when） • 如何完成（how）
D	5. 实施计划	
C	6. 检查计划执行结果	排列图、直方图、控制图
A	7. 总结成功经验，制定相应标准	形成相应的标准或制度
	8. 把未解决或新出现问题转入下一个PDCA循环	

第一步：分析企业文化落地现状。通过调查，找出企业文化落地中存在的问题，并尽量用数字说明。在调查分析问题时，可采用调查法、问卷法、访谈法和会议法等技术方法；运用的工具主要有排列图、直方图和控制图等。凡与企业文化落地有关的内容都应做详细调查。如现有企业文化

确立时的动机、理由、依据是什么？该文化是否已经过时？它们为企业生存和发展能带来什么威胁和机遇等。

第二步：分析影响企业文化现状的各种因素。逐个问题、逐个因素、逐项详细地分析并有数字说明，切忌主观、笼统、粗枝大叶。在分析影响因素或确定企业文化建设的详细内容时，可利用讨论法、会议法和因果分析法等，采用的工具有因果图等。

第三步：找出影响企业文化落地的主要因素。影响企业文化落地的因素是多方面的，从大的方面看，可以有企业核心价值观念、企业精神、企业行为、企业管理、企业凝聚力等方面的影响因素或内容，每项大的影响因素或内容中又包含许多小的影响因素或内容。这一步主要采用的工具有排列图、相关图等。

第四步：制订措施与计划。针对影响企业文化落地的主要因素，制定措施，提出落地计划方案，并预计其效果。在进行这一步工作时，一般要请企业各级领导人员和员工共同制定，以利于措施和计划的贯彻和执行。制定措施的工具可采用"5W1H"分析法，内容包括：为什么制定这一措施或计划（why）、预计达到什么目标（what）、在哪些部门执行这一措施或计划（where）、谁来执行（who）、什么时间完成（when）、如何完成（how）。

以上四个步骤就是"计划"阶段的具体化。

第五步：实施计划。对执行计划过程中出现的各种问题要及时处理。为了提高有关人员对现有企业文化的认同感，执行计划中可以通过会议、简报、沟通交流等方式及时发现实施计划过程中的问题。

第六步：检验计划执行结果。采用的工具有排列图、直方图和控制图等。这一步的目的就是把实施以后的结果和预期的目标进行比较，看是否达到了目标，达到什么程度，还存在什么问题。如果通过检查达到了预期目的，就可以进入下一个步骤。否则，就要进一步分析没有达到目的的原因，以重新修订计划、目标等。

第七步：总结成功经验，制定相应标准。根据检查的结果进行总结，把成功的经验制定成标准或制度，巩固已经取得的成绩，防止重蹈覆辙。

第八步：把未解决或新出现的问题转入下一个 PDCA 循环。找出这一循环中尚未解决的或新出现的问题，把它们转到下一次 PDCA 循环中解决。

第七、第八两步是"总结"阶段的具体化。

12　企业文化审计管理

思维导图

12.1　企业文化审计的意义

企业文化审计管理不仅在企业文化建设时需要，在企业文化塑造和落地过程中也同样需要，甚至在长期的企业文化发展规划中都具有十分重要的意义和作用。常态化的企业文化审计将为企业战略目标的达成和企业核心竞争力的提升奠定坚实的文化基础，它更是持续提升企业文化力的前提和基础。

企业文化审计在企业文化管理领域发挥着越来越不可忽视的柔性作用。它同企业的"财务审计、资产审计、品牌审计、服务审计、项目审计"一样，逐渐成为现代企业管理深化领域的一项常态化管理。

企业文化审计工作肩负着度量和评估企业文化现状与企业文化需求之间差距的使命，在企业文化管理职能中具有重要意义。企业文化审计的作用包括现状评估、确定差距、解决冲突与提升管理，如图12-1所示。

12.1.1　评估现状

评估现状主要通过定性分析与定量分析相结合的科学方法，了解企业整体经营、生产、管理等状况，分析企业文化现状、企业文化与战略需求的匹配性、企业文化与管理提升的融合性、企业文化对员工行为改善的促进作用、企业文化与品牌文化的关联性、企业文化与组织绩效改善的相关性、企业文化定位与企业文化不同发展阶段（时间）的偏差、企业文化个性分析（包括企业家个性分析、员工素质分析）、企业文化综合评估等。

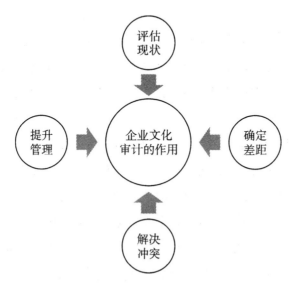

图 12-1　企业文化审计的作用

12.1.2　确定差距

确定差距是指通过科学的方法和手段，分析、研究、判断，透过现象看本质，找出企业文化管理中存在的问题，把握住企业文化的优劣势，明确企业文化现状与先进企业的文化管理之间的差距，以及定义所存在的问题；发现各层级员工在理念提升、价值标准、行为改善、制度执行等方面存在的具体差距等，为企业文化管理提供可靠的决策依据和指明努力的方向，为科学管理和精细化管理提供充分的决策依据。

12.1.3　解决冲突

企业文化审计的意义并不仅仅是对于文化现状的评估，更重要的是应当将这样的现状置于未来发展需要的前提下进行审视对比，通过未来与现状的对比找出文化的差距或者优劣性分析，从而确定支撑管理变革的文化创新方案。

企业文化审计不仅仅是为了搞清"是什么"，还要回答"为什么"和

"怎么办"的问题。要把评价结果上升到一定的理论高度加以概括，并能依据事实，参考条件，指出改进方向、改善建议，从而有效解决由文化冲突引发的管理冲突和竞争力难以提升的管理现实问题。

12.1.4 提升管理

企业文化审计的结果首先是利于经营者定期评估企业核心文化力的竞争优势、劣势，分析企业文化形成的前因后果，分析企业文化的特点，结合先进企业的企业文化发展方向和企业经营实际，有针对性地提出企业文化建设和提升方案。

其次，在指导企业文化建设的实效提升上，对企业文化管理和企业文化落地的效果给予持续的改善，便于企业文化的创新与提升。常态化的企业文化审计，可以为企业战略目标的达成和企业核心竞争力的提升奠定坚实的基础。同时，它也是持续提升企业文化力的前提和基础。

在这里，本书要重点强调的是：文化的背后是理念、是价值观，如果仅仅通过由外及内、由表及里的分解方法，而没有真正从价值观取向来获取结论的话，那么测量始终难以形成有效的结论。

12.2 企业文化审计机制

建立企业文化审计机制是企业文化管理职能部门的重要工作任务之一。在企业文化审计的组织保障方面必须由企业高层领导和相关成员组成企业文化审计工作领导小组，由相关职能部门和下属单位负责人组成工作小组并邀请专业咨询机构进行专业辅导，将外部专家经验和内部审计小组结合起来，实施"并行工程"。通常，建立企业文化审计机制应从以下几个方面着手：

（1）成立企业文化审计领导小组；

（2）组建企业文化审计工作小组；

（3）颁布企业文化审计制度；

（4）确定企业文化审计原则；

（5）明确企业文化审计周期；

（6）审批企业文化审计方案；

（7）编制企业文化审计结果报告；

（8）监督企业文化管理整改方案的执行；

（9）评估企业文化整改效果。

通过上述措施的落实，建立起企业常态化的企业文化审计机制，使企业文化建设与企业文化落地对企业内部管理改善、对企业外部市场竞争力提升、对企业核心文化力的形成发挥出巨大的驱动力。

企业文化审计流程如图 12-2 所示。

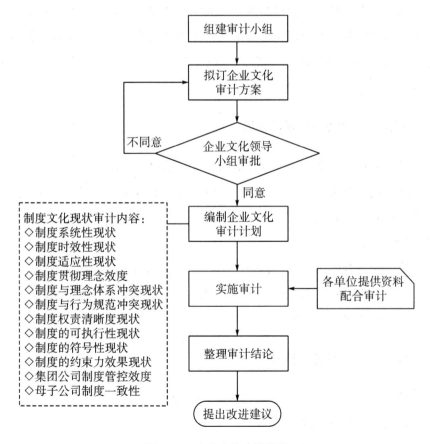

图 12-2　企业文化审计流程

12.2.1　审计准备阶段

梳理现阶段企业内部管理和企业经营活动过程中存在的主要问题，并对问题进行分类、分析、描述和定义，包括：

（1）企业存在哪些问题？

（2）这些问题都是怎样的问题？

（3）哪些问题的根源来自企业文化领域？

（4）这些问题与谁有关系？

（5）这些问题的影响程度如何？

初步拟定企业文化审计的范围、内容，以及需要纳入审计工作方案的其他内容。明确审计的范围和内容；成立企业文化审计领导小组；组建企业文化审计工作小组，确定参加审计工作小组的成员；编制企业文化审计工作方案，并报请核准等，都是企业文化审计准备阶段所必须考虑的工作。

12.2.2　实施审计调研阶段

这一阶段，主要是依照审计范围和审计项目，组织审计工作小组对与企业文化的精神文化、制度文化、行为文化、形象文化等相关现状方面进行全面调查。调查的方法可以选择对象访谈法、问卷调查法、绩效检视法、管理分析会等。

在实施审计的过程中，各分（子）公司、部门、项目组或班组都需要派人全程配合，提供相关的资料、文档，或回答相关的问题、填写表格，确认在调研中发现的问题。

12.2.3　汇总整理阶段

这一阶段，需要将企业文化审计小组成员的审计结果进行汇总、分析、审定，包括以下内容：

（1）分析集中审计的工作结果；

（2）收集分项审计的工作结果；

（3）审核分项小组形成结果过程文件；

（4）分析各项审计结果的一致性和逻辑性；

（5）对存在疑点的审计项目提出复审建议；

（6）汇总审计结论。

12.3　企业文化审计的内容与方法

在企业文化建设时，是从企业的精神文化提炼开始，再设计企业的制度文化、行为文化与形象文化，即由里到外的建立过程。但在企业文化审计时，则是一个逆向过程，即从形象文化审计开始，由外到里逐层开展。

12.3.1　形象文化现状审计

企业通过主动地、有计划地对自身企业文化在企业内部或外部进行传播，达到对企业文化的内部宣贯与教育和外部宣传与承诺，形成良好的企业形象文化，从而加快企业文化力的形成，发挥企业文化对战略目标达成的巨大牵引作用。企业形象文化是企业精神风貌、个性气质、经营哲学的综合表现。

企业形象文化与传播现状的审计，就是要揭示企业形象文化与企业文化定位之间的差距。对企业形象文化的设计和宣贯效果，对企业形象文化的传播途径、方式和效果给予专业的评价。进而，对企业形象文化的改善与提升，对企业形象文化的传播工作提出具体的改善意见和行动方案。

12.3.2　组织行为与员工行为现状审计

组织与成员的行为，不仅体现了企业文化，而且不断地创造着企业文化。企业行为文化不是孤立存在的，它既会受到企业精神文化的引导和驱动，又会受到企业内部环境与外部的推动和影响。

企业行为文化审计，就是要揭示组织行为和员工行为中哪些行为是组织战略达成所需要的，哪些行为约束了组织战略的实现以及产生这些行为的根源。进而，对组织行为提出规范、约束、改善的行动方案。

企业高层领导团队对企业文化具有天生不可替代的影响力，而职业经理人或多或少地必然带有以前曾服务过的企业的文化烙印。那么，在高层团队的招募过程中，不仅要关注其职业能力和资源优势，还需要关注高层核心成员对本企业文化认同的问题。

在员工行为现状审计中，关键是对核心成员的企业文化取向审计，充分了解核心成员对企业文化的认同现状，借此获得来自核心成员的企业文化差距，杜绝来自管理团队的文化杂音。对核心成员的企业文化测量与评估应当以"定性+定量"的综合测评方法进行。

12.3.3 制度文化现状审计

制度文化处于企业文化层次结构的中间层，它既发挥着承上启下的作用，又发挥着行为导向与约束作用。制度文化是企业文化实践、企业文化落地、企业文化转化和企业文化力塑造的核心环节。

制度文化现状审计是企业制度管理的关键环节，通过制度文化审计来检视制度理念、制度管理、制度体系、制度执行四个环节的现状与目标之间的差距，从而获得全面的、准确的、客观的制度文化建设的决策依据。

（1）制度系统性现状。

企业制度文化处于企业文化构成的中间层，是联系企业精神文化和企业物质文化的纽带，其本身就是一个包含多种因素的、具有一定功能的有机整体，即企业制度文化系统。

通过制度体系审计，企业管理者可以了解企业制度系统的运行现状。基于对企业外部环境和内部环境的认识和了解，围绕企业核心价值观，将企业的经营理念、哲学内涵融入企业生产经营运行当中，形成一系列企业制度规范。

同时，企业内部运营的各项规章管理制度相互之间存在内在的联系，制度与制度之间应保持一致，接口部分应相互衔接，防止由于各职能部门起草各自的规章制度，各自为政，从而导致制度体系丧失系统性和一致性。

（2）制度时效性现状。

任何制度都应讲求时效，特别是奖惩制度。在通常情况下，违规行为一经发现就会模糊正确与错误的界限，随之出现接二连三的效仿者，以致法不责众，骑虎难下。优秀的企业文化制度不是凭空产生的，只有根据科学合理的规章制度制定程序，才能真正制定出满足企业需要的良好规章制度。对那些已经过时了的、失去了执行条件或环境的规章制度应及时提出废止的意见。

（3）制度适用性现状。

制度适用性体现在：企业经营环境变化时，包括法制环境的变化，企业应及时变革调整现存的制度，适应新的环境。企业制度文化作为企业文化中人与物、人与企业运营制度的中介和结合点，是一种约束企业和员工行为的规范性文化，它使企业在复杂多变、竞争激烈的环境中处于良好的状态，从而保证企业战略目标的实现。对那些失去了执行意义的规章制度，或者适用于其他企业却在本企业不具备可执行条件的规章制度，应该及时提出废止的意见。

（4）制度贯彻理念效度。

制度文化是精神文化的延伸与实践，是企业核心价值观和企业精神的具体体现，决定了规章制度的拟定应该以精神文化所倡导的价值标准为导向，在制度中充分体现企业理念文化所宣示的价值观。

制度文化审计中，企业管理者应了解制度贯彻理念的效度如何，以及规章制度是否体现了这样的精神文化的价值标准和行为导向。

（5）制度与理念体系冲突现状。

企业文化系统中，精神文化具有决定性作用，制度文化建设应同精神文化内涵保持高度的一致性。同精神文化相一致的制度文化能够强化企业文化的作用，相反，同理念体系相背离、相冲突的制度文化则减弱企业文化作用的发挥。对那些违背企业精神文化和核心价值标准的制度条文应给予坚决删除。

（6）制度与行为规范冲突现状。

许多企业对于规章制度都有一个不成熟的想法，以为只要规章制度颁布了，员工就一定会理所当然地严格执行，若不能严格执行，就必将受到处罚。这种简单的想法，以"处罚"替代"管理"，使员工对组织的制度产生了发自内心的抵触和排斥。因此，企业需要通过建立、健全和完善相关规章制度，构建起既有激励又有约束的良好机制，充分发挥制度体系对行为规范、行为准则、行为禁忌等要素实施和实践的正向激励与负向警戒作用，才能激励员工开展企业所期望的、崇尚的组织行为文化建设，从而为行为文化建设营造一个良好的制度环境和管理氛围，不断扩大企业行为文化建设的成果。

（7）制度权责清晰度现状。

在制度文化审计中，需要了解制度权责清晰度现状。现代企业制度有着十分丰富的内涵，它是当前最为发达的一种企业体制。比如，在现代企业产权制度审计中，首先要求明晰企业的产权划分和归属主体，在此基础上引导出多元化的投资来源。同时，根据投资的多少，确立对称的责任和权利，打破国家对企业债务负无限责任的传统体制。企业与国家之间、企业与分散的股东之间，各自的责任与权利是明确的。当然，在企业规章制度中保持各执行主体的权责一致性，则是企业制度体系审计的又一个重要的任务。

（8）制度的可执行性现状。

在制度文化审计中，需要审计制度的可执行性现状。因为限于种种条件，很多制度在技术层面上可能不具备可操作性。这就要求我们的制度在设计时要具有科学性、合理性和可行性等。

理念的匹配性决定制度的可执行性。所谓理念的匹配性，是指制度中所依据和植入的理念与员工愿意接受的理念要能够匹配。或者说，至少员工在理性上能够认可制度中包含的理念。也就是说，在理性上，员工认可制度所提倡的理念而"愿意接受",这就是制度得以执行的根本力量。

(9)制度的符合性现状。

任何一套制度的合理性,按照西方"启蒙理性"的评价标准,应当符合逻辑,也就是没有内在的冲突。至于外在的冲突,则应通过这套制度与其他制度的社会竞争来解决,这就是所谓的"优胜劣汰"。

文化差异越重要,制度的文化符合性也就越重要。通过审计制度文化的符合性现状,了解制度与企业理念、员工行为是否冲突,有利于我们在企业文化建设过程中保持清醒意识,以便及时采取有效措施,避免相对固化的制度给企业发展可能带来的阻力。

(10)制度的约束力效果现状。

任何人的行为都会受到其自身价值观的影响,同时也会受到企业文化和规章制度的引导与约束,并通过企业内部的惩处机制来保障对组织成员的行为约束力。

在对制度体系的审计中,了解制度的约束力效果现状,从而可以更好地实现约束和规范员工行为,减少对立或降低对立的尖锐程度,逐渐形成有自己特色的制度文化。同时,达到引导、调节、激励员工行为的目的,使员工的工作行为、职业行为满足企业发展和参与外部竞争的客观需求。

在规章制度约束力审计中,对那些涉及产品安全、经营安全、生产安全、员工安全和财务安全等方面的规章制度的约束效力需要特别注意。

12.3.4 精神文化现状审计

在企业文化审计的过程中,我们了解企业成员对精神文化的认知优势和劣质,以及精神文化的分布强度、理念认知差距等,然后进行应用的理念宣贯效果改善。

精神文化现状审计,清晰地描述了企业的精神文化差距,能够对企业精神文化现状的改善与提升提出切实可行的行动建议。

12.4　企业并购与重组时的文化审计

12.4.1　文化审计的内容

有观点认为，企业文化是很虚的东西，是软性化的，不属于企业并购中应考虑的因素。还有观点认为，只要硬件完成了合并，软件问题自然容易解决，企业文化自然而然就会融合到一起。显然，这是对兼并后企业文化融合意义认识不够的表现。事实也证明，有些企业虽然实现了兼并，对资产、债务、组织、技术、员工、产品等进行了一系列的重组，但是仍然没有产生"1+1>2"的效果。

从企业文化本身的特点及属性来说，在企业并购中所引发的文化冲突，主要来自以下四个方面的差异。

12.4.1.1　精神文化的冲突

每个企业在成长过程中，都会形成自己独特的精神文化体系。这些精神文化在以往的企业社会实践中，一方面保证了该企业能动地适应外部环境，维持基本社会文化的协调发展；另一方面也统一了企业内部成员的思想意识，实现了企业在价值理念和行为方式上的一体化。由于其被广泛传播和反复实践而在员工思想中强化起来，有的甚至转化为常规和惯例。当企业发生并购行为时，由于企业文化具有的传承性、柔性和连续性特点，很难把原企业的理念文化统一于新组织的理念文化体系中。特别是一个企业的主导价值观被一种新的价值观取代时，原企业成员就会产生潜意识的抵触情绪和消极行为。即使并购双方进行了精神文化的融合，也有可能引发价值观的冲突。因此，只要有企业并购行为发生，就会有精神文化冲突的存在，也就需要企业进行组织间的文化融合，需要文化的认同。

12.4.1.2　制度文化的差异

并购重组后往往会产生制度差异。企业的各项管理制度是企业在发展中逐步建立起来的，并购双方的制度可能不尽相同，甚至有较大的差异。在双方制度存在较大差异的情况下，就存在如何确立新制度的问题，如果双方的制度没有很好地融合，尤其在制度制定过程中忽视了被并购方企业代表的参与的话，就会引发严重的制度文化冲突，导致合并重组后的管理成本居高不下，达不到资源优化的目的。

另外，在管理制度整合时，如果将被并购企业的组织结构、薪酬、绩效等制度强行改动，则会引起被并购企业员工的消极情绪或行为。并购方往往是在市场运作中较为成功的企业，因而，其人事用工及薪酬制度等一般较被兼并方更为开放，多数表现为人事用工制度灵活、岗位薪酬差别大，而被兼并方人事劳资等政策往往相对保守。兼并方进入后，为转换经营机制，提高管理和生产效率，保障企业的高效运行，必然要适应一系列新的制度，从而会形成制度适应、制度执行等方面的文化冲突。

12.4.1.3 行为文化差异

文化惯性来自原企业在处理外部适应性和内部一体化问题时，已逐渐摸索出的一套适合本组织的行为规则。这些行为规则包括员工行为习惯、行为标准、行为禁忌、规章制度约束、奖惩激励措施、组织行为习惯等。当并购行为发生时，企业的原有使命会被改变或被加强，所以作为保障组织目标实现的行为规则也需要重新设计。特别是并购企业在行为规则上出现较大差异时，更需要详细分析。

首先，由于在并购过程中，组织架构发生了较大的变化，有些部门合并了，有些部门拆分了，也有些部门撤销了；其次，随着组织架构的调整，需要对人力资源进行更有效的配置，产生了较大的人事调整；最后，内部的规章制度、工作流程也发生了相应的改变，以适应组织新的战略及管理模式的需要。并购中的这些行为，打破了原有组织的内在平衡，组织间的文化冲突也就随之产生，行为文化差异更加明显地体现出来。

同时，并购中的企业都有一些习俗化的因素存在，如传统的礼仪、共同的生活习惯和趋于一致的道德思想等，特别是一些参与跨国并购的企业，民族性的文化差异更大。由于习俗化因素有很深的社会文化根基，同时又贴近员工的生活，一般影响比较持久，协调难度较大。如何有效地解决习俗化要素的文化冲突，不仅对组织内的价值观塑造、员工积极性调动有重大影响，而且对新组织总体目标的实现具有重要意义。

12.4.2 企业文化整合的方法

围绕企业并购、重组、整合的要求，以实现集团化管理为目标，提出企业并购文化融合大致需要经历的过程，如图 12-3 所示。

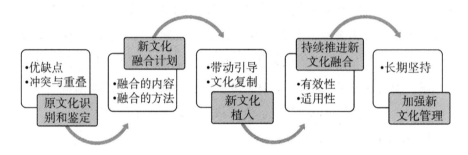

图 12-3 企业并购文化融合的过程

12.4.2.1 原文化识别和鉴定

全面识别和鉴定目标企业和并购企业的企业文化现状，分析确认各自企业文化的核心要素，分析其内在的优点和缺陷，并辨别两者相互冲突和重叠的领域，确定文化融合的最佳方式。

12.4.2.2 新文化融合计划

在对并购双方企业文化进行全面识别和鉴定的基础上设计新的企业文化，制定科学的文化融合计划和策略。在有必要的情况下，可以先通过一个企业文化融合的过渡方案，放弃一步到位的简单设想，避免因文化冲突导致并购的失败。

12.4.2.3 新文化植入

在并购企业内部选派那些对企业文化认同度高的管理干部，委派到目标企业任职。通过他们业已形成习惯的"思维模式、行为模式、管理风格"植入新文化的元素，带动和影响目标企业的管理团队，从而达到文化复制的目的，减少直接在企业文化层面统一所带来的冲突。

12.4.2.4 持续推进新文化融合

这是一个较为漫长而艰苦的企业文化变迁和复制的过程。在这个过程中，要注意根据新的情况及时调整新企业文化的设计，使企业文化融合围绕解决目标企业的并购后的具体管理问题为目标，提升企业文化融合的有效性和适用性。

12.4.2.5 加强新文化管理

新企业文化的导入并不意味着企业文化融合的结束。相反，由于文化融合是一个长期的过程，有必要进行持续的企业文化管理，以确保企业并购目标的实现。

成功的企业并购离不开有效的企业文化融合。企业文化的特质使企业文化具有极强的异质性和连续性，从而使企业并购存在可能的文化冲突和来自企业文化的并购风险。为有效避免文化冲突，降低企业并购的文化风险，就必须确立科学的企业文化融合方案，选择适合企业实际的文化融合策略，形成新的企业文化提升模式。

应用篇

13　企业文化手册

思维导图

　　企业文化手册既是企业文化建设的重要成果，也是企业文化落地的依据，更是全体员工就企业文化达成共识的重要沟通载体。企业文化手册系统地体现了企业的宗旨、愿景、企业精神等核心价值观体系。下面以四川省建设工程质量安全与监理协会（以下简称"省质监协会"或"协会"）文化手册为例，说明企业文化手册应包括的主要内容。

13.1　协会理念识别系统（MIS）

13.1.1　理念识别系统的内容

（1）协会宗旨

服务会员　服务行业　服务社会

（2）协会愿景

引领四川建设行业　打造国内一流品牌

（3）核心价值观

自律　责任　共赢

（4）协会精神

守信守业　守道守善

（5）办会理念

专家办会 专家治会

（6）品牌推广语

共商共建 共筑辉煌

（7）管理理念

融合创新 追求卓越

（8）人才理念

尊重知识 崇德尚贤

（9）学习理念

知行合一 学无止境

（10）教育理念

教而不研则浅 研而不教则空

（11）服务理念

用心服务 用智服务 用新服务 用情服务

（12）创新理念

突破边界 超越自我

（13）质量理念

秉持匠心 铸就精品

（14）安全理念

风险可控 事故能防

（15）环保理念

生态与人文共生 建设与保护同步

（16）"家文化"理念

关爱 尊重 包容

（17）社会责任理念

大局为本 勇担重任

（18）廉洁理念

树廉洁正气 立行业清风

13.1.2 理念识别系统释义

13.1.2.1 协会宗旨

服务会员 服务行业 服务社会

"服务"是协会各项工作的定位，是协会坚持的工作原则，也是协会实现自身价值的途径。

协会要围绕党和政府中心工作，以提升建设工程质量安全总体水平，促进行业科技进步及规范自律，提高行业从业人员素质为主要目标。发挥政府与会员之间的桥梁纽带作用，促进四川省建设行业转型升级、高质量发展，为建设美丽繁荣和谐四川而努力奋斗。

13.1.2.2 协会愿景

引领四川建设行业 打造国内一流品牌

作为行业组织，协会要担当起引领行业高质量发展的重任。通过搭建平台、整合资源、关注前沿的技术、经济发展方向，瞄准世界一流水平，为政府的政策支持助力，为会员单位的发展助力，使四川省建设行业更多的企业建设成为国内一流的品牌企业。

为实现愿景，我们首先要建设成为四川一流的行业协会，对标国内高水平的行业协会，进而成为全国一流的行业协会，筑牢自身根基，方能实现引领。

13.1.2.3 核心价值观

自律 责任 共赢

自律一直是我们坚守的原则，协会在发展过程中要坚持自律，恪尽职守，发挥行业表率作用。通过引导与督促，实现行业自律。

责任是我们对行业、对社会担当的体现。从小处讲，无论身处哪一个岗位都要以负责任的态度对待每一件小事；从大处讲，协会要义不容辞地承担社会责任。

共赢就是要以开放、包容的姿态建立协作机制，促进行业内的共同发展，推动社会的整体进步。

13.1.2.4 协会精神

守信守业 守道守善

守信守业，是协会立身之本。忠实于自己的承诺，讲信誉，守承诺；忠诚于自己的职责，有担当，负责任。对于个人来说，要勤勤恳恳做人，认认真真做事；对于协会来说，要规规矩矩办会，踏踏实实服务。

守道守善，就是要坚守对社会对行业对自己都有所帮助的善道，不存私心、不谋私利，把个人发展融入协会发展中，与协会同呼吸、共命运；把协会发展融入行业发展中，与行业同呼吸，共命运；把行业发展融入社会发展中，与整个社会同呼吸，共命运。倡导克己奉公、无私奉献、回报社会，自觉为祖国繁荣富强贡献力量。

13.1.2.5 办会理念

专家办会 专家治会

专家办会就是要提升协会的会员品质，广泛吸纳相关行业的高校、科研机构单位入会；汇聚会员单位的高层次人才，建立专家资源库，积极融入自然科学与社会科学相关组织中；加强行业的创新能力、科研能力以及技术转化能力建设，筑牢建设行业高质量发展的根基。

专家治会就是要建立激发高层次人才发挥作用的机制，为行业健康发展提供不竭动力；带领会员单位积极应对各种新机制、新技术的挑战，实现建设行业的高质量可持续发展。

13.1.2.6 品牌推广语

共商共建 共筑辉煌

共商共建，作为行业活动的设计者、行业经济运行的协调者、行业政策的谏言者、行业企业的服务者，协会为企业搭建平台。心怀每一个企业的利益，尊重每一位会员的意见，秉持共商共建的治理观，集思广益，在兼顾行业利益的同时，从整体社会需要出发，建立大格局的利益观，促成行业内部的协同，以及行业外部的跨界合作，在互联互通与相互依存中与会员单位建立利益共生体。

共筑辉煌，过去几十年，四川建设行业在拉动经济增长、促进地区经济发展、推动新型工业化和城镇化建设、吸纳解决农村转移劳动力就业等方面做出了重要贡献，一批批国际国内领先的重大工程建设项目不断崛起、落成。在新时代的发展号角下，协会将继续与会员单位携手共同建设杰出的百年工程，千年品牌，再筑四川省建设行业新的辉煌。

13.1.2.7 管理理念

融合创新 追求卓越

融合创新，一是协会内部各项工作，互相促进，互相补充，在融合中发挥创造力，形成协会独特的不可复制、不可超越的创新能力；二是推动行业内部各个组织取长补短，以强带弱，不断创新，实现产、学、研、用的深度融合，提升行业的整体竞争力。

追求卓越，就是要崇尚行动，贴近会员，贴近社会，以会员、行业与社会的需求为导向，持续改进，持续提升，不断超越。

13.1.2.8 人才理念

尊重知识 崇德尚贤

尊重知识，就是不仅要坚持专家办会，还要以行业的能力建设为核心，以高层次人才和紧缺人才培养为重点，通过多种形式的高质量培训，提高行业整体素质，造就结构合理、素质优良的行业经营人才、管理人才、技术人才和技能人才队伍。

崇德尚贤，一是对员工的任用以德行为先，二是要推崇有德行、有贤能的人管理协会，三是要在行业内树立"尊重并追求高尚道德，学习并提倡智慧贤达"的人才观。

13.1.2.9 学习理念

知行合一 学无止境

知行合一，就是要坚持认知与行动的统一，不仅掌握理论知识，更要注重运用于实践，通过"认识—实践—再认识—再实践"的螺旋式上升过程，实现"知"与"行"的高度融合。

学无止境，科学技术日新月异，建设行业环境瞬息万变，这就需要我们持之以恒地学习，不断吸收新思想、新知识，掌握新动态，跟上行业发展的步伐。

不管是培训、会员活动还是课题研究，都要坚持知行合一，来源于实践，又高于实践，最终回归实践，指导实践，并且与新时代、新经济、新技术合拍共振。

13.1.2.10 教育理念

教而不研则浅　研而不教则空

将"教"与"研"有机结合，不仅积累经验，还要对经验进行研究，并将研究的结果运用于实践。协会在开展各项培训时，不仅在于传授，还要引导探究，以更加专业化、规范化、标准化的培训服务行业、服务社会。

多年来，协会通过对建设行业特种作业人员的技能培训，企业安管人员的安全培训，监理、检测、鉴定人员的职业培训等，为社会培养了一大批专业人才，促进了行业进步和规范自律，有效地提升了四川省建设工程质量安全总体水平。

13.1.2.11 服务理念

用心服务　用智服务　用新服务　用情服务

用心、用智、用新、用情，就是要发自内心，用技术、用知识、用智慧，紧跟时代步伐，保持对外部环境的敏锐洞察，把握行业发展脉络，保持先进性与前瞻性的视野；不断创新服务模式，更新服务手段，丰富服务内涵，提高服务水平，拓展服务能力；在服务中倾注热情，充满激情，表达真情，为会员、为行业、为社会提供高端的精准服务。

13.1.2.12 创新理念

突破边界　超越自我

对于个人来说，在工作中要突破旧的思维模式，突破认知边界，突破自我边界，勇于面对挑战，激发个人潜能，击破个人成长的天花板。

对于协会来说，是要发挥桥梁纽带作用，帮助行业内的各个组织突破边界，优势互补，促成更多新技术、新工艺、新材料、新方法、新模式的产生与应用，赋能行业的整体发展，实现持续的自我超越，帮助更多的会员单位超越。

13.1.2.13 质量理念

秉持匠心　铸就精品

秉持匠心，就是要在坚守与专注中改进，久久为功而不改初衷；在突破与颠覆中提升品质，精益求精而臻于至善。

铸就精品，就是要按照"高起点、高标准、高质量"的原则，强化精品意识，打造精品服务。

这既是协会在为会员、行业及社会服务过程中坚持的理念，也是对每一个建设工程项目的品质督促。

多年来，协会通过"天府杯"奖评选、"用户满意工程"打造、"工程建设 QC 成果"推广，促进了行业内的质量行为规范化、管理程序化以及控制标准化，引导会员单位在发展中秉持匠心，铸就精品。

13.1.2.14 安全理念

风险可控　事故能防

安全是永恒的主题，没有安全就谈不上发展；安全是尊重他人，尊重自己的体现。安全生产既是生命健康的保障，也是企业生存与发展的基础，更是社会稳定与经济发展的前提。我们倡导辨识风险、事前控制、预防为主的安全观，内化意识，外化行动，督促行业自律，消除一切事故的源头。

多年来，协会通过推进"省标化工地"建设，提供各种安全培训，践行了我们的安全理念，提高了行业内的安全防范意识，提升了安全控制能力，引导会员单位安全、文明、健康发展。

13.1.2.15 环保理念

生态与人文共生　建设与保护同步

倡导坚持节约资源和保护环境的基本国策，像对待生命一样对待生态环境，统筹山水林田湖草系统治理，助力国家实行最严格的生态环境保护制度，形成绿色发展方式和生活方式。

在建设过程中，坚定走经济发展、生活富裕、生态良好的文明发展道路，建设美丽中国，为人民创造良好生产生活环境，实现人与自然和谐发展的新格局。

13.1.2.16 "家文化"理念

关爱 尊重 包容

协会既是会员单位可信赖的大家庭，也是员工可依赖的大家庭。在这里，关爱会员、关爱员工要像关爱自己家人一样走心。我们崇尚的关爱，不仅仅是关心、爱护，还有支持与帮助。

在这个大家庭里，我们倡导尊重；在和谐、和睦的氛围中平等相待，相互扶持，相互鼓励，形成团结、凝聚、协调的整体；协会的成功来自每一位会员的支持，每一个员工的努力。

我们还要学会包容、懂得包容，从小处讲就是要心胸宽广，不计较个人得失；从大处讲就是要接受技术、经济与社会变化所带来的改变，接受新时代的新事物，不墨守成规，拒绝变化。

13.1.2.17 社会责任理念

大局为本 勇担重任

大局为本，就是要树立大局意识。从国家、地区、行业、集体的整体利益出发，以全局的长远利益为重，以全局的长远需要为重，以集体和他人为重。

勇担重任，就是要投身公益事业，彰显公益属性，在危急关头挺身而出，使协会能够撑得起政府与企业之间的这座桥，系得住政府与企业之间的纽带。

勇于承担社会责任是协会多年来的优良传统，数次投身于应急抢险和恢复重建中，为抗震救灾和灾后重建提供了强大的技术支撑和施工力量，并涌现出一批敢于打硬仗、善于打硬仗的企业和优秀人员。在脱贫攻坚中，支持农房建设管理，确保脱贫攻坚农房安全有保障。

13.1.2.18 廉洁理念

树廉洁正气　立行业清风

我们倡导要加强自身修养，以德修身，在思想深处增强纪律意识、底线意识，筑牢反腐倡廉、防腐拒变的思想道德防线，树立清正廉洁的正气。

尚俭戒奢，遏制奢靡，激发担当精神，营造实干氛围，铸造行业"负责任、办实事、求实效"的清风，引领行业自律。

13.2　协会行为识别系统（BIS）

13.2.1　行为识别系统的内容

13.2.1.1　员工职业形象

敬业　协作　勤奋　专业

13.2.1.2　社会主义荣辱观

以热爱祖国为荣，以危害祖国为耻；

以服务人民为荣，以背离人民为耻；

以崇尚科学为荣，以愚昧无知为耻；

以辛勤劳动为荣，以好逸恶劳为耻；

以团结互助为荣，以损人利己为耻；

以诚实守信为荣，以见利忘义为耻；

以遵纪守法为荣，以违法乱纪为耻；

以艰苦奋斗为荣，以骄奢淫逸为耻。

13.2.1.3　员工行为八项准则

爱国爱家，明礼守法，争做文明员工；

忠诚自律，奉献社会，共塑协会品牌；

恪尽职守，臻于至善，忠于岗位职责；

与时俱进，大胆探索，勇于开拓创新；

真诚待人，勤于沟通，办好会员之家；

专注专业，坚守承诺，深化优质服务；

克勤克俭，精细管理，提高效率效益；

团结协作，积极进取，建设一流协会。

13.2.1.4 岗位行为规则

（1）协会高中层管理岗位四项行为规则

重引导，讲垂范；

重程序，讲民主；

重大局，讲担当；

重廉洁，讲奉献。

（2）协会业务岗位四项行为规则

重纪律，讲规范；

重计划，讲执行；

重修养，讲礼节；

重时效，讲质量。

13.2.1.5 员工礼仪规则

（1）仪容仪表：端庄大气，整洁得体。

（2）言谈礼仪：自信坦诚，谦和有礼。

（3）举止礼仪：优雅从容，落落大方。

（4）社交礼仪：把握分寸，尊老敬贤。

13.2.1.6 工作环境管理规则

整齐洁净，温馨和谐。

13.2.2 行为识别系统的释义

13.2.2.1 员工职业形象

敬业 协作 勤奋 专业

作为协会的员工要保持爱岗敬业、团结协作、勤奋谦逊、专业严谨的职业形象，彰显协会的风貌，践行协会的宗旨，弘扬协会的精神。

敬业：要热爱岗位，保持高度的使命感和责任感，忠实于协会的事业，将全部精力投入工作中；不要患得患失、安于现状，而要精益求精，力争把每一项工作做实、做细、做精、做优。

协作：每个员工都有自己的专长，在团队中通过承担不同的责任构成一个有机的整体，而不是零散的组合。只有通过相互间密切的配合，才能发挥团队的力量，创造出单兵作战难以企及的效率。

勤奋：脚踏实地，用心对待每一项工作；勤学习、勤思考、勤探究，面对困难要勇于克服，不畏艰难，以百分百的热情投入工作，体现协会高质量要求、高标准做事的风貌。

专业：工作中要一丝不苟，心无旁骛，在自己的业务范围内不断追求进步，成为自己工作领域的专家，这样才能为会员提供专业的服务，在协会有需要的时候发挥自己的专长，创造出专业的价值。

13.2.2.2　社会主义荣辱观

协会员工应树立社会主义荣辱观。只有知荣辱，才能明是非，辨美丑；一旦荣辱不分，就会混淆是非、善恶、美丑的界限。要以社会主义荣辱观陶冶道德情操，在日常工作与生活中，能爱岗敬业、勤奋进取、勇于创新；在危难时刻，能见义勇为、扶危济困、无私奉献，引领行业、社会良好风尚。

13.2.2.3　员工行为八项准则

协会全体员工应共同遵守的基本行为准则如下：

（1）爱国爱家，明礼守法，争做文明员工。

协会倡导员工爱自己的国，爱自己的家；讲礼貌、礼节、礼仪，遵守国家的法律法规，遵守协会的各项规章制度，争做文明员工。

（2）忠诚自律，奉献社会，共塑协会品牌。

协会员工应该能明辨是非，自我约束，自我管理，在自己的工作岗位上，树立奉献社会的职业精神，并通过兢兢业业的工作，自觉为社会、为会员、为行业做出贡献，共同树立协会守信、奉献、进取的品牌形象。

（3）恪尽职守，臻于至善，忠于岗位职责。

协会员工要爱岗敬业，尽职尽责，忠于职守，勇挑重担；不退缩不懈怠，在工作中持续改进，以高度的责任心，尽自己最大的努力履行岗位职责。

（4）与时俱进，大胆探索，勇于开拓创新。

协会员工的行动与思想要与时代同步，保持奋发向上的精神面貌；不断学习，更新知识，站在行业的前沿；敢于接受新生事物，锐意进取，敢于在工作中创新，在创新中发展。

（5）真诚待人，勤于沟通，办好会员之家。

协会员工要诚实正直，始终对同事、对会员、对朋友真心实意，为他人着想；要乐于沟通，用心沟通，想会员之所想，急会员之所急，营造温馨、融洽、和谐、宾至如归的会员之家。

（6）专注专业，坚守承诺，深化优质服务。

协会员工要认真负责、一丝不苟、严谨细致、讲求信誉，以专业的态度，高标准、严要求、高质量为会员、为行业、为社会提供优质服务。

（7）克勤克俭，精细管理，提高效率效益。

俭朴、节约是中华民族传统美德，协会员工要厉行节约，在工作与生活中都不能铺张浪费，通过精确、细致、深入、规范的管理，减少资源占用，降低成本，提高资源利用效率，提升协会的社会效益。

（8）团结协作，积极进取，建设一流协会。

协会员工要发扬团队精神，相互协作，互相支持，互相配合，顾全大局；有理想，求进步，不满足现状，超越自我，为建设成全国一流协会贡献力量。

13.2.2.4 岗位行为规则

（1）协会高中层管理岗位行为规则。

重引导，讲垂范；重程序，讲民主；重大局，讲担当；重廉洁，讲奉献。

协会高中层管理岗位的人员主要指协会的会长、副会长，秘书长、副秘书长；各分会会长、副会长，各分会秘书长、副秘书长以及各部门的负责人。

重引导，讲垂范：做教练型领导，为下属引领指路。凡要求下属做到的事，领导要率先做到；凡要求下属不能做的事，自己一定不能做。在公共活动中保持良好的个人形象，做协会员工的表率。

重程序，讲民主：在管理工作中要科学决策，恰当授权，精细严密。决策前要广泛征求意见，做深入细致的调查研究；不主观臆断，不先入为主。

重大局，讲担当：要从全局出发看问题，从整体出发想问题，摒弃本位主义，杜绝个人利益至上思想；要识大体，顾大局，勇挑重担，勇于担责；坚持个人利益服从集体利益、局部利益服从整体利益、当前利益服从长远利益，以协会的长远发展为根本利益出发点。

重廉洁，讲奉献：管理干部要坚定理想信念，加强道德修养，树立正确的权力观、利益观、地位观；常修为"官"之德，常思贪欲之害，常怀律己之心；不以权谋私，处事公正，不厚此薄彼。职务就是责任，责任重于泰山，要无私奉献，不苛求回报。

（2）协会业务岗位行为规则。

重纪律，讲规范；重计划，讲执行；重修养，讲礼节；重时效，讲质量。

协会业务岗位的人员主要指除高中层管理者以外的所有直接从事业务工作岗位的人员。

重纪律，讲规范：严格遵守协会的各项规章制度、工作流程，认真履行岗位职责与义务，严格按照协会的要求规范自身行为，规范工作过程。

重计划，讲执行：工作要有计划性，要做好时间管理，对于岗位职责内的事情以及上级交办的工作，要积极、快速、准确地执行，并及时反馈信息；对于工作中遇到的困难，要想尽一切办法克服，直至达到目标。

重修养，讲礼节：不断培养自身高尚的品质，养成得体、分寸恰当的待人处世态度；对同事、对会员、对朋友、对家人都要谦逊、和蔼、热情、有礼貌；在工作与生活中保持大气、豁达、谦和的态度。

重实效，讲质量：培养良好的工作作风，重视工作的实际效果，不做表面文章，不搞形式主义，保质保量完成工作任务。

13.2.2.5 员工礼仪规则

协会崇尚文明，讲究礼仪，员工应自觉学习基本的礼仪常识，提高文明素养；在日常的工作与生活中，注意仪容仪表、着装服饰、言谈举止、接待交往礼仪，树立协会良好的形象。

（1）仪容仪表。

端庄大气，整洁得体

仪容仪表是指人的内在气质、外观、容貌以及服饰。

通过学习与感悟，不断提高个人的文化、艺术素养和思想、道德水准，培养自身高雅的气质与美好的心灵，塑造秀外慧中、表里如一、沉着而有分寸的个人形象。

着装要干净、平整、合身，符合工作场所的要求；到会员单位的现场时，要遵守规定；服装佩饰要与环境、氛围协调，体现个人品位，应表现得干练、利索、稳重，符合个人的性别、年龄、职位特征。

（2）言谈礼仪。

自信坦诚，谦和有礼

言谈是指说话的内容和态度。

与人交谈时，既要有自己的观点与主张，又不能固执己见，强词夺理；要礼貌、谦虚、诚恳；待人接物，不分贵贱，都要彬彬有礼，平静温和；不谄媚，不倨傲。

（3）举止礼仪。

优雅从容，落落大方

举止是指人的动作和表情，反映了一个人的素养及能够被人信任的程度。

举手投足要文雅端庄、从容淡定；一举一动要与周围的环境和气氛和谐，要避免冰冷生硬、懒散懈怠、矫揉造作的行为；要常带微笑，保持优美挺拔、精神饱满的状态。

（4）社交礼仪。

把握分寸，尊老敬贤

社交是指在社会中人与人之间的交际应酬。

与同事、来宾交往时，称谓要符合礼节；在工作场所、活动现场或造访会员单位时，对不熟悉的人要问候、致意；在工作与生活中需要做介绍时，要分清主次、级别、长幼以及性别，按规范有序介绍；接听拨打电话，要体现良好素质；不打扰他人，不怠慢来电；乘车出行，要注意落座位置，体现礼貌。

13.2.2.6 工作环境管理规则

整齐洁净，温馨和谐

工作环境是指与工作有关的办公室、公共区域、会议室、休息室等物理环境，以及人与人之间的关系所构成的工作氛围。

进入工作场所，要自觉维护工作环境的清洁卫生，办公用品摆放整齐有序；要保持良好的精神状态，人与人之间互敬互让，共同营造和谐、整齐、文明、卫生的工作氛围，展示协会蓬勃向上的精神文明风貌。

13.3 内部治理政策

13.3.1 会员服务政策

协会的宗旨是"服务会员、服务行业、服务社会"，第一要务就是为会员提供服务，通过为会员提供高品质、有附加值的服务实现协会自身的价值，促进行业科技进步和规范自律，提高行业从业人员素质，从而达到为行业为社会服务的目标。

（1）要向高品质服务看齐。在为会员提供服务时，要尽可能地提供高品质、低替代性的服务；要用技术、用知识、用智慧为会员提供服务，包括为会员提供高端的培训服务、行业调查分析、技术与政策咨询、行业标准制修订、政策法规制修订、承接政府项目等服务，帮助会员单位不断成长。

（2）要与时代契合。协会要紧跟时代步伐，保持对外部环境的敏锐洞察，把握建设行业的发展脉络，主动建立先进性与前瞻性的视野。

（3）要不断创新。协会在为会员提供服务的过程中，要不断创新服务模式，更新服务手段，使用先进技术与方法为会员提供更有价值的服务。

（4）要加强沟通。要建立定期的会员沟通机制，了解会员的需求，了解会员对服务的感受，从而提高服务水平，拓展服务能力，为会员提供精准的服务。

（5）要承担社会责任。要促进安全生产，提高行业的整体质量水平；加强劳动保护，开展公益活动；在危急时刻积极参与应急抢险。

（6）会员服务制度应包括《会员手册》《会员服务满意度评价管理办法》《会员沟通管理细则》《会员服务规范》。

13.3.2 信息公开与政策宣传

通过信息公开让会员了解协会的运作情况，了解协会的各项业务；同时，起到对协会的宣传作用，建立协会正面的品牌形象。

（1）建立信息平台。通过报纸、杂志、互联网等渠道，搭建畅通的信息平台，为会员、为行业、为社会提供建设行业相关的信息服务。

（2）定期向会员及社会开展信息公开的工作。向会员定期通报协会的年度工作、财务工作、会费收支情况等，使会员全面了解协会的整体运作情况。向社会定期通报登记事项、协会章程、协会的组织机构、协会负责人等信息，接受社会监督。

（3）树立协会的品牌形象。通过媒体报道和内部的文化建设活动，宣传协会的宗旨、愿景、价值观、协会精神以及理念，建立协会良好的品牌形象。

（4）控制舆情风险。建立舆情风险控制机制，对舆情保持高度的敏感性，发现舆情及时处置，并将影响降低到最小。

（5）信息公开与宣传的制度应包括《信息公开管理办法》《协会文化建设管理办法》《舆情风险应急预案》《信息安全管理办法》。

13.3.3　财务资产管理政策

协会财务资产管理是协会有效运作、合法运营的关键，包括对相关人员、资金、相关账务以及实物的管理。

（1）建立以财务预算为前提的事前预测与财务规划。对各项财务活动实施全面预算管理，并严格按照预算分解落实，保证实施。预算编制时，覆盖所有财务领域；预算执行中，要建立先期预测、分析、考核制度，跟踪并及时修订预算执行情况。

（2）建立严格的财务资产管理制度。建立完善的核算流程、账务处理制度，规范会计档案管理；建立货币资金管理制度，规范货币资金的使用；建立实物与资产管理制度，确保资产的有效使用。

（3）依法开展税收和票据管理。依法纳税，妥善保管各类票据，规范会费收据使用以及捐赠票据的使用。

（4）健全财务监督。建立健全财务监督制度、监事监督制度以及财务报表审计制度，坚持离任或换届财务审计。

（5）财务资产管理制度应包括《协会预算管理办法》《协会费用报销及资金支出审批管理办法》《协会票据及财务印鉴管理办法》《协会内部审计管理办法》《财务资产管理办法》《财务档案管理办法》。

13.3.4　人力资源管理政策

协会的人才理念是"尊重知识、崇德尚贤"。人力资源是协会发展的重要因素，协会在发展过程中要不断提高员工素质，拓宽员工发展空间，对员工的任用以德行为先。提高员工的积极性，发挥员工的主观能动性，是协会人力资源管理工作的中心之一；要将合适的人放在合适的岗位上，帮助员工实现个人价值。

（1）塑造员工的职业化素养。全体员工要遵守职业道德，强化责任意识和角色意识，努力提高自身素质和技能。协会内各层级管理者与员工都要形成相互尊重、融洽配合、协作高效的伙伴式的工作关系，不断提升工作效率。

（2）建立以能力为主线的人力资源开发体系。通过对协会工作职责的细化，确立岗位的任职资格和素质要求，对上岗人员提出具体要求；通过培训、轮岗等方式予以能力上的提升。

（3）形成绩效导向的引领机制。员工的管理以绩效为导向，坚持贡献与发展机会一致性原则，为员工建立多渠道的发展、晋升通道。以劳动契约为基础，以心理契约为牵引，构建协会与员工长期合作的利益共同体，实现员工与协会的共同成长。

（4）办公室作为员工与协会沟通的主要责任机构，为员工在工作满意度提升、劳动保障、职业生涯规划、申诉处理等方面提供帮助。

（5）人力资源管理的主要制度应包括《员工薪酬管理办法》《员工考勤、休假管理办法》《员工培训及发展管理办法》《员工劳动合同管理办法》《绩效管理办法》。

13.4 解释与修改

13.4.1 解释

本手册由协会信息宣传部负责解释。如有不明事项或相关建议，可向信息宣传部提出。

13.4.2 修改

本手册将随着协会的发展而完善，原则上每 5～10 年修订一次。修订程序、方式和责任由协会办公会决定；修改的过程贯彻从贤不从众的原则。

14 企业员工手册

思维导图

员工手册是企业文化的直接体现，是员工了解企业文化、践行企业文化的重要工具。员工手册载明了员工日常工作中应了解的基本制度要求与行为规范，能统一员工的行为。下面以《四川省建设工程质量安全与监理协会（以下简称"协会"）员工手册》为例，说明员工手册应包括的内容。

14.1 会长致辞

作为四川省建设行业最早成立的行业协会，我们担负着"服务会员、服务行业、服务社会"的使命，需要持续、高效地发挥政府与会员之间的桥梁纽带作用，为企业提供政策咨询，加强行业自律，促进建设行业发展，维护企业合法权益。经过30多年的发展，我们建立了质量、安全、监理、检测、鉴定等五个分会，覆盖建设行业的全产业链。30多年来，我们积累了丰富的协会管理经验，拥有大量建设行业高层次的经营、管理与技术人才，积聚了建设行业的优质成果，深得行业主管部门、会员单位以及社会各界的信任。

作为协会的员工，你不仅代表了协会的形象，更代表了四川省建设行业的形象，希望你能遵守规范，注重细节，从个人的一举一动、一言一行入手，为会员、为行业、为社会提供优质的服务。协会始终坚持"尊重知识、崇德尚贤"的人才理念，只要你能不断发扬"守信守业、守道守善"的"四守"精神，在协会这个舞台上一定有你的发展空间。

为了大家能够建立共同的目标，遵守相同的行为规范，形成和谐有序的工作环境，卓有成效、井井有条地完成各项任务，专门为你准备了这本手册，有关你必须了解和遵守的规范，在手册中都有明确的说明，如有任何不清楚的地方，你可以查阅协会的管理制度，也可以询问你的直接上级或办公室。

让我们共同携手，为实现"引领四川建设行业，打造国内一流品牌"的愿景而努力拼搏。

14.2　协会概况

（略）

14.3　仪容仪表规范

14.3.1　工作仪态

工作仪态是指上班期间，不管是在协会办公场所，还是到会员单位，都应保持的姿势与动作。

（1）站姿。

站姿应头正颈直，肩膀要平直；收腹挺胸，挺直匀称，自然优美；从整体上产生一种精神饱满的感觉。

站立时，眼睛平视，面带微笑；双臂自然下垂或交叉于背后、腹前；双手不叉腰、不插袋、不抱胸；身体不东倒西歪，不依墙而立；男士双脚分开，与肩同宽或比肩略宽；女士双脚并拢。

（2）坐姿。

坐姿须稳重大方，上身自然挺直，不歪肩斜背。

● 入座要轻缓，上身要直，人体重心垂直向下，腰部挺起，脊椎向上伸直，胸部向前挺，双肩放松。

● 双手自然放在双膝或办公桌上，双膝并拢。

● 坐立时，不得盘腿、脱鞋，不瘫坐于椅子或沙发上；不将腿搭在座椅扶手上，不要坐在桌子或工作台上。

（3）行走。

行走须昂首挺胸、重心平衡、步幅适中、动作协调；无急要之事不可匆忙慌张及奔跑，以免冲撞他人。

行走时，抬头、挺胸、收腹、肩膀往后垂，手要轻放在两边，轻轻地摆动；步伐要轻，不可摇头晃脑、吹口哨、吃零食；不左顾右盼、手插口袋或打响指。

（4）手势。

手势应用要自如、和谐。

在给他人指引方向时，要把手臂伸直，手指自然并拢，手掌掌心向上，以肘关节为轴，指向目标；同时眼睛要看着目标并兼顾对方是否看到指示的目标，在介绍或指示方向时切忌用一个手指指点。

谈话时手势不宜过多，幅度不宜过大，切忌以手指或笔尖指向别人。

14.3.2　工作仪容

工作仪容是指上班期间，不管是在协会办公场所，还是到会员单位，都应保持的着装及外貌形象。

（1）男性的基本工作仪容。

● 前发不覆额，侧发不掩耳，后发不掩领；不留胡须。

● 面部保持清洁、干净。

● 工作时间不穿奇装异服，不穿短裤、背心。

● 衬衣须挺括、整洁、无皱折，尤其是领口；领口与袖口要保持干净；袖口的扣子须扣好，不得高挽袖口。

● 领带要求干净、平整不起皱。

● 鞋袜。要保持鞋子干净，鞋子的颜色以深色为宜；不穿露脚趾、后跟的凉鞋；袜子宁长勿短，以坐下后不露出小腿为宜；袜子颜色要与服装协调，除穿运动装外，袜子一般应是深色。

（2）女性的基本工作仪容。

● 头发要整洁，前发不得遮眼，不梳怪异发型，不戴夸张头饰。

● 化妆要淡雅、简洁、自然，不浓妆艳抹；避免使用气味过浓的香水和化妆品。

● 工作时，不穿露、透的服装；不着吊带背心上装及超短裙。

● 保持手部干净，指甲内不残留污物。

（3）着装要求。

● 上班期间要佩戴工作吊牌。

● 协会通知要着统一工作制服时，应按规定统一着装。

● 外出开展公务活动时，应着正装；在需要时，按会员单位的要求佩戴安全帽或其他防护用品。

参加非协会举办的重大会议或重要场合的着装要求如下：

● 男士应穿西服套装，要求颜色素雅、干净、平整；西裤的长度应正好触及鞋面。原则上，西装内搭长袖衬衣，衬衣袖子应以抬手时比西装衣袖长出2厘米左右为宜；领子应略高于西装领，下摆要塞进西裤。

● 领带的长度要恰当，佩领带时，衬衣领口应扣紧，不能松松垮垮；领带节必须位于左右衣领正中间，领带尖端恰好触及皮带扣；领带的颜色应与西装及衬衣的颜色和谐。

● 女士应穿正装，要求平整悬垂、手感较好的面料；上衣不可过于肥大或紧身，衣扣应全部系好；衣服领口不宜过低；服装上不宜添加过多的点缀；裙子不宜过短。

14.4 礼仪规范

14.4.1 交谈礼仪

（1）与人谈话时双眼应正视对方，不要打哈欠、伸懒腰；不要挖耳朵、抠鼻子；不要晃脚或摆弄手指；不要频频看手表；不要将手搂在脑后。

（2）力求运用礼貌语言，常用的礼貌用语如下：

问候语：您好！您早！早上好！

欢迎语：欢迎您！欢迎您到协会来！

征询语：我能为您做些什么？请问，您有什么需要帮忙的吗？请问，您有什么事需要我办？

请托语：麻烦您！劳驾！拜托！

应答语：好的、是的。请批评指正。这是我应该做的。我马上办，请您稍等。

慰问语：辛苦了！给您添麻烦了！

答谢语：谢谢！非常感谢！感谢您的光临！

道歉语：对不起，请原谅，打扰了。

礼请语：请！请进！请坐！请喝茶！

告别语：再见！走好。欢迎您再来。

（3）谈话现场超过两人时，不要只顾与其中一人说话而冷落了他人；别人说话时应专注倾听，不要左顾右盼。

（4）谈话间如需暂离，应向对方表示歉意后再离开。

14.4.2 电话礼仪

（1）员工接听外部电话，必须使用标准用语："您好！四川省质监协会"；接听内部电话，标准用语为："您好！我是＊＊＊"。

（2）接电话时要留心听，未听清时，及时告诉对方；重要电话要做好记录，并与对方复述核实，确保无误；通话简洁得体，通话音量适度，提倡使用普通话。

（3）对方要找的人不在时，做好留言记录，并及时转告有关人员；当自己不了解情况时，要礼貌解释。

（4）通话完毕后挂断电话的顺序：尊者先挂断；谁主叫谁先挂断；通话结束时应说"再见"。

14.4.3 线上办公礼仪

线上办公是指使用线上技术（如电子邮件、微信群、QQ 群、钉钉等）开展工作交流，传递工作信息的一种新型办公辅助手段。

（1）发布线上工作通知，应要求相关人员在规定时间内回应；若未收到回应，则需要使用电话或其他方法进一步确认其是否收到信息。

（2）收到线上工作通知后，相关人员应及时回应，表示已知悉通知内容，如有疑问应及时提出。

（3）在工作群内，原则上不得发布与工作无关的信息。

（4）若因工作变动，应主动退出与自己无关的工作群。

14.4.4 接待礼仪

（1）遵守约定时间，尽量不缺席、不迟到；如遇特殊情况要提前做好解释。

（2）接待来宾时应主动、热情、大方、得体；与来宾交谈时要注意讲话语气，不宜距离太近，不宜用过于夸张的手势，不宜用手指指着对方。

（3）对到访协会的来宾，要及时安排茶水，礼貌接待。

（4）来宾离开时，起身相送，原则上要送到门口或电梯口。

14.4.5 介绍礼仪

（1）自我介绍。

• 在做自我介绍时，眼睛要看着对方或大家；态度要亲切、自然、友好、自信，面带微笑；可将右手放在自己的左胸上，不要用手指指着自己。

• 自我介绍的基本程序是：先向对方点头致意，得到回应后再向对方介绍自己，同时递上事先准备好的名片。自我介绍一般应包括本人所在单位、部门、职务、姓名四个要素；自我介绍总的原则是简明扼要，一般以半分钟为宜，情况特殊也不宜超过3分钟。

（2）介绍他人。

• 谁做介绍：主人、主接待人、认识双方的人。

• 介绍顺序：应先把地位低者介绍给地位高者；如难以判断，可把年轻的介绍给年长的；或先把男性介绍给女性；在本协会与其他单位的关系上，应把本协会的人介绍给对方单位的人。

• 如果在介绍时，双方都有很多人，要先从主人方的职位高者开始介绍；被介绍时，应微笑，双方都要正面对着对方；介绍时除了女士和长者外，一般都应该站起来；但是若在会谈进行中，或在宴会等场合，就不必起身，只略微欠身致意即可。如果方便的话，等介绍人介绍完毕后，被介绍人双方应握手致意，面带微笑并寒暄。如"您好""幸会""久仰""见到您很高兴""认识您很荣幸""请多指教""请多关照"等；如果需要还可互换名片。

14.4.6 握手礼仪

（1）握手时应遵守"尊者决定、尊者优先"的原则，应由尊者先伸出手来。在上下级之间，应上级先伸手；在长幼之间，应长辈先伸手；在男女之间，应女士先伸手；朋友、平辈之间，先伸手者表现出有礼貌。若需要与多人握手，应从职务和身份高的人开始。

（2）与他人握手时，要用右手，目光注视对方，微笑并问候对方，不可心不在焉、左顾右盼；必须站立握手，以示对他人的尊重、礼貌；不可戴手套与人握手；不可双手交叉和两个人同时握手。

（3）接待来访者。当客人抵达时，应主动伸出手与客人相握，表示"欢迎"；而在客人告辞时，应等客人先伸手后再伸手相握，表示"再见"。

（4）握手的姿势。一般地，握手的两个人的手掌呈垂直状，表示平等而自然的关系；如果要表达谦恭或恭敬，则掌心向上同他人握手；但切不可掌心向下握住对方。男性和女性握手不要全部握着对方手掌，以二分之一为宜。

（5）握手的时间和力度。握手的时间通常三至五秒为宜；握手时应两眼注视对方，表示诚意；握手的力度要适中，既不能过重，也不能过轻；如果是热烈握手，可以稍用力摇晃几下，以示非常友好。

14.4.7　名片礼仪

（1）递呈名片。把自己的名片递出时，名片正面向上、正向，双手递出，一边递交一边清楚说出自己的姓名，如"您好，我叫……，请多指教"。

（2）接受名片。接对方的名片时，双手去接，拿到手后，要马上看，正确记住对方姓名后，将名片收起；如果遇到对方名片上有难认的文字，马上询问。不可随意地将名片弃于桌上，或在手上把玩。

14.4.8　奉茶礼仪

（1）应主动给来宾沏茶，或为来宾自带的杯中加水。

（2）沏茶时，不要直接用手去抓茶叶，应用备好的器具取茶。

（3）茶不能沏满，以三分之二杯为宜。

（4）上茶时或递送水杯时，要用双手，一手杯体，一手杯底端送，小心轻放在来宾面前。

14.4.9　拜访礼仪

（1）先约后访。应与被访者事先约好时间，时间约定后要准时或略提前几分钟到达。如有特殊情况不能或不能按时到达，应提前通知被访者，并重新约定。

（2）先声后入。进门时要按门铃或敲门，得到应允方可进入。

（3）先招呼后就座。进门后，应先打招呼、问候，待被访者招呼就座后再坐下。当对方站立说话时，也应该站立起来说话，以示尊重。

（4）若被访者正在开会或有其他客人来访，应主动退在门外等候。如果你在谈话，又有客人来访，你应尽快结束谈话，以免他人久等。招呼、谈话时，嗓门不可太大。谈话办事的目的达到后，要适时收住话题，起身告辞。

14.4.10　电梯礼仪

（1）进入电梯，应面朝电梯门站立，不要堵在电梯口，让出通道；电梯中不能抽烟；尽量避免交谈，除非电梯中只有你们俩个人。

（2）陪同客人乘电梯，若电梯内没有人，应在客人之前进入电梯，按住"开"的按钮，再请客人进入电梯；到楼层时，应按住"开"的按钮，请客人先出。若电梯内有人，则无论上下，都应请客人优先。

14.4.11　中餐礼仪

（1）座次分布。面对正门居中位置为主位；主左、宾右，分两侧而坐；或主宾双方交错而坐；越近首席，位次越高；同等距离，右高左低。

（2）斟酒。给客人斟酒应走到客人右侧，除啤酒外，酒瓶瓶口不能接触杯缘。斟酒顺序为先主宾，后次宾。

（3）中途离座应把餐巾放在座椅上，进餐结束后，把餐巾放在桌子上。

14.5 基本工作规范

14.5.1 工作纪律

（1）上班时间要保持充沛精力，坚持挂牌上岗；严禁大声喧哗、争吵；严禁窜岗、聊天；禁止工作时间玩电脑游戏、看电影、炒股等与工作无关的事。

（2）服从工作安排，不推诿、扯皮；上班时间要及时处理公务，坚守岗位、不得无故脱岗；日事日毕，不影响整体工作进度。

（3）个人因公外出办事，应按相关程序报批，经批准同意后外出，并向办公室报备，否则视为旷工；员工因工作需要临时离开工作场所时，应向上级或同事告知个人去向。

（4）因工作需要派出至外单位工作的人员，应体现协会的良好形象，服从借用单位的管理；在借用期间，每季度最后一个月的 20 日（如遇周末、节假日顺延）应回协会汇报工作。

14.5.2 工作协作配合规范

（1）协会的每个员工都要建立全局观，树立团队意识，不以个人利益得失作为行动的出发点，把集体的事情当成自己的事情来对待。

（2）对于职责以内的工作要尽心尽责，全力以赴，高效率、高质量地完成自己所负责的工作；对于协作配合的工作，要积极主动，绝不推诿。

（3）同事之间应相互支持，和谐相处；当同事有困难时，应主动关心，尽力帮助。

（4）认同合作伙伴在共同工作中的价值，要善于发现他人亮点，多赞美他人，多向他人学习。

（5）真诚表达自身对他人的尊重和认可，主动分享工作经验，在团队合作中能积极提供建设性意见。

（6）勇于承担责任，对自己造成的失误应主动说明，并积极采取补救措施；不找客观原因，不推脱责任。

14.5.3 办公区域管理规范

（1）办公区域干净整洁，除装饰用绿植外，不摆放与工作无关的物品；不张贴与工作无关的海报、图片等。

（2）办公桌面保持整洁，物品摆放有序，文具、资料摆放整齐。

（3）办公室计算机的屏保内容应健康向上。

（4）爱护办公设施，不得故意损坏公物。

（5）不浪费资源，人走灯灭，随手关好水龙头；提倡打印纸张双面使用。

14.5.4 会议管理规范

（1）参加协会内部的会议需提前3分钟到达会议现场；参加外部会议，应提前5分钟到达会议现场。

（2）会议期间，将通信工具调整到静音状态或关机，不在会场内接打电话；他人讲话或发言时，要保持安静，不得窃窃私语；自觉维护会场秩序，不随意出入会场；会议结束后应将座椅摆放整齐或插入桌子下面，并按顺序离开会场。

（3）参加会议需做好会议记录，对于会后需要组织落实的工作，在一天之内组织落实；对于会后需要配合的工作，积极与相关部门联系，做好配合工作。

（4）若是在协会外部参加会议，会后应将会议发放的相关资料归档备查。

14.5.5 培训管理规范

（1）参加外部培训。

• 员工外出培训需经部门（分会）负责人、分管领导同意后，报办公室备案。

• 参加外部培训期间，应遵守培训方的要求，按时作息，主动配合，积极思考，体现协会员工的良好形象。

• 完成培训后，应将培训情况向相关负责人汇报，必要时应在一定范围内分享培训内容。

（2）内部培训。

• 员工参加培训，应按时到课，并在培训签到表上签到，不可迟到、早退、缺席，原则上不得请假，若有特殊情况需要请假的，需由秘书长签署请假条。

• 进入培训场所，禁止吸烟，不可大声喧哗；培训时保持安静，不可交头接耳，注意力集中；培训过程中，要认真听讲，做好笔记；参与培训互动，不得做与培训无关的事。

• 开始培训后，手机调至震动或静音状态；对于必须接听的重要电话，应到室外接听。

14.5.6 保密管理规范

（1）每位员工都应建立保密意识，保守会员秘密是对会员也是对自己的尊重，是良好的服务风范的体现。

（2）对自己掌握的会员信息及协会信息保守秘密，不得将信息随意透露给不相关的人员；不在私人交往与通信中泄露相关信息，也不能在公众场合谈论有关会员的经营、管理、技术等所有相关话题。

（3）对于会员填报的电子版或纸质版资料信息应妥善保管，定期整理，专人保存，不相关的人员不得随意借阅与翻看；若因工作关系需要查阅的，应建立相关的台账记录。

（4）对于直接涉及会员重要资料信息的人员，若长时间离岗或调整岗位，应办理正式的移交手续，并签字确认。

（5）对于涉及会员信息较多的岗位，可以通过签订保密协议，做更详细的保密约定。

14.6 员工的权利与义务

14.6.1 员工的权利

（1）协会的员工不因民族、性别、年龄、婚姻或宗教信仰而受歧视。

（2）协会选拔人才时，优先考虑内部选聘，并坚持公开、公平、公正的原则，让每一个够条件有意愿的员工享有同等的晋升权利。

（3）员工有权按劳动贡献取得报酬，工资不得低于国家规定的本地区、本行业最低工资标准。

（4）员工按国家规定享受保险福利待遇。

（5）员工有按协会休假制度及法律有关规定，享受休息和休假的权利。

（6）员工正式录用后须签订合同，享有《中华人民共和国劳动法》规定的各项权利。

（7）协会员工享有职业教育和岗位技能培训的权利；员工根据自身实际情况和岗位工作要求，有权提出培训需求。

（8）员工享有建议权，鼓励员工对协会的各项工作以及协会的发展提出合理化建议。

（9）员工享有咨询权，对于在工作和学习中产生的疑惑，有权向直属上级提出咨询，或向协会主管领导咨询。

（10）员工享有申诉权，对认为不合理、不公平的处理事项有权提出申诉，申诉须按层级进行，也可以直接向工会组织提出。

14.6.2   员工的义务

（1）员工有遵循国家法律法规、协会有关规章制度及各项管理细则的义务。

（2）员工在工作上要遵循协会利益第一的原则，自觉维护协会的利益和形象。

（3）员工有严格按照协会制度及职务保密准则规定，保守协会以及会员单位秘密的义务。

（4）员工有义务严格按照协会的管理模式运作，确保各项工作高效完成；对工作流程、制度中不合理之处应及时提出，并报直接上级，确保工作质量与效率的达成。

（5）员工有积极学习、刻苦钻研，不断提高业务能力，提升职业技能水平，适应工作需要的义务。

（6）员工有创造和谐的工作环境，互相学习，互相帮助，共同提高，发挥团队精神，增强协会凝聚力的义务。

（7）员工有义务将培训成果运用于日常工作中，提升工作业绩。

14.7   考勤与休假管理

考勤与休假管理规定适用于协会聘用人员的管理。

14.7.1   考勤规定

（1）员工实行标准工时制，即：每周五天，每天 8 小时工时制度。

（2）上班无故迟到、下班无故早退，在 15 分钟以内的视为迟到或早退 1 次，员工月累计迟到 3 次按事假 1 天处理。

（2）上班无故迟到或下班无故早退 15 分钟以上的，均视为旷工，按相关奖惩条例予以惩戒。

（3）员工请假，需按规定履行请假手续，未提前请假视为旷工。

14.7.2 休假规定

员工依法享有国家法定休息日（包括节假日），员工的休假时间及休假天数按国家的相关规定执行。

（1）病假。

患病或非因工负伤治疗需要停止工作的，请假期间的工资待遇按国家相关法律规定执行。

- 应持县级以上医院的请假证明，按相关程序履行请假手续；不能出示请假证明的按事假处理。

- 请假证明必须真实，如有弄虚作假行为，一经查实立即予以停工处理，视情节轻重扣减工资直至解除劳动合同。

（2）事假。

员工由于个人原因，在不影响工作的前提下可按请假程序请事假。原则上，一年事假累计天数不得超过 30 天。

（3）婚假。

员工本人结婚依法享受假期；婚假天数按国家相关法律规定执行。

（4）产假。

员工生育符合国家相关规定的，准予假期。产假天数及待遇按国家相关法规执行。员工休产假前应按程序办理相关工作的交接手续。

（5）护理假。

符合规定生育的夫妻，给予男方护理假。员工休护理假前应办理相关工作的交接手续。

（6）丧假。

- 员工的直系亲属（父母、配偶和子女）死亡时，可以按国家规定给予丧假。

- 请假者须按程序办理请假手续。

- 如死亡的员工直系亲属在外地，需要员工本人去外地料理丧事的，根据路程远近，另外给予员工路程假。

（7）探亲假。

员工工作满一年，且与配偶、父母不能在公休日团聚的，可享有探亲假，假期时间根据国家相关条例执行。员工应按规定办理请假手续，并在工作交接后方可休假。

（8）带薪年休假。

员工工作满一年的，按国家规定享受带薪年休假。经批准同意，并在工作交接后方可休假。

14.7.3　请假手续

除病假、产假、护理假及丧假外，员工请假应提前规划时间。一般员工请假须提前一周向直接上级提出来，在得到许可后，按程序办理请假手续。详见协会相关考勤与休假管理制度。

14.8　沟通与员工关系

协会倡导友好、和谐、简单的人际关系；同时鼓励个人与协会、个人与个人之间的沟通。

协会倡导坦诚的沟通与合作，并支持员工在共同工作中建立真挚的友谊。

协会定期或不定期地采用微信群、QQ 群、邮件、公告板、会议等渠道向员工通报协会近期的管理信息，所有这些信息不仅有助于员工对协会的进一步了解，更期望员工积极参与协会的各项管理工作。

遇重大节假日，协会的工会将组织活动，让员工展示才艺，相互学习。

员工对于职业生涯、工作满意度、劳动保障等方面的问题，可以向直接上级询问，也可以直接找办公室咨询。

当员工认为个人利益受到不应有的侵犯，或对协会的运营管理措施有不同意见，或发现有违反协会各项规定的行为时，可选择适当的申诉渠道向协会工会申诉。申诉方式可选用面谈和书面两种形式；如选用书面方式，申诉书必须具名，否则有关申诉有可能难以得到解决。

14.9 安全急救常识

14.9.1 呼救

（1）遇险时应尽可能呼救，争取得到相关人员的帮助。呼救电话是：火警，119；匪警，110；交警，122；医疗急救，120。

（2）呼救时应注意以下几点：

- 报出准确详细的出事地点；
- 对主要险情或病情简单、清晰地描述；
- 留下呼救者的电话、姓名；
- 呼救后应派人到主要路口等候，引导救护人员和车辆。

14.9.2 发生火灾时

若情况允许，尽量采取下列措施，以挽救或减轻灾害。

（1）保持镇静。

（2）拨打119电话报警。

（3）报告领导。

（4）迅速投入扑救火灾工作中。

（5）若火势已蔓延，应关闭通往失火现场的门窗，隔离控制火势。

（6）用最安全的途径前往最近的消防楼梯，离开火警现场。

（7）牢记：烟和热空气都是向上升的，接近地面的空气较为清洁，温度也较低，应尽量贴近地面俯身或爬行，并用湿毛巾遮口鼻逃生。

（8）位处火场以上各层的人员，应向天台方向逃生；在火场以下的各层，则往下走，从邻近的出口逃生，切记勿搭乘电梯。

（9）发生火灾时，应听从消防广播的统一指挥；警铃鸣响后，应镇定地撤离楼区。

14.9.3　触电抢救

（1）关闭电闸，或用木棒、竹竿、塑料棒等不导电的用具将电线、电器挑开或将触电者拖离触电处；抢救触电的关键是触电者迅速脱离电源。

（2）切勿用身体接触触电者，以免自身触电。

（3）病人离开电源后应保持安静休息。

（4）若发现呼吸心跳微弱或停止，应立即就地进行人工呼吸和心脏按压，包括转送医院的过程中，直到呼吸心跳恢复为止。

14.9.4　心肺复苏识别与呼救

（1）识别判断。

● 判断意识。在患者身旁快速判断其有无损伤和反应，判断成人意识可轻拍患者双肩，并大声呼叫："你怎么了？"判断婴儿意识可用手指轻弹或拍其足底。患者无动作或无应声，即判断为无意识。

● 判断呼吸。如患者无意识，应立即检查患者有无呼吸。如果患者为俯卧位，先将其翻转为仰卧位再检查呼吸。保持患者呼吸道通畅，采用"听、看、感觉"的方法判断呼吸，检查时间约 10 秒。

（2）呼叫与求救。

➤ 若发现患者无意识、无呼吸（或叹息样呼吸），应立即高声呼叫：

● 快来人呀，有人晕倒了；

● 请帮忙拨打"120"；

● 有会救护的请帮忙。

➤ 在拨通急救电话后，要清楚地回答接线员的询问，并进行简要说明：

● 伤病员所在的具体地点，最好说明该地点附近的明显标志；

- 伤病员人数；
- 伤病员发生伤病的时间和主要表现；
- 可能发生意外伤害的原因；
- 现场联系人的姓名和电话号码。

14.9.5 其他意外紧急事故

（1）在紧急或意外情况下应当注意：

- 保持镇静，立即通知上级领导和相关部门；
- 协助维护现场；
- 与同事鼎力合作，务必使协会业务保持正常进行。

（2）如果员工在协会内受伤或发生事故，应当注意：

- 在场的员工应立即通知员工的直接上级；
- 协助救护伤病者；
- 自觉维护现场秩序。

14.9.6 日常应急救护的"九不准"

（1）有人触电时不准用手拉，应立即切断电源，拉开电闸或用木棍挑。

（2）急腹痛时不应服止痛药，因止痛药能掩盖病情，应立即送医院检查。

（3）心脏病患者发生气喘时不准平卧，平卧会增加肺淤血及心脏负担，使气喘加重，应两腿下垂，取坐位。

（4）脑出血不准随意搬动。突然跌倒，昏迷不醒或半身瘫痪者，很有可能发生脑出血，随意搬动会增加出血范围；应立即平卧，头部抬高，及时治疗。

（5）小而深的伤口，不准马虎包扎。铁钉、木刺扎伤，伤口缺氧，破伤风杆菌易于生成，应立即清洁伤口，注射破伤风抗毒素。

（6）昏迷病人不准进食喝水。昏迷病人吃饭和喝水会误入气管，引起窒息或肺炎；头应侧向一边，防止呕吐物进入气管。

（7）外伤内脏不要还纳。因脱出的内脏已被感染，应立即用干净纱布覆盖急送医院。

（8）止血带不能长时间结扎。长时间结扎会发生上下肢体缺血坏死，应每隔 1 小时松开 15 分钟。

（9）抢救病人不准拖延时间，不应自作主张，应争分夺秒尽快送医院。

14.10　附则

（1）本手册属内部资料，请注意妥善保存。

（2）如若不慎遗失，请及时向办公室申报，补领并补交相应的工本费。

（3）员工在离职时，请将此手册主动交还办公室。

（4）本手册应根据劳动法及协会规定作正确理解；对本手册内容，如有不甚详尽或有使员工感到疑惑之处，请随时向办公室咨询，以确保理解无误，协会有最终解释权。

（5）本手册如需修正，协会将向员工提供最新修订本，并收回旧手册以防混淆。

参考文献

［1］孙法平，贾文慧. 企业文化建设：从理念意识到行为习惯［M］. 北京：人民日报出版社，2018.

［2］凯迪，段红. 看不见的管理：企业文化管理才是核心竞争力［M］. 北京：电子工业出版社，2014.

［3］王吉鹏. 企业文化建设［M］. 北京：中国人民大学出版社，2019.

［4］张德. 企业文化建设［M］. 北京：清华大学出版社，2019.

［5］王成荣. 企业文化管理［M］. 北京：中国人民大学出版社，2019.

［6］海融心胜. 企业文化建设：36个拿来就用的企业文化建设工具［M］. 北京：中华工商联合出版社，2017.

［7］中国施工企业协会. 中国工程建设行业发展报告（2019）［M］. 北京：社会科学文献出版社，2020.

［8］陈津生. 建筑企业文化与管理［M］. 北京：中国建筑工业出版社，2006.

［9］王明胤. 企业文化定位·落地一本通［M］. 北京：博瑞森管理图书，2016.

［10］石娟. 企业文化管理与实践［M］. 北京：科学出版社，2015.

［11］李锦，李宁. 法商融合：中国五冶管理模式［M］. 北京：中国经济出版社，2020.

［12］邱广东，王瑞瑶. 企业安全文化创新的有效策略分析［J］. 四川建材，2020（5）：227-228.

［13］闵玉清. 文化管理是21世纪企业管理的发展趋势［J］. 生产力研究，2019（12）：1-5.

［14］沈翀. "互联网+"时代如何提升企业的管理水平［J］. 经济师，2020（7）：269-271.

［15］刘红艳. 精细化管理在企业文化落地中的重要作为［J］. 民航管理，2020（6）：77-79.

［16］何梅. 企业文化创新对企业管理创新的影响分析［J］. 商讯，2019（5）：95-96.

［17］唐植祺. 企业文化在企业管理中的战略定位［J］. 企业改革与管理，2019（11）：181-182.

［18］蒋昆仑. 论企业文化在企业战略转型中的作用影响［J］. 商场现代化，2020（2）：110-111.

［19］沈艳君. 企业文化创新对企业管理创新的影响力探析［J］. 中国商论，2020（2）：174-175.

［20］马智亮. 2020年工程建设行业信息化发展趋势［J］. 中国建设信息化，2020（1）：20-23.

［21］朱涵霄. 建筑企业绿色发展策略探析［J］. 东方企业文化，2015（3）：165.

［22］曲强. 企业领导人在企业文化建设中的作用研究［J］. 科技视界，2016（3）：250-251.

［23］杨汉东. 员工在企业文化建设中的角色定位与实践［J］. 襄阳职业技术学院学报，2016（1）：23-25.

[24] 吴亚秋. 工程施工企业文化建设的思考 [J]. 产业与科技论坛, 2014 (9): 218-219.

[25] 吴培春. 新时期施工企业文化建设方案研究 [J]. 企业改革与管理, 2020 (6): 190-191.

[26] 周文连. 关于中国建筑设计行业未来发展策略的若干思考 [J]. 中国勘察设计, 2020 (5): 44-50.

[27] 戴荣里. 企业文化中的"共生"力量 [J]. 企业管理, 2019 (12): 39-40.

[28] 刘连义. 新生代员工"心理契约"构建机制探讨 [J]. 现代营销 (下旬刊), 2015 (5): 82-83.

[29] 王兮. 在建筑工程"节能环保"概念中的"绿色施工"分析 [J]. 住宅与房地产, 2017 (11): 187.

[30] 王艳伟. 基于生命周期理论的企业文化建设与创新研究 [J]. 商务必读, 2015 (1): 131-132.

[31] 张立新. 从理念到实践不断释放企业文化的竞争力: 上海建工"三大文化基因"的传承与创新 [J]. 上海企业, 2019 (3): 64-66.

[32] 梅松, 蒋丹, 楼皓光, 等. 区块链技术在建筑工程领域的应用研究 [J]. 建筑经济, 2019 (11): 4.

[33] 王翌飞. 政府管理视角下区块链技术在工程建设行业中的应用场景研究 [J]. 住宅与房地产, 2020 (7): 37-45.

[34] 马维伟. 浅谈工程项目安全文化的建设 [J]. 城市建筑, 2020 (3): 184-186.

[35] 时会佳, 郑羽莎. 以人为本 筑牢企业安全生产"防火墙": 北京市市政四建设工程有限责任公司安全文化建设经验 [J]. 现代职业安全, 2020 (1): 23-24.

[36] 吴凯, 查瑞翔. 建筑企业诚信建设对策研究 [J]. 工程技术研究, 2020 (4): 259-260.

［37］邱广东，王瑞瑶. 企业安全文化创新的有效策略分析 ［J］. 四川建材，2020（5）：227-228.

［38］王梦樵. 企业责任文化及其建设路径 ［J］. 企业改革与管理，2017（5）：1.

［39］刘惟佳. 混合所有制改革中的企业文化整合研究 ［J］. 企业改革与管理，2019（5）：190-191.

后记

　　企业文化是 20 世纪 80 年代进入中国企业管理视野的，当时中国正处于改革开放初期，各种企业管理思想纷纷被引进国内。对企业文化的最初理解从视觉识别系统开始，一些企业热衷于响亮的口号、统一的服装、统一的标志等，将企业文化等同于企业形象设计，而忽视了文化的真实内涵与基础。在企业形象背后，缺少核心价值观的引领，导致部分企业盲目发展，丧失远景，缺乏动力，企业形象渐渐枯萎。

　　20 世纪 90 年代初，在品牌竞争的压力下，企业文化的理论与实践得到了进一步的重视。中共十四大报告明确提出"建设优秀的企业文化"，大大地推动了企业文化建设的发展，很多企业将企业文化建设提上了议事日程。尽管如此，很长一段时期内，大部分企业对企业文化建设的认识还停留在粗浅的层面，一些企业虽然能够按照企业文化的三个或四个层次开展建设，但仍然存在缺少对企业自身的系统认识、缺少有效的提炼与打磨、缺少高层领导的重视、缺少企业全员的参与、企业文化建设完成了却不能与业务融合等问题。

　　四川华西集团于 21 世纪初开始企业文化的建设工作。当时集团正处于转型期，生产经营压力巨大，在省内以至西部的比较优势亟待提升。华西的发展呼唤先进文化的出现，以调动各方积极性，重塑华西品牌。此时，集团党委审时度势，及时做出建立华西独有文化的重大决定，确立了以

"善建"文化为支撑的品牌建设战略。至 2011 年，华西集团"善建文化"三大体系完成并运用到集团的各个方面，为推进集团"三大任务"（股份制改造、结构调整、基础管理），打造集团"六大板块"（工程承包、房地产开发、建材生产、对外投资、海外业务、科研设计）注入了新的强大精神动力，推动了集团持续快速健康发展，得到建筑行业和社会各界的广泛认同和充分肯定。

当时，笔者作为华西集团的工会主席，在集团党委的安排和领导班子的分工下，负责带领企业文化建设领导小组开展华西集团的企业文化建设工作，亲历了华西"善建文化"建设全过程，见证了华西集团通过"善建文化"的引领推动了集团的发展。

在与同行共事交流中，常有人谈起缺少建设行业系统开展企业文化管理的相关书籍、讲义或教材，影响了本行业企业文化建设的深入开展，遂起意编写本书。历时两年，今天终于成稿。由于笔者知识水平有限，在编写中难免挂一漏万，不足之处，还望读者批评指正。

借此机会，笔者要真诚感谢四川省建设工程质量安全与监理协会的领导和同事们以及各会员单位对笔者的帮助和支持；感谢四川华西集团的领导和同事们对笔者的帮助和支持；感谢笔者的家人和亲朋好友对笔者的帮助和支持。没有你们的鼓励、帮助和支持，笔者将无法完成本书的编写。

杨再德

2020 年 12 月 26 日